法律ができるまで

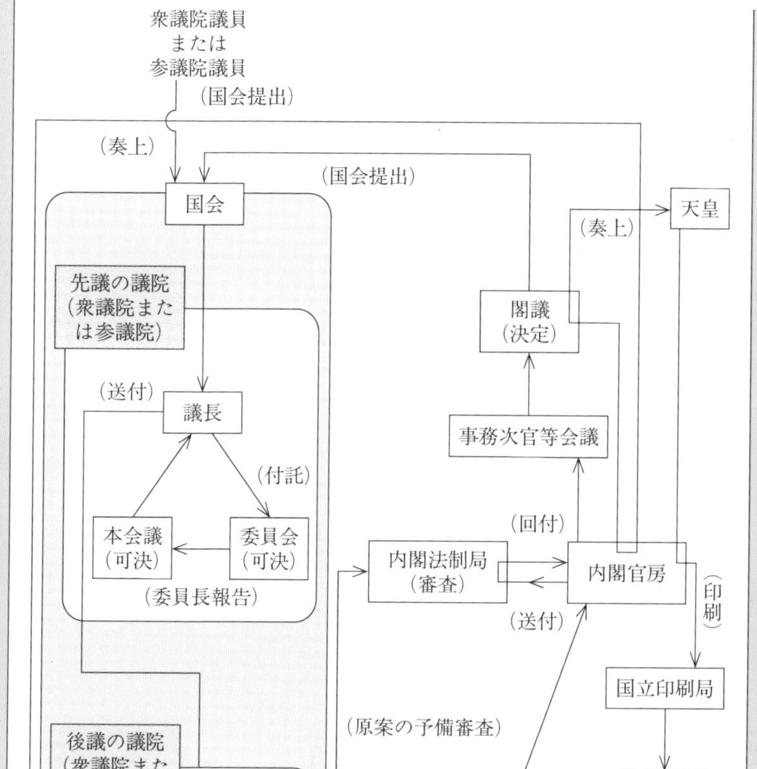

(南野森編『ブリッジブック法学入門』より)

ブリッジブック 裁判法
〔第2版〕
Bridgebook

小島武司 編

信山社
Shinzansha

第2版 はしがき

　1999年の司法制度改革審議会の設置を皮切りに次々と行われた司法制度改革は，2009年5月の裁判員制度施行によりひとつの区切りを迎えました。改革の内容は，民事訴訟，訴訟外の紛争解決，刑事司法など多岐にわたり，また，その目的も，審理の充実・促進，紛争解決の柔軟化，弁護権の拡充などさまざまです。そこで鮮明に表れているトレンドは，司法制度のもつ事後救済のセーフティーネットという意義が重要視されてきていることだといえるでしょう。加えて，法学教育のあり方も，法科大学院制度の導入や弁護士法の改正により様変わりしつつあるところです。

　本書は，このような改革の進展とその衝撃を踏まえ，2002年に刊行された『ブリッジブック裁判法』を全面改訂したものです。第2版の刊行にあたり，学生の皆さん，とくに初学者が，今次の司法制度改革により導入された新しい制度について，その背景・立法趣旨をよりよく理解できるよう，初版を一新しました。具体的には，知的財産権紛争など近時とくに注目されている問題に関する講義を新設したほか，既存の章も最新の状況にあわせて書き直しました。そのうえで，全体をその内容に応じ4つの編に振り分けて解説しています。

　　　　　　＊　　　　　　＊　　　　　　＊

　4つの編は，第1編「裁判とその基本原則」，第2編「司法のあり方をめぐる動き」，第3編「司法を支える人びと」，そして第4編「司法の利用方法」からなります。第1編では，裁判

法の骨格を説明し，そのイメージをつかんでもらうように努めました。第2編では，法廷で争われる事件の解決方法についてなされた改革を8つの紛争・事件類型に分けて解説し，第3編では，4つの角度から法律の担い手をめぐる動きに焦点を当てて説明を行いました。最後の第4編では，司法制度利用のあり様を，国内における司法アクセスと民事訴訟・刑事訴訟の国際化にわけて解説しました。

　各講義においては，単に改革内容を紹介するにとどまらず，改革前の制度の内容およびその問題点と改革後の動きを対比し，なお残された今後への課題を取り上げています。改革に対し思い切った提言をしたり，将来のあるべき姿について討論を交わしたりする部分もあります。より発展的な学習をにらみ，各講義のステップアップでは，さらに深く制度を考究するうえで手掛りとなる文献を掲げました。

　このような全体の構成や各講義の組み立ての狙いは，読者の皆さんが司法制度の全体像とその動きを把握し，改革の課題とその解決策を考える素材を提供することにあります。本書を通じて，真に国民の利用しやすい法律制度は何かについて，自分なりに考えを形成し，それを深めてみてください。

　　　　　　＊　　　　　　　＊　　　　　　　＊

　司法制度改革が求める国民像は，自立し社会的責務を自覚した国民が相互に論じ合って自由・公正な社会を構築するというものです。新時代における法律学でもっとも求められるのは，パッションをもって雄大に考え抜く思考の力だといえるでしょう。私たちには，まず，法制度の仕組みと役割をしっかりと全身で受け止め，その根底にあるものをつかまえることが求めら

れます。そして，それを踏まえ，紛争の処理や予防のために法的道具を使いこなし，達成感ある社会生活を全うすることが希求されているのです。そのためには，基礎的なことから一歩ずつ勉強を積み重ね先端的な事項に至るという，双方向・多方向な対話重視のプロセスからなる学習，とりわけ自学自習が大切です。

　皆さんが上記のプロセスを踏み出し，実定法の解釈や運用について深い理解を得るための第一歩として活用されることを願いつつ，ここに『ブリッジブック裁判法〔第2版〕』を送ります。

　最後に，本書の刊行に際し貴重な時間を割いて力作をお寄せいただいた執筆者の方々，そして多大なエネルギーをもって企画制作を終始支えていただいた信山社の渡辺左近および久保真一の両氏に心より感謝申し上げます。

　　2010年4月

　　　　　　　　　　　　　　　　　　　　　小 島 武 司

ブリッジブック裁判法〔第2版〕Bridgebook

目　　次

はしがき
略語一覧
執筆者紹介

第1編　裁判とその基本原則

第1講義　民事訴訟制度の基本原則 ………………………… 1
1. 民事訴訟の2人の当事者 (1)
2. 裁判所のあり方 (2)
3. 訴訟の開始に関する基本原則 (4)
4. 訴訟の審理に関する基本原則 (5)
5. 証拠調べに関する基本原則 (9)
6. 訴訟の終了に関する基本原則 (12)
7. 上訴と再審に関する基本原則 (14)

第2講義　刑事訴訟制度の基本原理 ………………………… 18
1. 刑事裁判とは (18)
2. かつて被告人は裁判官と対峙していた──糺問主義 (19)
3. 犯罪を証明するのは裁判官だ──職権主義 (20)
4. やがて被告人は検察官と対決するようになった
　　──弾劾主義 (22)
5. 犯罪を証明するのはあくまで検察官だ
　　──論争主義（当事者主義）(25)
6. 被害者もまじえて問題を解決すべきだ──修復司法 (30)
7. 刑事手続の役割 (32)

第3講義　行政訴訟制度の基本原則 ………………………… 34

1　行政訴訟制度の目的 (34)
2　現行行政事件訴訟法の全体構成 (34)
3　抗告訴訟の全体構成と処分の取消訴訟 (36)
4　誰が，どのような場合に訴えをおこせるのか
　　──訴えの利益 (38)
5　取消訴訟の審理にはどのような特徴があるか (40)
6　取消訴訟が終わるときの特徴 (41)
7　各種の訴えの関係を学ぶ (42)
8　政府が行政目的で訴えをおこすことはできるか？ (43)

第2編　司法のあり方をめぐる動き

第4講義　民事訴訟の改革(1)
　　　　──提訴前の証拠収集と計画審理 ……………………… 45
1　民事訴訟の一層の充実と迅速化をめざした改革 (45)
2　訴えをおこす前に証拠を収集する方法 (47)
3　訴訟手続を計画的に進行する──計画審理 (50)
4　改革の成果と今後の課題 (52)

第5講義　民事訴訟の改革(2)
　　　　──専門家の活用と簡易裁判所の拡充 ……………… 56
1　裁判所に高度な知識を提供する専門家
　　──専門委員制度 (56)
2　争点の証拠調べで意見を述べる専門家──鑑定制度 (61)
3　事件を迅速に解決する
　　──簡易裁判所の取扱対象の拡大 (64)

第6講義　知的財産紛争処理手続の概要と検討課題………… 67
1　知的財産紛争の概要 (67)
2　特許権取得手続の概要 (68)
3　特許権侵害紛争処理手続の概要 (70)

4　著作権紛争処理の概要　(75)
　　5　知的財産紛争の検討課題　(79)

第7講義　労働紛争処理制度の改革 ……………………… 82
　　1　労働紛争処理制度改革の流れ　(82)
　　2　個別労働紛争解決制度の内容　(83)
　　3　労働審判制度の内容　(86)
　　4　さまざまな労働紛争解決制度　(91)
　　5　労働契約法のあらまし　(92)
　　6　集団的労働紛争の解決方法　(93)

第8講義　人事訴訟・家事審判の改革 ……………………… 95
　　1　家事事件の概要と家庭裁判所の役割　(95)
　　2　家事事件の解決のための手続の概要　(96)
　　3　人事訴訟法の制定　(98)
　　4　人事訴訟法施行後の課題　(103)

第9講義　民事執行・倒産処理の改革 ……………………… 108
　　1　最近の民事執行制度の改革　(108)
　　2　倒産処理制度の改革　(117)

第10講義　裁判外紛争処理の改革 ……………………… 123
　　1　裁判外での民事紛争処理の意義　(123)
　　2　ADR手続の2つの基本型　(127)
　　3　ADRを提供する機関　(132)
　　4　ADRと司法制度改革　(134)
　　5　ADRの新しい動き──個別の紛争領域あるいは機関　(138)
　　6　ADRの今後の展望　(144)

第11講義　行政訴訟の改革 ……………………… 148
　　1　行政事件訴訟法の改正　(148)
　　2　改正法はどのようなものか　(149)

- 3 行政事件訴訟法の改正の背景 (151)
- 4 訴えを提起できる人が多くなった──原告適格の拡大 (152)
- 5 法定抗告訴訟の増加 (155)
- 6 仮の救済制度の整備 (156)
- 7 処分性に関する裁判所の判断の変化 (157)
- 8 確認訴訟の活用 (159)
- 9 被告と管轄裁判所の改正 (159)
- 10 新たな課題 (161)

第12講義 刑事訴訟の改革 …………………………………… 164
- 1 国民が裁判官とともに評決を下す──裁判員制度 (164)
- 2 公判の前に争点を整理する──公判前整理手続 (167)
- 3 争点整理と証拠開示 (168)
- 4 取調べの適正化にむけた試み①──接見交通権の拡充 (172)
- 5 取調べの適正化にむけた試み②──取調べの録音・録画 (175)

第3編 司法を支える人びと

第13講義 法科大学院をめぐる諸問題 …………………… 177
- 1 法科大学院の現在 (177)
- 2 法科大学院と法学部 (181)
- 3 法科大学院の課題 (184)

第14講義 司法と周辺の担い手 …………………………… 189
- 1 法学部・Y教授のゼミが終わった後で (189)
- 2 司法制度の水準は司法の担い手で決まる (190)
- 3 裁判官はどのように選ばれているか
  ──キャリア・システム (192)
- 4 元裁判官の法学部生に対する講話「私の裁判官生活」(194)
- 5 法曹一元への動き (196)
- 6 裁判官任用制度の改革はどこまで進んできたか (198)

7 隣接法律専門職の改革 (204)

第15講義　弁護士の近未来像
　　　　　――これから必要とされる弁護士とは？ ……… 209
  1 弁護士人口の大幅な増員に賛成か (209)
  2 弁護士をめぐる最近の動向 (219)
  3 弁護士へのアクセスの拡充 (220)
  4 弁護士の執務態勢の強化 (225)
  5 弁護士の専門性の強化 (228)
  6 弁護士とADR（裁判外紛争解決方法） (230)
  7 弁護士と企業法務 (231)
  8 国際化社会における弁護士 (233)
  9 弁護士倫理，そして，再び弁護士人口の問題 (237)

第16講義　法律家の倫理とコンプライアンス ……………… 241
  1 本講義のねらい (241)
  2 司法制度改革による法律家の役割と倫理の変容 (241)
  3 弁護士倫理の内容とその改革 (244)
  4 仲裁人に求められる倫理 (246)
  5 調停人に求められる倫理 (248)
  6 企業法務部とコンプライアンス (250)
  7 CSRと法律家 (251)
  8 グローバル社会の法律家をめざして (253)

第4編　司法の利用方法

第17講義　司法アクセス
　　　　　――法的サービスの享受を促進するための努力 …255
  1 なぜ司法アクセスが問題となるのか (255)
  2 21世紀の司法をめぐる提言 (256)
  3 日本司法支援センター（法テラス）の設立 (258)

4　民事司法にかかる費用と司法アクセス　(261)
　　5　弁護士報酬をめぐる問題　(264)
　　6　司法アクセスを考えるときに留意すべきこと　(270)

第18講義　国際化時代の民事訴訟の将来課題 …………… 272
　　1　国際民事訴訟の増加と対応の難しさ　(272)
　　2　アメリカ法人が日本法人を訴えるときの問題点　(273)
　　3　民事裁判権の免除と外国人の当事者能力　(275)
　　4　どこの国の裁判所において審判すべきか　(276)
　　5　外国判決の国内での執行が認められる条件　(280)
　　6　国際仲裁制度の役割分担　(283)
　　7　手続法の国際的調和の試み　(285)

第19講義　刑事司法の国際化 ………………………………… 289
　　1　刑事司法の国際化の意義・背景　(289)
　　2　国外犯の処罰に関する実体法上の法原則　(290)
　　3　国境を越える犯罪に対処するための法の執行と共助　(294)
　　4　国際刑事裁判所　(302)
　　5　発展過程にある国際刑事法　(303)

事項索引

〔略語一覧〕

<法　令>

ADR	裁判外紛争解決手続の利用の促進に関する法律
会更	会社更生法
外弁	外国弁護士による法律事務の取扱いに関する特別措置法
家審	家事審判法
行訴	行政事件訴訟法
刑訴	刑事訴訟法
憲	日本国憲法
公害紛争	公害紛争処理法
個別労粉	個別労働関係紛争の解決の促進に関する法律
裁	裁判所法
人訴	人事訴訟法
著作	著作権法
破	破産法
弁護	弁護士法
民再	民事再生法
民執	民事執行法
民訴	民事訴訟法
民調	民事調停法
労組	労働組合法
労審	労働審判法

<判　例>

民集	最高裁判所民事判例集
刑集	最高裁判所刑事判例集
家月	家庭裁判月報
裁時	裁判所時報
判時	判例時報
判タ	判例タイムズ

<雑　誌>

ケ研	ケース研究
際商	国際商事法務
ジュリ	ジュリスト
曹時	法曹時報
法時	法律時報
法セ	法学セミナー
民訴	民事訴訟雑誌
成蹊	成蹊法学
法研	法学研究（慶應義塾大学）
法政	法政研究（九州大学）
名法	名古屋大学法政論集

〔執筆者紹介〕
50音順。＊は編者。

猪股孝史（いのまた・たかし）	中央大学法学部教授 （第10講義）
春日偉知郎（かすが・いちろう）	慶應義塾大学大学院法務研究科教授 （第18講義）
堅田　剛（かただ・たけし）	獨協大学法学部教授 （第13講義）
小島武司（こじま・たけし）＊	桐蔭横浜大学学長 （第15講義）
小林　学（こばやし・まなぶ）	桐蔭横浜大学法学部准教授 （第15講義）
小林幸夫（こばやし・ゆきお）	弁護士・弁理士・桐蔭横浜大学大学院法務研究科教授 （第6講義）
佐藤安信（さとう・やすのぶ）	東京大学大学院総合文化研究科教授 （第16講義）
椎橋邦雄（しいばし・くにお）	山梨学院大学法学部教授 （第4講義）
清水　宏（しみず・ひろし）	桐蔭横浜大学大学院法務研究科教授 （第17講義）
玉巻弘光（たままき・ひろみつ）	東海大学法学部教授 （第11講義）
田村泰俊（たむら・やすとし）	明治学院大学法学部教授 （第3講義）
遠山信一郎（とおやま・しんいちろう）	中央大学大学院法務研究科特任教授・弁護士 （第7講義）

執筆者一覧

豊田博昭（とよだ・ひろあき）	広島修道大学大学院法務研究科教授 （第1講義）
中野目善則（なかのめ・よしのり）	中央大学大学院法務研究科教授 （第19講義）
萩澤達彦（はぎざわ・たつひこ）	成蹊大学大学院法務研究科教授 （第9講義）
平田勇人（ひらた・はやと）	朝日大学法学部・大学院法学研究科教授 （第5講義）
三宅弘人（みやけ・ひろと）	弁護士 （第8講義）
宮島里史（みやじま・さとし）	桐蔭横浜大学大学院法務研究科教授 （第2講義）
安井哲章（やすい・てっしょう）	中央大学法学部准教授 （第12講義）
山城崇夫（やましろ・たかお）	桐蔭横浜大学法学部教授 （第14講義）

第1編　裁判とその基本原則

Bridgebook

第 *1* 講義

民事訴訟制度の基本原則

1　民事訴訟の2人の当事者

訴えのきっかけ

　いつの時代にも人間の住む社会では，争いの発生は避けられません。争いがあると人々は安心して暮らすことができないので，自ら努力して，または第三者の知恵を借りてでも，その争いを解決しようとします（総称して 裁判外紛争処理手段〔ADR〕とよばれます）。しかしそれでもなお決着がつかないとき，現代社会においては，いわば最後の強制手段として，裁判所での法による紛争解決という方法が認められています。これが訴訟制度であり，事件の内容により，民事訴訟，刑事訴訟，行政訴訟に区別されます。民事訴訟 は民事事件，すなわち，民法や商法など私法が適用される私的生活領域で生じた，財産や身分に関する人々の争いをその対象にします。民事訴訟法がその中心となる法律です。

原告と被告

　(1)　事件の当事者は，第一審手続では原告・被告とよばれます。原告 とは，訴えを提起して自分に権利があると主張する当事者であり，被告 とは，原告から義務者と名指された当事者です。民事

1

訴訟が成立するためには，利害の対立した2人の当事者が存在しなければなりません。これを 二当事者対立の原則 といいます。裁判所は，当事者を名宛人として判決を行います。なお，事件によっては，原告または被告の人数が複数になることがありますし（共同訴訟。民訴38条），第三者が原告と被告の訴訟に割り込んで 三面訴訟 になることもあります（独立当事者参加。民訴47条）。

(2) 当事者は訴訟の主役として，弁論や証明をするなど訴訟上さまざまな権利が認められています。それらを総称して 当事者権 とよびます。当事者は訴訟上，信義誠実義務 を負い（民訴2条），フェアーな精神と態度で誠実な訴訟追行をしなければなりません。たとえば，前訴と後訴で矛盾した事実を主張するのは，信義則に反する態度といえます（判例①）。

2　裁判所のあり方

🍀 外国人・外国の事件を裁くことはできるか？

　訴訟を主催する裁判所は，憲法上，司法権を行使します（憲76条1項）。民事事件を処理する裁判所の権能を 民事裁判権 とよびますが，事件の当事者が外国人や外国国家の場合に，その及ぶ範囲が問題になります。原則として，民事裁判権はわが国にいるすべての人に及びますが，外国国家には及ばないと伝統的に解されてきました（絶対免除主義）。しかし，外国国家の主権的行為ではなく私法的行為については，民事裁判権は免除されないとの考え方（ 制限免除主義 ）が世界の流れとなり，最近の最高裁判例も同じ考え方を明らかにしました（判例②）。

裁判することができる事件・できない事件

裁判所は「一切の 法律上の争訟」を裁判します（裁3条1項）。それは，国民の間に生じている具体的な権利義務をめぐる事件で，かつ法を適用して解決できる事件であると解されます。最近の最高裁判例で，お寺の内部紛争に原因した寄付金の返還請求（判例③）や寺院建物の明渡請求（判例④）が法律上の争訟になるか問題になりました。多数意見は，具体的な権利義務の紛争が生じていても，紛争の本質的争点が宗教上の教義や信仰内容に深く関わり，判決をするにはその判断が避けられないときは，法律上の争訟ではなく，裁判所は訴えを却下すべきであるとします。しかし，そのような門前払いの判決ではその種の事件を司法の外に追いやる結果になるので，本案判決をすべきだとする学説も有力です。

裁判所のわりふり

民事訴訟の裁判所は，最高裁判所（憲76条1項）と，高等裁判所・地方裁判所・簡易裁判所が担当します。お金や財産に関する経済的事件では，請求額の大きさによって，第一審は簡易裁判所か地方裁判所が分担します（現行法は140万円で区別。裁33条1項）。なお，身分関係（離婚，親子関係など）の事件の裁判は 人事訴訟 とよび，第一審は 家庭裁判所 が専属的に担当します（人訴4条1項）。

公正な裁判の実現のために

裁判は，公正でなければなりません（民訴2条）。裁判官が事件の当事者と何らかの関係にあれば，どんなに正しい判決でも，敗訴した側がその判決に疑いをもつことは避けられません。そこで当事者には 除斥・忌避 という方法が認められ，灰色の裁判官は事件担当から除かれることになります（民訴23条・24条）。

3 訴訟の開始に関する基本原則

訴訟の開始は当事者の意思に委ねられる

　私法領域では，個人の生活関係はもともと自分の意思で決めるという私的自治の原則がとられています。この原則は民事訴訟にも適用され，訴訟を利用するか，その審理・判断の対象を何にするかは，当事者が自ら決定する権限をもっています。また，開始された訴訟を判決ではなく，当事者の意思で終了させることもできます。このように訴訟の開始，審判対象の特定（民訴246条），開始した訴訟の終了を当事者の意思に委ねる（民訴2編6章）建前を，処分権主義といいます。

訴えをおこすときに原告がしなければいけないこと

　原告は訴えの提起にあたり，訴状 とよばれる書面を裁判所に提出して，①当事者（原告・被告）は誰か，②被告に対してどのような権利主張をするかを明らかにしなければなりません（民訴133条1項・2項）。原告による権利主張を，訴訟上の請求 または 訴訟物 といいます。裁判所は，原告の特定した訴訟物が実体法に照らして理由があるか否かを判断しなければなりませんが，原告の申し立てていない事項（訴訟物）について判決することは禁じられています（民訴246条）。したがって，裁判所は原告の求める権利と異なる権利を認容したり，その請求額を超える額を認める判決はできません。しかし，請求額を下回る判決は可能です。

裁判所は何を審理するのか――訴訟物問題

　原告が特定し，裁判所が審理・判断すべき訴訟物の中味をどのように考えるかは，民事訴訟法の大きなテーマの1つです（訴訟物論争）。判例・通説（旧訴訟物理論）によれば，訴訟物とは，原告の

主張する実体法上の権利（法律関係）です。民法の各条文から，どの権利が持ち出されているのかを重視する立場です。他方，学説の多数説（新訴訟物理論）は，実体法上の個別的権利とは独立した，たとえば給付を求める法的地位を訴訟物と考えます。権利自体は，訴訟物を基礎づける法的観点（攻撃方法）にすぎません。たとえば，患者が病院に損害賠償請求をする場合，診療契約違反による債務不履行（民415条）と，身体の損傷による不法行為（民709条）という2つの法的根拠が考えられます。判例・通説は2つの訴訟物と考えますので，一方で敗訴しても，もう一方で再訴できるとします。反対説はこの点を批判して紛争解決の一回性を強調し，訴訟物は一個とします。両説はこのように訴訟のさまざまな問題で対立しますが，最近では両説の接近もいわれています。

訴えの3類型

訴えで求められている請求の内容から，訴えは，給付の訴え，確認の訴え，形成の訴えに分類されます。① 給付の訴え は，売買代金の支払いや土地建物の明渡しなど，原告が被告に一定の給付を求める訴えです。② 確認の訴え は，土地の所有権や債務の不存在の確認のように，原告が被告に特定の権利（法律関係）の存在（または不存在）の確認を求める訴えです。③ 形成の訴え は，夫婦の離婚（民770条）や株式会社の株主総会の決議の取消し（会社831条1項）など，裁判所の判決により新たな権利変動を求める訴えです。

4　訴訟の審理に関する基本原則

裁判官の思考方法

訴訟物を実体法上の権利の主張と考える（通説）場合にも，裁判

官は，所有権や損害賠償請求権といった権利をどのように発見するのでしょうか。その際の裁判官の思考方法を **法的三段論法** とよびます。民法の条文をみますと，「一定の事実があれば，ある権利（あるいは効力）が生ずる（または消滅する）」という表現になっています（たとえば，民555条や601条を参照）。訴訟上の権利の発見も，条文のこの構造を利用します。裁判官は，権利の発生（法律効果）を定めた条文上の事実（**要件事実** といいます）に該当する具体的な事実（**主要事実** といいます）を認定できれば，その条文を適用して，権利ありと判断してよいわけです。当事者からいえば，権利を主張する原告は，その権利発生をいう条文上の事実（要件事実）に該当する私的な個別的事実（主要事実）を裁判官に提示しなければ，裁判官は権利ありとの勝訴判決をしてくれません。権利を欲する原告のリスクの意味で，これを **主張責任** とよびます。そして被告がその事実を争うとき，原告は，今度は証拠を提出して，その事実の存在を証明しなければなりません（後述）。

事実を主張するのは当事者だ —— 弁論主義

（1） このように権利の発生・消滅（法律効果）を生じさせる事実（主要事実）を提示し，その存在を相手方が争うときは，それを基礎づける証拠の収集・提出を当事者が行う建前を，**弁論主義** といいます。規定はないのですが，弁論主義は民事訴訟の重要な原則です。議論がありますが，多数説は私的自治の原則によるものと考えます（本質説）。私法領域では，訴訟になったときも，権利の存否を判断する材料（**訴訟資料** といいます）の提出は，当事者が自らの意思で決めればよいのです。ただし，当事者の主張が不明であったり不十分なときは，裁判官も質問をして事件の解明に協力します。これを **釈明権** といいます（民訴149条1項）。なお人事訴訟手続では，真実

発見のために，裁判官が主導的に訴訟資料を収集・提出することができます（職権探知主義。人訴20条）。

(2) 民事訴訟では，刑事訴訟と異なり（憲38条・刑訴319条），当事者の一方が相手方の主張する自分に不利となる事実を訴訟で認めると，裁判上の自白 として，裁判官はその事実を基礎に判決をしなければなりません（民訴179条）。これも弁論主義によるものです。

判決の前には必ず口頭弁論を開かなければいけない

原告の訴えに対して，裁判所は判決で応答しなければなりませんが，その前提として必ず口頭弁論を開いて，当事者双方からその言い分を聞かなければなりません（民訴87条1項）。これを 必要的口頭弁論 の原則といいます。口頭弁論は何回かの期日にわたって行われても，全体として一体のものとみなされます（口頭弁論の一体性）。口頭弁論の過程で裁判官は司会進行役をつとめ，期日を開催し審理を重ねます。これを 職権進行主義 といいます。規模の大きな事件や複雑な難件では，裁判官は当事者双方と協議のうえで，判決までの審理のスケジュールを定めなければなりません（民訴147条の2・147条の3）。計画審理 とよばれる新たな原則です。

口頭弁論に適用されるルール

口頭弁論における裁判所の審理は，つぎのような原則に基づいて行われます。

(1) 法廷は誰でもみることができる —— 公開主義

第一が 公開主義 であり，誰でも他人の裁判を法廷で傍聴できます。これは近代司法の大原則として，わが国憲法も規定しています（憲82条1項）。法廷の扉を開放しておくことで，密室裁判による不正を排して 公正な裁判（民訴2条）を実現するとともに，国民自身も法廷体験を通じて司法を信頼するというプラス効果が期待できます。

ただし，個人のプライバシーや企業の営業秘密に配慮して，訴訟記録の閲覧は制限されます（民訴92条1項）。

(2) 両当事者には言い分を述べる機会が平等に与えられる —— 双方審尋主義

第二が**双方審尋主義**であり，裁判所は当事者双方に対して，その言い分を述べる機会を平等に与えなければなりません。当事者対等の原則（または武器平等の原則）ともいわれますが，口頭弁論期日に当事者双方が出席し，互いに自分の主張を行い，裁判官がそれを聴取するという必要的口頭弁論の審理方式は，その表れです。また当事者に支障があって裁判ができないときは，訴訟手続の進行を停止したり（民訴124条以下），代理人が代わって主張できなかったときに，当事者に不服申立てを認めるのも（民訴312条2項4号・338条1項3号），この原則を保障するためです。

(3) 口頭弁論は判決を下す裁判官が行う —— 直接主義

第三が**直接主義**であり，当事者の弁論の聴取や証拠調べの実施は，判決をする裁判官が自ら行います（民訴249条1項）。他人の審理結果に基づき判決する方法（間接主義）に比べ，この方法は，裁判官自ら法廷で当事者や証人に直接対面し，その表情や態度を観察しながら発言を聞くことで，事件の真相に迫りやすいという長所があります。

(4) 口頭弁論と証拠調べを口頭で行う —— 口頭主義

第四が**口頭主義**であり，当事者と裁判所は法廷での訴訟行為，とくに弁論と証拠調べを口頭で行います。裁判所は，当事者が口頭で陳述したことだけを判決の基礎に採用することができます。この方式では，口頭弁論を活発にし，事件の争点も早くから明確になって，迅速で効率のよい審理が期待できます。ただし，確実さの点で

は，口頭よりも書面の方が上です。当事者は重要な点の陳述を落としたり，事実関係が難しくなると，裁判官も相手方もついていけません。そこで法は，書面主義でその欠点を補う方式をとっており，訴状・準備書面・判決書などは書面で行われます（民訴133条1項・161条1項・253条1項）。

(5) 集中して1つの事件を審理する──集中審理主義

第五が 集中審理主義（または 継続審理主義）であり，裁判所は1つの事件を集中的に審理し，判決まで終えてからつぎの事件の審理に移ります。従来の実務では，裁判官が複数の事件を，少しずつ併行的に審理するやり方が行われてきましたが，迅速な裁判を実現するため，現行法は，事件の争点と証拠を事前に整理したうえで，一般的に時間のかかる証人や当事者本人の尋問を一挙に集中的に実施すると規定しています（集中証拠調べ。民訴182条）。もちろんそのためには，当事者双方が訴状や準備書面において，事件全体の事実・証拠を早めに提出するだけでなく，その後の審理過程でも適切な時期にその提出をすることが必要です（民訴156条）。これを 適時提出主義 といいます。

5 証拠調べに関する基本原則

判決の基礎になる事実とは

当事者間で争いのない事実（主要事実）は，そのまま判決の基礎に採用されます（自白の拘束力。民訴179条）。また世の中の誰でも知っているような事実（顕著な事実）ならば，間違いはないので，同様に判決の基礎に採用できます（民訴179条）。これに対し，被告が争う事実については，裁判官はどちらの当事者の主張が真実か決

着をつけなければなりません。その手がかりが 証拠 であり，その取調べの手続が 証拠調べ手続 です。弁論主義によって，証拠の探索と提出は当事者が担当します。争点となっている事実について，当事者は自分の主張こそが真実であると裁判官に認めてもらうように努力しなければなりません。これを 証明 または立証といいます。議論がありますが，裁判官がその事実について「真実であることの高度の蓋然性」を確信できたとき，証明があったとみなしてよいと解されます（判例⑤）。

証拠の評価のあり方

証拠調べの対象となる証拠（証拠方法 といいます）として，法は，①証人，②鑑定人，③当事者本人（人的証拠または人証）と，④文書，⑤検証物（物的証拠または物証）を列挙し，その取調べの方法については法律で細かく規定しています（民訴190条から233条）。これは正しい事実認定をするためです。裁判官は，当事者が申し出た証拠方法のどれを取り調べるか，取り調べた結果（証拠資料 といいます）としてどれを信用するか（証拠力，証明力，または 証拠価値 といいます），審理の状況も考慮して自由に決定できます（民訴247条）。これを 自由心証主義 といいます。自由とは，裁判官の事実認定を法律で縛るやり方（法定証拠主義）からの解放であり，裁判官は経験則（こういう事実があれば，通常はこういう結果になる，というルール）を用いて，証拠価値を自由に判断してよいのです。その結果，証拠申請をした本人ではなく，相手方に利益となる事実認定がされることもあります。証拠共通の原則 といいます。

事実が真偽不明の場合の対処法——証明責任

（1）証拠調べをした結果，裁判官は「真実の高度の蓋然性」を確信できないとき（真偽不明）にも，裁判を放棄するわけにいきませ

ん。この場合の解決策が 証明責任 です。判例・通説によれば，証明責任とは，事実が存否不明のとき，裁判官は，その事実を不存在とみなして，当該事実について証明責任を負った当事者に，その事実に基づく権利（法律効果）は発生しないという不利な判断を下す，という考え方です。当事者からいえば，ある事実が存否不明のときに，原告と被告のどちらかが，当該事実に基づく権利（法律効果）を認められないというリスクまたは不利益を負わされているのです。

（2） そこで問題となるのが，どちらの当事者がどの事実の証明責任を負うかです。議論はありますが，判例・通説は，実体法の構造を重視する 法律要件分類説 とよばれる考え方をとります。実体法の規定は，①権利の発生を基礎づける 権利根拠規定，②権利の消滅を基礎づける 権利消滅規定，③権利の発生を例外的に妨げる 権利障害規定 に大別できます。そして当事者は，自分に有利な権利（法律効果）の発生を定める事実（要件事実）に該当する具体的事実（主要事実）について，証明責任を負います。したがって，権利を主張する原告は，その権利発生の根拠規定の要件事実に当たる具体的事実（主要事実）について，他方，発生した権利がその後に消滅した，または原告のいう権利は発生しなかったと主張する被告は，その根拠となる権利消滅規定・権利障害規定の要件事実に当たる事実（主要事実）についてそれぞれ証明責任を負います。もしもそれらの事実が裁判官に確信してもらえなかったときは，その権利の存在（原告）または権利の消滅・不存在（被告）は認容されないという敗訴判決を受ける結果になります。

6 訴訟の終了に関する基本原則

当事者の意思で訴訟が終わる場合

　訴訟は判決ではなく，当事者自ら終了させることができます（処分権主義）。終了の方法として，①原告が訴えを撤回して，訴訟をすべてなかったことにする 訴えの取下げ（民訴261条），②訴訟物である請求について，原告がその理由のないことを認める 請求の放棄 と，反対に被告がその理由ありと認める 請求の認諾（民訴266条1項），③当事者双方が，お互いの主張を譲歩しあって，訴訟終了の合意をする 訴訟上の和解（民訴89条・267条）があります。そのうち和解は双方のメンツをたてた痛み分けの解決であり，実務でも多用されています。和解が裁判所の調書に記載されると，裁判所の確定判決と同じ効力をもち（民訴267条），相手方が約束どおりに代金を支払わないときは，裁判所の強制執行によってそれを取り立てることができます。

裁判所が下す裁判

(1) 判決の種類

　裁判所は，当事者の主張・立証が尽き，訴えに対する結論を固めたとき，審理を打ち切って 終局判決 を行います（民訴243条1項）。終局判決は，判断の内容から，①訴訟要件（本案判決をするための前提となる要件で，当事者の実在や民事裁判権などもそれです）を欠くとして，請求の中味まで判断せず訴えを却下する 訴訟判決 と，②請求の当否について判断する 本案判決 に区別されます。また原告勝訴の判決を請求認容判決，原告敗訴の判決を請求棄却判決といいます。

(2) 判決が確定するまでの流れ

裁判所は判決書を作成し，その原本に基づき，口頭弁論期日に公開の法廷において口頭で言い渡さなければなりません。それによって判決はその効力を生じます（民訴250条から254条）。言い渡された判決書は当事者に送達され（民訴255条1項），その日から2週間の間に当事者が 上訴 しなければ，判決は確定します（同116条1項）。判決の確定 とは，その訴訟内でもはや取り消される機会がなくなった状態のことであり，形式的確定力 が生じたともいいます。これに対し敗訴した当事者から上訴が提起されると，事件は上級審に移り，上級審の審理が新たに開始されます。

確定判決の3つの効力

確定した判決にはさまざまな効力が生じますが，とくに既判力，執行力，形成力が重要です。

(1) 当事者と裁判所は判決内容に拘束される――既判力

既判力 とは，紛争を最終決着させるために認められた裁判所の判断の通用力です。既判力が及ぶ当事者はその判断内容に拘束されて，同一問題についてもはや争うことはできなくなります。その後に当事者間で同一事項が再び訴訟で問題になったときは，後訴を担当する裁判所も既判力ある前訴確定判決の判断に縛られて判決しなければなりません。既判力の本質 をどのように考えるかは古くからの難問ですが，従来の多数説は，同一問題について前訴裁判所と後訴裁判所の判断が区々にならないように，国内の裁判所間の判断を統一するための制度的な効力であると考えます。最近では，それに加え，手続上主張立証の機会を与えられた当事者がそれを尽くした結果が確定判決であり，その結果には当然責任をもつべきであるとの考え方によるとする学説も有力です。有力説によると，手続保障が十分

に与えられなかったとき（再審事由もそれ），当事者はその確定判決に拘束されるいわれはないと考えます。

　終局判決は，口頭弁論の終結時までに当事者から提出された事実に基づき判断されるものであり，したがって，口頭弁論終結時が既判力の標準時(基準時)となります。ここから，当事者はそれ以前に存在した事実を主張せずに敗訴すると，標準時後に当該事実を思い出して，それを持ち出して再度訴訟で争うことは，既判力によって遮断されるという帰結が生じます。若干の例外はありますが，原則として後出しは許されません。また既判力は当事者間にのみ及ぶのが原則であり（既判力の相対性。民訴115条1項），かつ訴訟物について裁判所が判決主文で判断した事項について生じます（民訴114条1項）。

(2) 強制執行できる力，法律関係を動かす力 —— 執行力・形成力

　執行力は，給付の訴えを認容する，確定した給付判決に生ずる効力であり，被告がその給付義務を履行しないとき，勝訴原告の申立てに基づき被告の財産に強制執行（民事執行法）を行って，給付判決の内容を強制的に実現することができます。

　形成力は，形成の訴えを認容する，確定形成判決に生ずる効力であり，裁判所が宣言した法律関係の変動を引き起こす効力のことです。人事訴訟や会社訴訟がその典型です。

7　上訴と再審に関する基本原則

上級の裁判所への不服申立て

　第一審判決を受けた当事者のすべてが，その判決に満足するわけではありません。とくに敗訴当事者はそうです。裁判官も生身の人

間であり，裁判所のすべての判決が絶対に正しいとはいえません。そこで，判決が確定しない間に，当事者は上級裁判所に事件の再審査を求めることができます。これが **上訴** であり，第一審の終局判決に対しては **控訴**（民訴281条以下），さらに控訴審の終局判決に対しては **上告**（民訴311条以下）が認められています。これを **三審制度** といいます。

上訴を提起するためには，当事者は原判決によって **不服** を生じていなければなりません。判例・通説によれば，たとえば，請求の全部または一部を認容されなかった当事者は，不服の利益（上訴の利益）を有するとされます。

第一審判決を事実と法律の双方から見直す控訴審

控訴審 は，第一審裁判所の管轄の違いに応じて，地方裁判所と高等裁判所が分担します（裁16条1号・24条3号）。その審理は，第一審の訴訟資料に自らも収集した訴訟資料を追加して（**続審制** といいます），第一審判決を事実と法適用の両面から審査しなおすというものです。控訴審は，控訴に理由がなければ控訴棄却，理由があれば，原判決を取り消して，自ら請求について判断する（自判）か，第一審に事件を差し戻します。控訴審の口頭弁論は当事者の不服申立ての限度で行われますので（民訴296条1項），控訴審判決は，控訴人に第一審判決以上に不利益にすることはできません。**不利益変更禁止の原則** とよび，これも処分権主義の表れです。

控訴審判決を法律の面からのみ検討する上告審

上告審 は，控訴裁判所の管轄の違いにより，最高裁判所か高等裁判所が分担します（裁7条1号・16条23号）。上告審は **法律審** です。したがって当事者は，上告理由として，**憲法違反**（民訴312条1項）と **重大な手続違反**（絶対的上告理由。民訴312条2項），そして高等

裁判所への上告の場合に，判決に影響を及ぼすことが明らかな法令違反（相対的上告理由。民訴312条3項）を主張しなければなりません。最高裁判所の負担軽減のため，法令違反は最高裁判所への上告理由ではなく，当事者は，最高裁判所がその審理の選別権を握っている 上告受理の申立て（民訴318条1項）の理由として主張できるにすぎません。

上告審の審理は，控訴審の認定した事実をもとに（民訴321条1項），当事者の主張する上告理由に基づく不服申立ての限度で，控訴審判決の当否を審査します（民訴320条）。上告審の審理は，書面審理が原則です。上告審は，上告の理由がなければ，上告棄却の判決をし（民訴317条2項・319条），上告を理由ありと認めるときは，控訴審判決を破棄し，事実審理のため原審に差し戻すのが原則です（民訴325条1項・2項）。また所定の場合には，自判することもあります（民訴326条）。なお，上告を認容する場合，上告審は必ず口頭弁論を開かなければなりません。

確定判決に重大な誤りがあった場合の非常救済手続 ── 再審

終局判決が確定すると，既判力が備わりもはや不服申立ては許されません。これにより紛争は解決され，法的平和が回復したことになります。しかし，確定判決の基礎に重大な手続瑕疵や実体的な問題があったことが後から判明したとき，裁判の適正の理念や司法制度の権威に対する信頼を重視して，例外的に限定的な不服申立てが許されています。これが 再審 であり，法定された10個の再審事由（民訴338条1項）に基づき，確定判決の取消しと事件の再審査を求める訴えをいいます。訴訟手続内で予定された通常上訴（控訴・上告）に対して，判決確定後の訴えである点で非常上訴とよばれます。

再審の訴えは，その確定判決をした裁判所が担当します（民訴

340条1項)。裁判所は,当事者の主張する再審事由があれば,再審開始決定を行い,その確定後に不服申立ての限度で,事件を審理し裁判します(民訴348条1項)。審理の結果,原判決が不当であれば,取り消して新たな判決を行い,他方,原判決が正当であれば,再審請求を棄却することになります(民訴348条2項・3項)。

＜ステップアップ＞
① 中野貞一郎『民事裁判入門』(有斐閣,第2版補訂版,2005)
② 新堂幸司『新民事訴訟法』(弘文堂,第4版,2008)
③ 滝井繁男『最高裁判所は変わったか――一裁判官の自己検証』(岩波書店,2009)

＜判　例＞
① 最二小判昭和48・7・20民集27巻7号890頁
② 最二小判平成18・7・21民集60巻6号2542頁
③ 最三小判昭和56・4・7民集35巻3号443頁
④ 最二小判平成元・9・8民集43巻8号889頁
⑤ 最二小判昭和50・10・24民集29巻9号1417頁

(豊田　博昭)

Bridgebook

第*2*講義

刑事訴訟制度の基本原理

1　刑事裁判とは

　刑事訴訟，刑事裁判というと裁判所で開かれる刑事裁判（公判とよばれます）がすぐに頭に思い浮かびますが，現実には公判が開かれる前に，捜査，そして 公訴提起(起訴) という活動などがあり，それらをすべて含めて刑事訴訟，刑事裁判という言葉が使われます。この講義では，必要な限度で捜査活動のあり方も含めて，刑事裁判のあり方，あり様を説明することにします。

　刑事裁判はおそらく人間の社会の形成とともに起こり，長い時代を経て様々な形態をとって現在に至っています。また，文化の性格によっても，裁判の形態が定まってきました。この講義の目的からは，糺問主義 とそれに基礎をおく 職権主義，そして 弾劾主義 と論争主義（ここで書いている主義という言葉は制度という言葉に置き換えて理解してもかまいません），さらに始まって間もない修復司法について理解しておけば十分だと思われます。また，上に書いた制度の流れはおおむね時代の流れに対応していると考えて間違いはないですが，以下に説明するように，糺問主義と職権主義の典型はヨーロッパ大陸法圏にみられ（したがって，明治時代にフランス法やドイ

18

ツ法を移入した日本はこの制度の要素を引きずっています), 弾劾主義と 論争主義 はイングランドやアメリカ合衆国などの英米法圏でみられると理解されています。ただ, このような大枠の制度がまず存在して, そのなかで具体的な手続が定められているということではなく, その反対に, 各時代の具体的な手続の総体をこのような文言で代表させて表現しているということには気をつける必要があります。

2　かつて被告人は裁判官と対峙していた――糺問主義

裁判官は捜査官もかねる

　この制度は糺問（inquisition, 問い糾すこと）という言葉が示すように, その中心は糺問官（裁判官）が被糺問者の罪を問い糾して, 有罪であるか否かを決するという手続です。国王の手下などが風聞, 情報, そして犯罪の痕跡を端緒として, 何が起こったのか, その犯人は誰かを調べ, 犯人を捕まえたならば, その者を糺問官の前に連れて行き, 糺問官が被糺問者に 尋問 *1 を行うことにより, 手下などから渡されて糺問官がもっている証拠等が犯罪を基礎づけるかどうかを確認することになります。そこでは, 裁判が始まる前にいかなる事実について裁判が行われるかの告知は行われず, 糺問官は渡された証拠の中に示されていると考えられる犯罪は何でも取り調べる義務を負い, 糺問官が証拠をもっていますから, 犯罪の解明に最終的に責任を負うのは糺問官です。裁判は有罪の推定に基づいて行われ, 被糺問者や証人など裁判に関係する者はすべて犯罪解明に協力する義務を負います。

*1 「尋問」という文言は, きかれた質問に対して答える義務を負っているという

ことを意味します。現在の証人尋問を思い浮かべればよいと思います。それに対して，「質問」という言葉は，質問に対して答える義務がないことを示します。たとえば，現行刑事訴訟法では，被告人質問 という制度がありますが，被告人は憲法38条1項により，答えたくなければ答える必要はなく，答えないからといって，それが不利益に扱われることはありません。

黄門様のお裁き

この制度が悪名高いのは，この手続が宗教裁判で用いられ，宗教異端者を発見，処罰するのに多用されたためで，とりわけスペインでの 宗教裁判（Spanish Inquisition）が有名です。また，この手続を具体的に連想するには，フィクションですが，テレビドラマの水戸黄門や大岡越前，遠山の金さんなど，最後に悪人を裁く者が，身分を秘して市井を徘徊し，悪事をみつけてはその本人を面前で裁くという様子が，この裁判制度の特徴をよく表していると考えてよいと思います。

3 犯罪を証明するのは裁判官だ──職権主義

裁判官は捜査官を指揮する

時代を経て，糺問主義が近代的な装いをもつのが，職権主義です。上に職権主義は糺問主義に基礎をおいていると書きましたが，職権主義においても手続の中心は，公判における裁判官による尋問です。しかし，ここでは捜査の段階から話を始めます。捜査は警察官，検察官が担当しますが，これらの者は今でいう 強制処分（逮捕，捜索・押収など刑事訴訟法に規定がある処分〔197条1項〕）はできず，任意処分 しか行うことはできません。任意処分により収集された証拠は 予審裁判官 の手元に集められ，予審裁判官はそれを整理し，さらに足りないと思われる証拠がある場合には令状を発付して[*2]，

捜査機関に収集させ（捜査機関はこの段階で初めて強制処分ができることになります），そのようにして集められた 一件記録 は事件の審理を担当する裁判長に手渡されます。起訴は検察官が起訴状を提出して行います。したがって，裁判を開始するにあたり，裁判長（裁判官）はその一件記録を精査したうえで，裁判に臨みます。したがって，ここでは 有罪の推定 に基づいて裁判が行われます。

*2 職権主義の特徴の1つとして，予審 という制度があることは忘れてはならないことです。予審は予審裁判官が担当しますが，手続は非公開で，スクリーニングの役割を果たすと考えて間違いはありません。予審が起訴前に開かれるところもあれば（主として，ヨーロッパ諸国），起訴後に開かれるところもあります（日本）。
［参照］大正刑訴法第295条
第1項　予審ハ被告事件ヲ公判ニ付スヘキカ否ヲ決スルタメ必要ナル事項ヲ取調フルヲ以テ其ノ目的トス
第2項　予審判事ハ公判ニ於テ取調ヘ難シト思料スル事項ニ付亦取調ヲ為スヘシ

手続の中心は裁判官による尋問

公判廷においては，裁判官のほかに検察官，被告人（そして，時代が少し下ると弁護人も）が在廷しますが，証拠は裁判官がもっているために，犯罪事実の解明義務は裁判官にあり，証人や被告人に対する尋問が手続の中心となります。検察官は証拠をもっているわけではないので，法廷でとくにすべきことはなく，せいぜい，被告人とともに裁判官の事実解明に協力する義務を負っているだけです。

この制度がとられた当初は，糾問主義の流れに立脚していますから，被告人に対する尋問がまさに中心となっていたため，のちに被告人の地位をもっと引き上げるべきだとの考え方が表れ，そのときに使われたのが 当事者主義 という言葉であり，当事者対等，武器平等であるべきという見解でした。しかし，これは 5 で説明するように，イギリス・アメリカの訴訟制度とは似ても似つかないものです。同様に，審理の範囲も，裁判長が受け取った証拠の中に，起

訴状に書かれていない犯罪を示す証拠があると思料するときには，その犯罪についても裁判長は被告人に尋問を行って，犯罪事実の解明義務を果たさなければなりません。

裁判はどのような効力をもつか

　職権主義に基づく裁判は，有罪の推定 で始まり，「疑わしきは被告人の利益に」の原則に基づいて，有罪か否かの判断がされます。裁判の効力は，裁判所により 実体裁判（有罪，無罪の判断）が下されたか否かが基準になって，再度訴追ができるか否かの範囲が決まります。これが 一事不再理 とよばれる原則であり，いわゆる 既判力（res judicata）により，その範囲が決まることになります。また，上訴については，誤判は，国家の制度である裁判制度を危うくさせるものですから，事実誤認を理由とする上訴は許され，それは 三審制 の最終判断機関である最高裁判所で判断が下されることにより，最終的な決着がつけられることになります。

手続で禁止されていることはあるか

　職権主義においては，事実問題 と 法律問題 の区別，証拠法（たとえば，伝聞法則 や 自白法則）などの概念はなく，すべて裁判長（裁判官）の判断に委ねられています。あるのはせいぜい 証拠禁止 という概念で，たとえば，公務員が職務を行う過程で知った事実，弁護人と依頼人間の秘密や医師と患者間の秘密，あるいは牧師などと告白者との間の会話を開披する義務はないというものです。

4 やがて被告人は検察官と対決するようになった —— 弾効主義

告発なきところ裁判なし

　弾効主義は元の言葉である Accusatorial System が示すように，告

4 やがて被告人は検察官と対決するようになった——弾劾主義

発制度 という意味をもち，告発があって初めて裁判が開始されることを意味します。ここでの告発とは，一般的に国家による告発を意味し，糺問主義の場合のように，被糺問者が突然法廷に連れ出されて，何の犯罪で裁判を受けるのかの告知もないまま裁判が開始される構造とは反対に，正式告発がないかぎり裁判は開始されない構造を示します。これは，まさに糺問主義に体現されるような，秘密裏に個人が連行され，裁判にかけられる制度を否定するものです。

この考え方は，社会契約説 と関係します。ジョン・ロック の社会契約説によれば，人間は自己の幸福を追求し，安全で平和な社会で生活を営むために社会契約を結ぶとされます。そこで作り上げられた社会を運営する政府は，したがって，社会の存立を危うくする要素の1つである犯罪を摘発，解明し，犯人を処罰する義務を負うことになります。つまり，刑事裁判は政府の必要により，政府が開始する手続だということになります。その手続の開始を明確に示すものが告発です。

証拠はあとからやってくる

ここから，いくつかの原則が引き出されます。一番目は，正式な告発 がされたことを示す手続がなければならないということです。これが，今でいう起訴（公訴提起）という手続であり，裁判所に起訴状を提出することにより，起訴が提起されます。職権主義のもとでは，起訴と同時に一件記録が裁判所に提出されることは前に述べましたが，そのために公判での手続が被告人に対する尋問を中心に進められることとは大きな対照をなします。つまり，弾劾主義のもとでは，起訴と同時に証拠を裁判所に提出することは許されず（これが日本では，起訴状一本主義〔刑訴256条6項〕とよばれます），証拠はしたがって，それをもっている検察官が証拠調べの手続に入っ

第2講義 刑事訴訟制度の基本原理

てから，立証手続の一環として提出することになります。

被告人には沈黙する自由がある

二番目の原則は，告発された者には，自己の犯罪事実を立証することに協力する義務はないということです。これがまさに，糺問主義の根幹を否定する制度だということは先の説明から分かると思います。この協力義務がないという内容が，憲法38条1項に表されており，捜査段階では 黙秘権，公判段階では 自己負罪拒否特権 *3 というようにいわれます。被告人が証言台にたつとの決断をしないかぎり，被告人に質問（尋問）をすることはできません*4。

*3 特権というのは特定の地位にある者にのみ与えられる権利ですが，社会契約の考え方のもとでは，"The public has the right to everyone's evidence"（Lord Hardwicke）といわれたように，社会契約を結んでいる人々は社会内の個人がもっている証拠をみる権利をもっているというのが前提でした。しかし，この前提を刑事裁判に適用すると糺問主義と何ら変わりがない制度になってしまうため，被告発者にこの特権を認めることにより，手続が糺問化するのを防止したのです。

自己負罪拒否特権を保障することにより，拷問を防ぐことができるといわれることがありますが，これは事実上の問題と法律上の問題を混同するものです。この特権を保障したところで，拷問は事実上行われることがあります。それに対して，この特権は，法律などにより被告人に供述を義務づけたり，供述を拒否するときに 法廷侮辱罪 で処罰することを阻止するものです。

*4 *1で述べたように，日本の被告人質問の制度のもとでは（刑訴311条），両当事者のいずれか一方が被告人質問を請求すると，ただちに質問（主質問，反対質問）が開始されます。

検察官と裁判官の役割分担

三番目の原則（二番目の原則と表裏の関係にあるとも考えられます）は，刑事裁判は政府の必要により政府が開始するのですから，その挙証責任（政府が犯罪を構成する事実全部を証明するという意味で，個々の事実を証明する立証責任とは違った言葉を使っています）は政府にあるというものです。この上にさらに，政府は犯罪構成要件たる

事実すべてを，合理的な疑いを容れない程度に証明する責任を負います。この点は，刑事裁判で有罪判決が下され，刑罰が科せられることになると，その刑罰は財産の剥奪（罰金刑など）から自由の剥奪（収監刑など），そして生命の剥奪（死刑）という，重大な侵害を生じさせるため，証明（証拠）の優越程度の証明では不十分であると考えられることから導き出されます。

裁判官（事実認定者）は，あらかじめ証拠をみて審理に臨むわけではなく，法廷で証拠を初めてみて，有罪か否かの心証を形成するので，そこでは無罪推定の原則が働きます。また，有罪判断をするときの基準は，検察官が犯罪構成要素たる事実をすべて合理的な疑いを容れない程度に立証したか否か（proof beyond a reasonable doubt）であって，「疑わしきは被告人の利益に」などという基準はとられません。

5 犯罪を証明するのはあくまで検察官だ──論争主義（当事者主義）[*5]

裁判官と検察官が分離した

論争主義はその元の言葉である Adversary System が示すように，検察官と被告人が敵対することにより，犯罪事実が何であるのかについて争わせて，そのうえで犯罪事実の有無を決しようという制度です。この制度の基礎には弾劾主義があるので，検察官が提出する証拠に対して被告人が反証する状況をみて，裁判官（事実認定者）が，挙証責任が果たされているか否かを判断します。事実認定者が積極的に事実解明の責任を負うのではなく，検察官がその責任を負っています[*6]。

[*5] 職権主義の項目のところで，当事者主義という言葉は職権主義のもとで，当事

者対等，武器平等という意味で使われたと述べましたが，これは裁判所が事実解明の義務を負っている制度のもとでの概念であり，現在の刑事裁判制度についてもこの文言を使用すると誤解を招くおそれがあるので，論争主義という言葉を使います。
＊6　混同してならないのは，ここで述べている制度は事実認定に関する原則であり，裁判をどのように進行させるかは裁判官の責任だということです。これは事実認定とは関連のない事項ですから，論争主義に反するか否かの問題ではありません。裁判官は，不必要な証拠調べ請求を却下したり，不合理な訴訟遅延と判断される活動をやめさせたりして，合理的に考えられる審理期間で裁判を終了すべき義務を負っています。

裁判で求められる要素とは

これらのことからいくつかの必須の要素が導き出されます。それが，合衆国憲法修正第6条や日本の憲法37条に記載されている内容にほかなりません。裁判が秘密裏に，そして偏頗に行われてはならないので，公開の法廷 で裁判が行われなければなりません。また，いつまでも裁判が行われて，被告人が際限なく拘束されてはならないので，必要最小限の 迅速な裁判 が要求されます。つぎに，何が争いの対象なのかを明確にして，それを被告人に告知する必要があります。何が争われているのかが分からないまま裁判にかけられても（これがまさに糾問主義のもとでの裁判です），防御をする術はないし，際限なく争いが続くおそれがあるので，それを防ぐねらいがあります。この 告知を受ける権利 は，日本では憲法31条により保障されており，これが刑事訴訟法では256条3項の 訴因の明示・特定 の要件として表れています。

つぎに，憲法37条の 対決権(証人尋問権) と 証人喚問権 があります。被告人に対して不利益な証言をする者は，被告人の面前で，被告人の目をみながら不利益な供述をすべきであるという考え方が根底にあります。単なる反対尋問権よりも幅広い権利なのでこのような文言を使います。また，刑事裁判でも，裁判に巻き込まれるのが

嫌だとの理由で，被告人に有利な状況を知っていたり，目撃したりしても，出廷してくれない者は多くいます。このようなときに，強制的にそのような証人を喚問してもらう権利が証人喚問権です。

弁護人は被告人を守るうえで不可欠だ

最後に，the most pervasive right といわれる 弁護権 があります[*7]。論争主義においては，第一審で検察官と被告人との間で，犯罪事実の存否について十分な論争がされることを前提としています。しかし，この論争は両当事者が対等な立場にたって，同じ武器をもって行うというものではありません。弾劾・論争主義の構造は，繰り返しますが，政府の必要により政府が開始し，被告人が犯したとされる犯罪構成要素たる事実を合理的な疑いを容れない程度に証明することなのですから，政府の立証に対して被告人が十分な反論ができる手段・方策がなければなりません。だから，"The essence of the adversary system is challenge" といわれることになります[*8]。

論争主義とは，被告人が政府の主張・立証に挑戦する最大限の方途を開いておくことを意味します。この批判・挑戦に必要不可欠なのが，弁護人の助力です。弁護人は被告人の代理人ではなく，被告人の利益を最大限に守る，利益の擁護者 であり，場合によっては被告人の権利を独立して行使できる場合もあります。十分な弁護活動をするためには，被告人との意思疎通が不可欠であり，そのためには被告人と信頼関係を築くことが必須要素になります。この理由から，被告人と弁護人との 接見 は原則自由でなければなりませんし，被告人の取調べが弁護人の知らないところで行われるなどということがあってはならないことになります。弁護人は被告人が検察官と対等な立場にたつためにつけられるのではなく，政府の主張や立証を，用意周到に，そして十分に吟味するためにつけられます。

*7 弁護人選任権/依頼権といういい方がされることもありますが，これは被告人が選任請求や依頼をしないかぎり，弁護人を選任する必要はないとの印象を与えてしまいます。しかし，弁護人の助力が刑事裁判では必須の要素であると考える見解では，被告人からの請求の有無は憲法の基本権の保障とは関係がないと考えるので，この文言は使いません。

*8 Report of the Attorney General's Committee on Poverty and the Administration of Federal Criminal Justice (1963) (Allen Report)

上級審で事実を争うことはできるか

このようにして第一審で事実問題について論争がされた結果だされた結論（有罪判決にせよ，無罪判決にせよ）が，上訴裁判所でさらに争われることになると，第一審の審理は一体どういう意味をもったのかという疑問がでてきます。このような構造がとられると，第一審では，真剣に審理に取り組む必要がなくなるため，審理が弛緩(しかん)するという問題が出てきます。そのため，英米の論争主義においては，事実問題についての争いは1回のみであり，事実問題については上訴ができない，あるいは上訴の途が極めて限定されていて，ほとんど不可能となっています*9。日本では，第二次世界大戦後にこの論争主義が導入されましたが，上訴については英米のような厳格な制度が導入されることはなく，むしろ戦前からの職権主義に基づく制度である，事実誤認を理由とする上訴の途が残されています。

*9 この点は，英米では陪審制度が採用されていることにも留意しておく必要があります。これに対して，法律問題については，法律家の専門知識により，法の解釈が問題となりますから，上訴審で法解釈を統一しておく必要があるので，上訴は認められます。ちなみに，合衆国では，連邦制に加えて三審制がとられていますが，上訴を認めるかどうかは上訴審の裁量に委ねられています。例外は，第一審で死刑判決が下された場合で，事実問題についても権利上訴が認められています。

裁判の効力はどのようなものか

論争主義のもとでは，裁判の効力は，実体判断が下されたかどうかではなく，被告人を再度刑事裁判にかけることにより，それが圧

5 犯罪を証明するのはあくまで検察官だ──論争主義（当事者主義）

制の手段にならないか否かで判断されます。刑事裁判が市民を抑圧する道具として利用されたことのある歴史から得られた教訓に基づいています。これがまさに市民の権利に関係するから，憲法39条に基本権として規定がおかれています。ここでは 二重危険禁止 という概念・言葉が用いられます[*10]。一事不再理と二重危険禁止とでは，その依ってたつ基本原理が異なるので，区別しておくのが適切です。

*10 三浦和義の事件では，日本では一事不再理という言葉が使われていましたが，ニュースをみて分かるとおり，裁判官は double jeopardy という言葉を使っています。英文の日本国憲法でもこの文言が使われています。

検察官手もちの証拠を開示する

最後に，論争主義においては，弁護権の保障と弁護人の助力が必須であることは述べましたが，論争主義を支えるもうひとつの重要な制度として，証拠開示制度 があり，この言葉は通常，検察官から被告人への証拠の開示を意味します。刑事裁判では，被告人に 告知・聴聞を受ける権利（憲31条），そして被告人からの十分な挑戦的防御が保障されています（憲37条，論争主義）。被告人が防御をするときには，政府がいかなる証拠を提出するかを前もって知ったうえで，初めて十分な防御が可能となります。たとえば，反対尋問 を行うときには，政府が召喚した証人の 主尋問 後に，何の手がかりもなく反対尋問したところで，逆に証人の証言をさらに強める証言を引き出したり，予想もしないような証言が飛び出したりすることはよく知られています。以前は，ワーク・プロダクト理論（work product doctrine, 作業成果法理 と訳され，自分の労力により収集した証拠を，事前に相手にみせる必要はないことを意味します）のもとで，証拠を被告人に開示しないのが当然であるかのように主張されるこ

ともありました。まさに,「当事者主義」の名の下で,捜査過程を,政府と被疑者がそれぞれ独立して,自己に有利な証拠を収集する手続であると性格づけるときには,一層この理論が当てはまるように思われます。しかし,これでは事実認定手続の充実などは望むべくもありません。

　裁判員制度の創設とともに,裁判員に分かりやすい審理手続がされなければならないために,公判に先だって,主張や証拠の整理を行う 公判前整理手続 が設けられ,その中で証拠開示制度が立法により作られました（刑訴316条の2以下）。詳しい内容は**第12講義**を読んでもらうことになりますが,従来の証拠開示の範囲がきわめて狭かったことに比べると,公判前整理手続での 証拠開示制度 ははるかに充実したものといえ,裁判員裁判が開かれない場合でも,この手続を利用することにより,論争主義に基づく充実した事実認定手続が行われることが期待されます。

6　被害者もまじえて問題を解決すべきだ ── 修復司法

取り残された被害者

　アメリカ合衆国で1960年代に,被告人の基本権充実の要請が一段落すると,1970年代に入り,被害者の利益をどう擁護するかが問題とされるようになりました。従来の裁判制度をみてみたとき,このような裁判は被害者の救済には何の意味もないし,加害者には刑罰が科されるが,その更正にどの程度の意味をもつかにも疑問が呈されました。法廷での手続は専門家が独占し,被害者は証人として証言するだけで,それ以上のことはできず,他方,被告人は訳のわからない専門用語が飛び交う中を,ただじっとして判決を待つだ

けでした。これでは，刑事裁判が被告人に何の感銘も与えず，その更正にも役にたたないことになります*11。

*11 Nils Christie "Conflicts as Property" (17 British J. of Criminology 1, 1977) 参照。

被害者と加害者の直接対話

被害者の苦しみを直接加害者に伝え，加害者の心に変化を引き起こして，その更正を図り，しかも加害者が直接被害者に補償*12 をするような制度を作り上げられないかが1980年代後半から模索され，その結果表れてきた考え方が，修復司法という概念です。加害者が罪を認めていることを前提にして，その中核となる点は，被害者と加害者が直接対面し，被害者が被害状況と苦痛を加害者に伝え，なぜ自分が被害者なのかの説明を加害者から受け，そのうえで，加害者に謝罪をさせ，罰と補償の内容を話し合いで決めることです。このような手続により，ある意味で，被害者と加害者が裁判から疎外されていた状況を改めて，両者が直接関わって，問題解決を図ろうとするものです。このような考え方を反映する具体的制度として，Family Group Conferencing, Sentencing Circle, Victim－Offender Mediation などがさまざまな国や場所で試みられています。もちろん，修復とは言っても，加害行為がされる前の状況に戻すことなどは不可能なので，これは被害者が被害化の状況を乗り越えることができるようにすることを意味します。また，第三次被害化 の問題もありますし，すべての犯罪でこの手続を利用できるのかなどという問題もあります。この制度が将来，これまでの裁判にどの程度代替しうるのかは，注意して見守っていかなければならないと思われます。

*12 補償という点では，ヨーロッパ大陸法では，刑事手続のなかで，加害者に補償をさせることができる 附帯私訴 という制度があります。弾劾・論争主義のもとで

の裁判は，裁判は犯罪事実の有無だけを争うものと考えられているので，その手続のなかで加害者に補償をさせるという視点が入る余地はありませんでした。しかし，近年被害者の利益の擁護という観点から，民事訴訟で補償をさせるのではなく，刑事手続のなかで補償をさせることもできるという考え方が強くなり，日本もその方向に進みつつあります。

7　刑事手続の役割

刑事手続は市民の自由を守る手続だ

　日本では，明治期にフランス法，ドイツ法が移入され，第二次大戦後は，憲法が英米法型に変えられたことに伴い，刑事訴訟法が修正されましたが，詳細な点までの修正は受けませんでしたし，実務自体は戦前の制度を引きずるところがあり，職権主義的な側面と弾劾・論争主義的な側面の両方を併せ持っているといわれることがあります。しかし，個別の条文をどの視点から解釈するのかにより，結論に違いが生ずる場合があるし，何よりも刑事手続をどうとらえるのかにより，さまざまな違いが生じます。刑事手続を単に犯罪者を処罰する手続とみるのか，実体的真実を発見する手続とみるのか，市民の基本権をどうやって保護するのかの手続とみるのか，などなどです。いうまでもなく，犯罪が社会の存立を危うくすることは明らかであり，犯罪の解明と犯人の処罰は必要不可欠です。しかし，公権力の行使が単なる犯罪捜査——処罰を超えて，市民の自由に萎縮効果(chilling effect)を与えることも事実であり，上に書いたように，刑事手続が市民を弾圧する手段として手っとり早く使われてきた歴史をみるならば，刑事手続は単なる犯罪者の処罰に関わる法制度ではなく，市民の自由をどのように守るかの問題と密接に関わっていることは絶対に忘れてはならないことです。

7 刑事手続の役割

刑事手続のいま

　2000年代に入り，さまざまな改正や新しい手続の導入が図られてきています。裁判員裁判，被害者保護や被害者の手続への参加，取調べの録画や可視性の向上の方策などがその主たる例ですが（これらの点についても**第12講義**参照），これらの方策の解釈・運用，そしてさらに新しい制度の導入に際しても刑事裁判の原理を基礎として考えていかなければなりません。将来の社会のあり様を決める1つの重要な要素だからです。

＜ステップアップ＞
- ●刑事裁判制度の根底にある考え方を探る書物として，
  - ①　渥美東洋『レッスン刑事訴訟法（上・中・下）』（中央大学出版部，1985）
  - ②　岸盛一＝横川敏雄『事実審理』（有斐閣，1962）
- ●現在の刑事手続を理解するための書物として，
  - ③　渥美東洋『全訂刑事訴訟法』（有斐閣，第2版，2009）
  - ④　田宮裕『刑事訴訟法』（有斐閣，新版，1996）
- ●旧刑事訴訟法から新刑事訴訟法への変遷を知るための書物として，
  - ⑤　団藤重光『新刑事訴訟法綱要』（創元社，7訂版，1967）
  - ⑥　林頼三郎『刑事訴訟法論』（巌松堂，1916）

　　　　　　　　　　　　　　　　　　　　　　　　（宮島　里史）

Bridgebook

第3講義

行政訴訟制度の基本原則

1 行政訴訟制度の目的

行政訴訟制度の目的は，次の2つの点に求められます。その第一は，行政活動が違法に行われた場合，それによって侵害された個人の権利を回復すること，すなわち権利救済目的です。そして，その第二は，いわゆる行政統制，すなわち行政の運営（Administration）を適正にすることを目的としています。これらを別の訴訟法的表現では，前者を「主観訴訟」，後者を「客観訴訟」といいますが，後の図で利用するので，ここでは，前者（権利救済）を①目的，後者（行政統制）を②目的と表記することとしたいと思います。

2 現行行政事件訴訟法の全体構成

行政訴訟の4つの類型

まず，現行行政事件訴訟法の全体構造を，すでに述べた行政事件訴訟制度の①目的②目的との関係で示してみましょう。

```
┌──抗告訴訟      …………①と②目的
├──当事者訴訟    …………①と②目的
├──民衆訴訟      …………②目的のみ
└──機関訴訟      …………②目的のみ
```

　さて，そもそも「訴訟」は「主観訴訟①」を中心に発達してきたという歴史的由来があるので，②のみの訴訟は，地方自治法上の住民訴訟のように，原則としては法律がとくに規定している場合にのみ認められることとなります。

　それでは，抗告訴訟と当事者訴訟（①②の性格の双方を有する点では共通）の相違は，どのような点に求められるのでしょうか。以下に図でそれを示してみましょう。

```
┌──抗告訴訟　　──原則として行政処分を争う訴訟
└──当事者訴訟──原則として行政処分以外の行政の行為型式を争う訴訟
```

　以上の点から，抗告訴訟では，行政処分か否か（「処分性」とよびます）が入口の問題として争われることが多くなります。

最近の法改正と裁判所の動き

　ところで，以上の構図からは，行政指導，行政計画，行政立法，自治体の自主立法（条例）等は，当事者訴訟で争われることとなりますが，この意図を明確にする目的から，平成16（2004）年改正の行訴法では，「公法上の法律関係確認の訴」という文言が条文中に明示されることとなりました（4条）。

　ところが，最高裁判所の判例理論は，その後，むしろ抗告訴訟における「処分性」を拡大する方向に進むこととなりました。すなわち，最高裁判所は，平成17（2005）年の2つの判決で（判例①②），伝統的な行政法理論では「行政指導」として法律的な性格を与えら

れてきた医療法30条の7での病院開設中止勧告に、これに従わなかった場合には保険医療機関等の指定が拒否されることを主要な理由として「処分性」を肯定する判断を示しました。

さらに最高裁判所は、平成20（2008）年9月10日に（判例③）従来は処分性を否定していた土地区画事業計画決定について、40年以上を経て判例を変更し、「処分性」を肯定する判断を示しました。

これらの判例が改正行政事件訴訟法の法運用に決定的な意味を与えることを知っておくことは大切です。すなわち、改正に当たった人々（いわば立法者）は、行政指導、行政計画については、当事者訴訟すなわち公法上の法律関係確認の訴で、これらを争わせることを意図していたといってよいでしょう。しかし、これとは逆に、最高裁判所は、これらに処分性を認めることにより、むしろ抗告訴訟で争わせる道を選択したといえます。このことにより、公法上の法律関係確認の訴で対象とされる行政上の様々なアクション（行政の行為型式）の幅がかなり狭いものとなったことを留意しておく必要があります。

3 抗告訴訟の全体構成と処分の取消訴訟

抗告訴訟の7類型

それでは、このもっとも注目され、行政事件訴訟法の中心ともいえる抗告訴訟は、どのような構成となっているのでしょうか。

抗告訴訟は、6つの法定抗告訴訟と法定外抗告訴訟（かつて無名抗告訴訟とよばれることが多かった訴訟類型です）から成り立っており、前者の中心は「処分の取消訴訟」です（取消訴訟中心主義）。

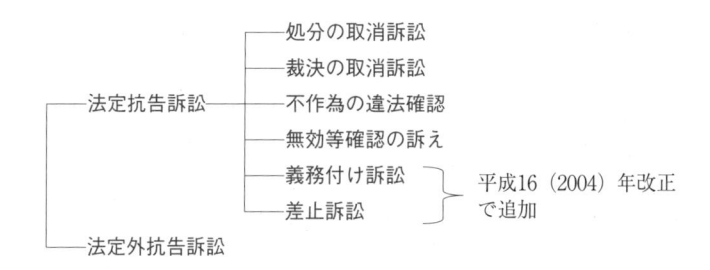

```
              ┌─ 処分の取消訴訟
              ├─ 裁決の取消訴訟
     ┌─法定抗告訴訟─┼─ 不作為の違法確認
     │        ├─ 無効等確認の訴え
     │        ├─ 義務付け訴訟    ┐ 平成16（2004）年改正
     │        └─ 差止訴訟       ┘ で追加
     └─法定外抗告訴訟
```

　なお，裁決の取消訴訟は，行政不服審査法に基づく手続で得られた結論（これを裁決とよびます）の固有の違法性を争うことを目的としています。

処分の取消訴訟とは

　それでは，処分の取消訴訟とは，どのようなものなのでしょうか。それは，一言でいえば，「違法な行政処分を最初からなかったことにしてほしい（これを，取消判決の効果が遡及するといいます）」という請求です。しかも，この取消の効果は，さらに民事とは異なり対世的に（つまり世の中の「人」すべてに対し）消えるという意味も有し，きわめて特殊な訴訟であることを十分に把握しておきましょう（そこで，これではあまりに強力すぎるとして，相対的効力説も主張されています）。

処分の取消訴訟独特の効力と制度

　このように処分の取消訴訟がたいへん特殊なものなので，そこから独特の説明や制度がなされたりおかれたりすることとなります。まず，判決により対世的に最初からなかったこととなるので，逆に取り消されるまでは，対世的に一応は有効なものとして存在して通用力をもっていたと説明されます（これを 公定力 とよびます）。

　また，独特の制度としては，次のようなものを代表的な制度とし

て知っておくとよいでしょう。

ひとつは,処分を知ってから,原則として,6ケ月以内に訴えを提起しなければならないという出訴期間です(行訴14条。これを経過すると訴えることができないということを 不可争力 とよびます)。これは,取消しの効果が強力なので,早く法律関係を安定させる必要から認められている制度だとされています。

もうひとつは,執行不停止原則 です(行訴25条)。これは,民事と異なり,低い立証の程度で仮の救済を認めると影響が大きいとの理解から認められているといわれ,かりに裁判所が認めたとしても,公益上の見地から,行訴法27条でこれに対する内閣総理大臣の異議が認められるのも同様の理解によっています。しかし,いくら例外といっても,実務ではあまりにも執行停止が認められていない現実から,平成16(2004)年の行政事件訴訟法の改正では,法文が「重大な損害を避けるため」と変更され,この利用を促す目的があると説明されています。

4 誰が,どのような場合に訴えをおこせるのか ── 訴えの利益

取消訴訟の訴訟要件のうち,もっとも実務上で争われるものの1つが訴えの利益,すなわち行訴法9条です。この行訴法9条の構成を図で示した場合,次のようなものとなります。

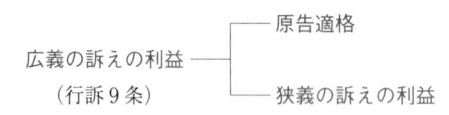

```
                          ┌── 原告適格
    広義の訴えの利益 ──┤
      (行訴9条)       └── 狭義の訴えの利益
```

4 誰が,どのような場合に訴えをおこせるのか――訴えの利益

処分の取消しを求める資格は誰にある?

まず原告適格とは,たとえば産業廃棄物の最終処分場に対する許可を,その周辺の付近住民が争う資格(アメリカでは,裁判所の法廷にたつ資格という意味で Standing とよびます)を有するのかどうか,つまり,直接の法律関係のない者が争う資格を有するのかどうかという問題をいいます。これについて,従来から,これを比較的広く認める立場(法的に保護された利益説といったよび方をされます)と,行訴法9条の「法律上の利益」という条文上の文言に引きつけて,それよりは狭い範囲で認める説(法律上保護された利益説とよびます)との対立がありました。判例は,後者にたつとしてきています。ただ,実際の法運用において,狭すぎる解釈を行うケースがでたりしたことから,後者の説にたちつつも広くこれを適用させるため平成16(2004)年の改正で行訴法9条に2項が追加されました。この改正法のもとでの最初の最高裁判例が,平成17(2005)年の小田急線高架訴訟大法廷判決です(判例④)。この判決では,行訴法9条2項の関連法令として,つぎのものを読み込んでいます。それは東京都環境影響評価条例であり,これを読み込むことで従来は原告適格が認められなかった付近住民にこれを認める判断を示しました。

それ以外の原告の利益にはどのようなものがあるのか?

つぎに,狭義の訴えの利益とは,いったん原告適格を認められた者が,訴訟の全過程を通して何らかの追求すべき利益を有していなければならないということです(アメリカではこの利益がなくなったことをカラになったという意味で mootness とよびます)。

ところで,行訴法9条と関連する問題として同法10条の主張制限があります。これは,自己の利益に関係のない違法事由は主張できないという規定です。一般には,この利益は行訴法9条の原告

39

適格の範囲と同一だといわれていますが，行政訴訟制度の目的で示した②の目的，すなわち行政統制目的にウェートをおいた場合，よりゆるやかに広く解すべきとの有力な説が主張されています。

5　取消訴訟の審理にはどのような特徴があるか

　ここでも代表的な問題を例に，審理の特質をみてみましょう。その代表例を証拠調べに求めてみることとします。

　改正前から行訴法は，その24条で職権証拠調べの規定を有していました。これは，多少の不正確さを有するのかもしれませんが，とりあえずひらたく述べるとすれば，専門・技術法令の多い行政訴訟では，その証拠が行政側に集中しており，原告がこれを十分に立証することが困難であることから，裁判所が原告の立証にいわば「力」を貸すものと一応は理解しておくとよいでしょう。

　ところが，実務では，この24条はほとんど利用されてきませんでした。実務では，むしろ，行訴法7条の「民事訴訟の例による」（「例による」とは「準用」と異なり行政訴訟の性質にあうかぎり利用できるということを意味します）に基づき民事訴訟での釈明権が利用されてきました。そこで，平成16（2004）年行政事件訴訟法の改正では，23条の2として釈明処分の特則（特則とは民訴と異なり被告に対してのみ働く規定ということ）が規定されました。釈明は，訴訟の早期の段階から，しかも，文書の特定性が比較的低くとも利用できるものであり，書証が重要な意味を有する傾向のある行政訴訟では，被告の立証に役立つ運用が期待されているといえるでしょう。

　なお，行政訴訟での立証責任には明確なルールが確立されていないことを付言しておくこととします。

6　取消訴訟が終わるときの特徴

和解で訴訟を終えることはできるか？

　抗告訴訟の性格をよく知りうる問題の1つとして，民事訴訟では普通に行われている和解の可否の問題があります。そこで，ここでもう一度，行政訴訟制度の目的を思い出してみることとしましょう。
　個人の権利救済（①目的）にウェートをおいた場合，和解は当然に認められることとなります。しかし，行政統制目的（②目的）にウェートをおいた場合，客観訴訟（アメリカ法では，公共訴訟あるいは，原告を私的法務総裁などとよぶことがあります）としての性格から，和解は認めるべきではないと主張されることとなります。
　わが国の実務では，和解は認められる法運用が行われています。

最終的に下される判決の種類

　取消訴訟での判決を図で示せば，次のようなものとなります。

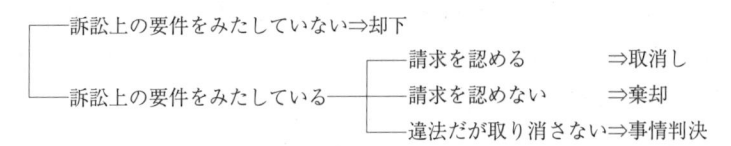

```
┌──訴訟上の要件をみたしていない⇒却下
│                              ┌──請求を認める　　⇒取消し
└──訴訟上の要件をみたしている──┼──請求を認めない　⇒棄却
                                └──違法だが取り消さない⇒事情判決
```

　以上のように却下や棄却，認容は通常の民事訴訟と同じですが，行政事件訴訟に特有の事情判決制度が行訴法31条で設けられています。これは，請求を認めると取消しにより公益上，重大な障害が生じる場合，違法だとの宣言のみにとどめ取り消さないという制度です。利益衡量や法と経済学といった法の原理を具体化した制度であるといえます。

7　各種の訴えの関係を学ぶ

取消訴訟と無効確認訴訟の関係

取消訴訟と無効等確認の訴えとの関係について，純理論的関係を図で示せば，次のようなものとなります。

```
┌──取り消しうべき行政処分　⇒　取消訴訟
│
└──無効な行政処分　　　　　⇒　無効等確認の訴え
```

そして，これは，審理していないと違法かどうか判別できない行政処分（取り消しうべき処分）と誰がみても違法性が重大で明白な処分（無効な処分）に対応しているといわれます。

しかし訴訟法的には，取消訴訟には行訴法14条の出訴期間が適用されるのに対し，行訴法38条では無効等確認の訴えにはこの14条は準用されていません。そこで純理論的には取消訴訟の対象とされるべき処分が行訴法14条により不可争力が生じている場合，実務的には無効等確認の訴えで争おうとするケースが生じることとなります。無効な行政処分について 明白性補充要件説 がとなえられるのは，このような事情によります。

不作為の違法確認と義務付け訴訟の関係

まず，改正前の典型的な訴訟のフローを図で示してみることとしましょう。

```
不作為の違法確認判決（原告勝訴）
　行政はこの　 ┌─→申請認容の行政処分（許可等）
　選択が可能　{
　　　　　　　 └─→申請拒否処分⇒拒否処分取消訴訟の提起
```

以上のように，改正前は不作為の違法確認判決を受けて拒否処分が可能となりますから，この場合，原告は再び拒否処分の取消訴訟

を提起しなければなりませんでした。そこで，平成16（2004）年の改正行政事件訴訟法は，始めから処分内容の義務付け訴訟を提起しうることとしました。

ただし，裁判所として，この場合にあっても，判決は不作為の違法確認にとどめたい場合もありうるので，行訴法37条の3で併合して不作為の違法確認も提起することが求められています。

行政事件訴訟法と国家賠償法の関係

ドイツ法の影響の強いわが国の行政法理論では，行政事件訴訟を第1次的救済手段，国家賠償（訴訟法は民事訴訟法）を第2次的救済手段として理解する傾向があります（アメリカ法では，この種の理解はあまりなく，損害賠償が中心的救済手段の1つとなっています）。

しかし，行政事件訴訟法が行政処分を中心として理解されてきたので，行政指導等については，国家賠償請求で争われることが多かったことも事実です。そのような意味で，国家賠償制度は，いわば「エクィティー（衡平）」法の役割を担ってきたといってもよいのではないでしょうか。

8 政府が行政目的で訴えをおこすことはできるか？

アメリカでは，国民からの側の訴訟ばかりではなく，行政目的から政府が企業等に対し規制目的で訴訟を提起する制度が認められています（公的規制訴訟）。

わが国では，地方自治体関係のケースですが，いわゆる宝塚市パチンコ条例事件で（判例⑤），最高裁は，条例違反に対し自治体が民事訴訟を提起することを否定する判断を示しています。

今後，立法的対応も含め，政府提起の訴訟の可能性を追求してい

く必要性があると考えられています。

　ファンド等のマネーゲーム的ともいわれる動きや金融に対しても，「公共性」の観点から，未整備であるわが国は当然のこととして，すでに法制度のある国でも制度上の改善を目指し実体法の整備を行うとともに，この種の公的規制訴訟を整備・充実しておけば，経済秩序を維持し，最近生じた金融危機なども回避しえた可能性もあるとも考えられます。

　＜ステップアップ＞
　①　宇賀克也『行政法概説Ⅱ　行政救済法』（有斐閣，2006）
　②　阿部泰隆『行政訴訟要件論』（弘文堂，2003）
　③　芝池義一『行政救済法講義』（有斐閣，2004）
　④　大沢秀介『現代アメリカの社会と司法』（慶應通信，1987）
　⑤　行政訴訟実務研究会編『自治体法務サポート　行政訴訟の実務』（第一法規，2004）
　⑥　田村泰俊『組織・企業と公的規制訴訟』（中央大学出版部，2001）
　＜判　例＞
　①　最二小判平成17・7・15民集59巻6号1661頁
　②　最三小判平成17・10・25裁時1398号4頁
　③　最大判平成20・9・10民集62巻8号2029頁
　④　最大判平成17・12・7民集59巻10号2645頁
　⑤　最三小判平成14・7・9民集56巻5号958頁

（田村　泰俊）

第2編　司法のあり方をめぐる動き

Bridgebook
第*4*講義

民事訴訟の改革(1)
—— 提訴前の証拠収集と計画審理

1　民事訴訟の一層の充実と迅速化をめざした改革

本講義では，民事訴訟の一層の充実と迅速化をめざして行われた平成15（2003）年の民事訴訟法改正のうち，提訴前の証拠収集手続と計画審理の内容や成果を紹介しますが，その前に，平成8（1996）年の民事訴訟法の全面改正と2001年の司法制度改革審議会の答申について簡単に触れておきます。

平成8（1996）年の民事訴訟法の全面改正

平成8（1996）年に全面改正された新民事訴訟法（施行は平成10〔1998〕年1月1日）は，審理の充実・迅速化のために大きな2つの改革を行いました。

第一は，争点整理手続の整備と集中証拠調べの導入です。すなわち，準備的口頭弁論，弁論準備手続，書面による準備手続の3つのメニューを整備することによって，事件に応じた効率的な審理を可能にし，従来の，いわゆる「3分間弁論」や「五月雨審理」の解消をめざしました。また，証拠調べに集中証拠調べを導入することによって，審理の迅速化を図ったのです。第二は，証拠収集制度の充実です。この例としては，まず，文書提出義務の一般化（民訴220

条4号）が挙げられます。これによって，医療過誤訴訟や公害訴訟など，証拠の構造的偏在を特色とする，いわゆる現代型の事件に対応することが可能になりました。

今ひとつの例として，当事者照会（民訴163条）があります。これは，アメリカの質問書の制度を参考に作られたもので，当事者は，主張・立証を準備するために必要な事項について，相手方に質問書を送って，相手方から情報を得ることができるとする制度です。裁判所を介さずに，当事者間で行われるものであり，これによって，両当事者が早期に事件の情報を共有することになり，和解など当事者の自主的な解決も促進されることが期待されました。ただ，この制度の難点としては，相手方が正当な理由なく回答をしなかった場合でも，それに対する制裁規定がなかったこと，また，照会できる時期は訴訟係属後に限られたことが挙げられます。

計画審理と証拠収集手段の拡充を求めた提言

2001年に答申された司法制度改革審議会の意見書においては，民事訴訟法の全面改正によって，審理の充実・迅速化が図られたことを評価しつつも，さらに国民の期待に応えるために，なお一層の審理の充実・迅速化を図ることが課題であるとして，民事裁判の審理期間をおおむね半減することを目標として，「原則として全事件について審理計画を定めるための協議を義務付け，計画審理を一層推進すべきである」との提言や「訴えの提起前の時期を含め当事者が早期に証拠を収集するための手段を拡充すべきである」との提言を行いました。このような提言に基づいて，平成15（2003）年の改正で，計画審理や提訴前の証拠収集手続が導入されたのです。なお，答申においては，民事訴訟事件の審理期間を半減するためには，法曹の人的基盤を拡充することによって，期日の間隔を短縮すること

等も提言されていました。

第一審を2年以内に

平成15（2003）年の民事訴訟法の改正と時を同じくして，裁判の迅速化に関する法律が制定されました。この法律によれば，第一審の訴訟手続については，2年以内のできるだけ短い期間に終局させることを裁判所，訴訟代理人，当事者等の責務としました。また，国の責務として，裁判の迅速化を推進するために必要な施策を策定し，実施することとし，そのために必要な法制上または財政上の措置を講じなければならないとしています。

2 訴えをおこす前に証拠を収集する方法

提訴予告通知制度の導入

提訴後の審理を迅速かつ計画的に行うためには，提訴前から訴訟の追行に必要な証拠や情報を収集できることが望ましいわけですが，訴訟係属がない状態で，証拠の所持者にその提出を義務づけることは困難であるため，提訴予告通知制度 が設けられました。

提訴予告通知とは，訴えを提起しようとする者が，訴えの被告となるべき者に対し，訴えの提起を予告する書面による通知のことです。このような予告通知を行うことによって，訴え提起の蓋然性が高いことが示され，いわば訴訟係属状態に準じた状態が生じるので，証拠の所持者に証拠の提出義務を課すことが可能になりました。

しかし，その際には，証拠の所持者の側の権利の確保や濫用に伴う弊害のおそれにも配慮する必要があります。

提訴前の当事者照会の4つの制限

提訴予告通知をすることを要件にして，訴えの提起前においても，

当事者照会ができるようになりました。基本的な趣旨・内容は訴訟係属後の当事者照会と同様ですが，相手方の保護ないし濫用の防止のためにつぎのような制限が加えられています。

第一は，提訴前の照会ができるのは，予告通知がなされてから4ケ月に限定されていることです。ひとたび予告通知をすればいつまでも照会が利用できるとすると，被予告通知者の地位が不安定になることに配慮したものです（民訴132条の2第1項）。

第二は，照会の対象を提訴後の主張または立証を準備するために必要であることが「明らかな」事項に限定したことです（民訴132条の2第1項）。

第三は，回答拒絶理由として，民訴法163条各号のいずれかに該当する照会は当然として（民訴132条の2第1項1号），これ以外にも，相手方または第三者の私生活についての秘密に関する事項についての照会であって，これに回答することにより，その相手方または第三者が社会生活を営むのに支障を生ずるおそれのあるもの（同2号）や相手方または第三者の営業秘密に関する事項についての照会（同3号）を加えていることです。

第四は，予告通知の書面には，請求の要旨および紛争の要点を具体的に記載しなければならないとしたことです（民訴132条の2第3項）。また，1項の照会は，すでにした予告通知と重複する予告通知に基づいては，することができないとされています（民訴132条の2第4項）。

照会に応じなくとも制裁は課されない

提訴前の当事者照会には，訴訟係属後の当事者照会と同じく，回答義務違反に対する制裁はありません。すなわち，回答を拒絶する正当な理由がないにもかかわらず，相手方が回答をしない場合に，

回答を強制する方法ないし制裁はありません。

　ちなみに，アメリカの質問書の手続では，相手方が正当な拒絶理由なしに回答しない場合には，当事者は裁判所に対して回答強制命令を申し立てることができ，相手方がこの命令に従わないときは，弁護士報酬を含む相当の費用の負担，一定の証拠の提出の禁止，特定の事実の証明擬制，裁判所侮辱等の制裁が課せられます。他方，相手方が回答を拒否する理由があると考える場合には，開示制限命令の申立てをすることができます。

　わが国の当事者照会には，このような回答を強制する方法ないし回答しない場合の制裁がないので，その実効性の確保が問題となります。

裁判所による証拠収集処分

　提訴予告通知がなされた場合には，裁判所はつぎのような 証拠収集処分 をすることができるようになりました（民訴132条の4）。

　第一は，文書送付の嘱託です。これは，たとえば，医事関係の紛争における診療録や交通事故関係の紛争における実況見分調書等の文書について，裁判所がその所持者に対し文書の送付を求める処分です。これによって，当事者は，提訴後の立証に必要な文書を提訴前に収集することができるようになりました。

　第二は，調査の嘱託です。これは，たとえば，気象台による特定の日時場所等の気象の調査や取引所による商品の売買当時の相場の調査など，裁判所が団体に対して，一定の事項について調査をし，その結果の報告を求める処分です。

　第三は，専門家による意見陳述の嘱託です。これは，専門家の意見を収集することができるようにするための処分であり，たとえば，建物の瑕疵の事件において，その修補に要する費用について建築士

に対して意見を求めることです。

　第四は，執行官に対する現況調査の命令です。これは，たとえば，境界をめぐる紛争において，裁判所が執行官に対して現場の現況調査を命ずる処分です。

　提訴前の証拠収集処分においても，相手方の保護や濫用を防ぐために，つぎのような制限が加えられています。第一は，提訴前の当事者照会と同様に，手続を利用できる期間を予告通知がされてから4ヶ月間に限定したことです。第二は，提訴前の当事者照会と同じく，収集できるものを訴え提起後の立証のために必要であることが明らかなものに限定したことです。第三は，この手続の利用は，申立人が自ら収集することが困難であることが認められる場合に限られることです。第四は，証拠収集処分は収集に要すべき時間または嘱託を受ける者の負担が不相当なものにならない場合に限られることです。

　提訴前の証拠収集処分についても，当事者照会と同じく，制裁ないし強制力はありません。

3　訴訟手続を計画的に進行する —— 計画審理

計画審理が明文化された背景

　民事訴訟手続の流れは，訴えの提起後，まず，争点および証拠の整理を行い，つぎに，整理された争点について証拠調べを行い，そして，口頭弁論を終結し，判決の言渡しとなります。

　旧法時代は，争点整理については，いわゆる「3分間弁論」とか「五月雨審理」とよばれたように，一期日の審理時間が短いために，期日を重ねて徐々に争点を整理していました。また，口頭弁論の一

体性の原則の下，随時提出主義がとられていたため，口頭弁論が終結されるまで，裁判資料が小出しに延々と提出されるような状態もみられました。また，事件に関する情報の開示手段が充実していなかったために，争点を整理するための情報が十分でなく，そのため争点整理の期日の間に証拠調べ期日を入れて事件情報を入手することもあり，争点整理と証拠調べが截然と区別されていない，いわゆる「漂流型審理」にもなっていました。このような状況においては，客観的な訴訟遅延もさることながら，当事者からすれば，訴訟の進行状況がわからず，訴訟の見通しがたたないために，提訴を断念したり，あるいは，裁判を長く感じるという主観的な訴訟遅延の問題がありました。

このような問題を解消するために，審理計画が明文化されました。すなわち「裁判所及び当事者は，適正かつ迅速な審理の実現のため，訴訟手続の計画的な進行を図らなければならない」（民訴147条の2）として，計画審理を行うよう訴訟関係者の責務を明確にしました。

計画審理のあらまし

司法制度改革審議会の意見書においては，基本的にすべての事件に計画審理を導入することが提言されていましたが，計画審理がとくに必要とされる事件は，公害などの大規模訴訟や医療事件・知的財産事件などの専門訴訟であり，単純な事件を含めてすべての事件に計画審理を行うことは妥当でないとして，結局，計画審理は，審理すべき事項が多数であり，または錯綜しているなど，事件が複雑な場合に必要的とされ，義務づけられました。

このような場合は，裁判所は当事者双方と協議をしたうえで審理の計画を定めなければなりません。審理計画には，第一に，争点および証拠の整理を行う期間，第二に，証人および当事者本人の尋問

を行う期間，第三に，口頭弁論の終結および判決の言渡しの予定時期を定めなければならないとされています（民訴147条の3）。

計画審理中に提出しなかった証拠の取扱い

　審理計画においては，裁判所は，当事者の意見を聴いて，特定の事項についての攻撃または防御の方法を提出すべき時期等を定めることができます（民訴156条の2）。このような特定の事項についての攻撃または防御の方法の提出時期が定められている場合において当事者がその期間の経過後に提出した攻撃防御方法については，計画審理が定められていない場合と比べて，より厳しい規定になっています。すなわち，故意または重大な過失がなくても，審理の計画に従った訴訟手続の進行に著しい支障を生じるおそれがあると認めたときは，裁判所は，申立てまたは職権により，却下の決定をすることができます。却下を免れるためには，当事者は，その期間内に攻撃または防御の方法を提出できなかったことについて相当の理由があることを疎明しなければなりません（民訴157条の2）。

審理計画の変更

　審理の計画は訴訟のなるべく早期に行うことが望ましいわけですが，その後の審理の現状や当事者の訴訟追行の状況などの事情を考慮して，必要があると認めるときは，当事者双方と協議をしたうえで，審理の計画を変更することができます（民訴147条の3）。

4　改革の成果と今後の課題

あまり活用されていない当事者照会制度

　民事訴訟法が全面改正されて施行されてから10年が経過しました。この10年で，弁論準備手続を中心とした争点整理手続や集中

証拠調べが定着しつつあり，その結果，審理期間もほぼ一貫して短くなっています。また，証拠の収集制度の充実については，文書提出義務に関する実務は順調であるものの，当事者照会についてはあまり利用されていないようです。

平成15（2003）年の改正の成果については，詳しいデータがあるわけではありませんが，提訴前証拠収集および計画審理のいずれについてもあまり成果は上がっていないとの評価が多いようです。まず，提訴前の当事者照会制度については，平成15（2003）年改正以前の訴訟係属後に利用できるときでも，あまり活発に利用されていなかったこともあり，提訴前にはなおさら利用されていないようです。実務においては，相手方から情報を入手したいときは，裁判官への求釈明によるほうがより効果的であると考える弁護士も少なくないようです。

提訴前の当事者照会や証拠収集手続があまり利用されない理由は，相手方が回答をしなかった場合にも制裁がないことが大きいとされています。したがって，当事者照会や証拠収集処分の利用を促進するためには，回答をしない場合に何らかの制裁措置を課すことが有効であると考えられます。

制裁の方法としては，失権効の強化があります。たとえば，質問事項にあった事柄を照会書の中で設定された期限内に回答せずに，それから後になって裁判所に提出したときには，より失権を強化することです。このほか，民訴法63条を活用して弁護士費用を懈怠当事者に負担させる方法や裁判所侮辱罪の導入等が提案されています。

計画審理への期待

計画審理についても，複雑事件のみが必要的とされた法律の規定

とあいまって，通常の事件ではあまり実施されていないようです。最近では弁論準備手続を中心とする争点整理や集中証拠調べが定着しているので，あらためて計画審理を行わなくても，単純ないし通常の事件では計画的な審理は行われているとの評価もあります。しかしながら，客観的には，年々，平均審理期間が短縮されているにもかかわらず，利用者の意識調査によれば，審理期間が長いと感じる者が増加しており，訴訟遅延に対する当事者の不満は依然として解消されていないようです。当事者にとって分かりやすく見通しのよい訴訟プロセスを示す必要は大きく，訴訟代理人である弁護士には当事者に対して訴訟手続の流れを十分に説明することが望まれます。

民事訴訟制度が進むべき方向

従来，わが国では，弁護士の数が少ないことが一因で，地方裁判所においても本人訴訟が存在しました。裁判所は，訴訟の進め方が拙劣なために勝つべきものが勝てないというような事態を防ぐため，言い換えれば，実体的正義を実現するため，パターナリスティックな役割を果たしてきました。民事訴訟法の改正で成果が上がっているところも，争点整理，集中証拠調べ，文書提出命令等々，裁判所が積極的に関与している場面であり，当事者照会等，当事者の自主的交渉に任されている場面ではよく機能していません。

しかし，わが国のかたちが「大きな行政・小さな司法」から「小さな行政・大きな司法」へと転換し，司法の果たす役割が増大するとともに，従来のパターナリスティックなやり方には限界が来つつあるとの指摘もなされています。今後の方向としては，弁護士の人的基盤の充実を前提に，より当事者主義的な裁判運営に進むことが望まれます。

<ステップアップ>
① 小野瀬厚＝武智克典『一問一答 平成15年改正民事訴訟法』（商事法務，2004）
② 小林秀之編著『Q&A 平成15年改正民事訴訟法の要点』（新日本法規出版，2003）
③ 「特集・新しい時代の民事訴訟法」ジュリ1317号（2006）6頁
④ 山本和彦「民事訴訟法10年——その成果と課題」判タ1261号（2008）90頁以下
⑤ 「改正民事訴訟法の10年とこれから(1)(2)」ジュリ1366号（2008）120頁，1367号（2008）98頁
⑥ 「特集・新民事訴訟法の10年——その原点を振り返って」判タ1286号（2009）5頁
⑦ 「国際シンポジウム・現代の民事訴訟における裁判官および弁護士の多重的な役割とその相互関係」民訴50号（2004）87頁
⑧ 「シンポジウム・民事手続と弁護士の行動指針」民訴52号（2006）53頁

（椎橋　邦雄）

Bridgebook

第5講義

民事訴訟の改革(2)
―― 専門家の活用と簡易裁判所の拡充

1　裁判所に高度な知識を提供する専門家 ―― 専門委員制度

　現代社会においては，科学技術の飛躍的発達，産業構造や企業活動の複雑専門化によって，専門的な知見を抜きにして適正・迅速に紛争を解決することは不可能となっています。医療過誤訴訟，知的財産権訴訟，建築関係訴訟，金融関係訴訟など，専門的知見を必要とする 専門訴訟 はますます増加し，争点整理や紛争の核心を的確に把握するためには，専門委員の補助・助言が裁判所にとって必要不可欠であるという事情が，専門委員制度 導入の背景にありました。平成8（1996）年改正の民事訴訟法（平成10〔1998〕年1月1日から施行）には専門訴訟にまで取り組む余裕はありませんでしたが，平成15（2003）年改正法（平成16〔2004〕年4月1日から施行された「民事訴訟法等の一部を改正する法律（平成15年7月16日法律第108号）」）により，民訴法92条の2ないし92条の7において専門委員制度が新設されました。専門委員は，裁判所に必要な専門的知見を提供することを任務とする補助機関で，専門訴訟の訴訟関係を明瞭化し，審理の充実と円滑な訴訟進行を図ることを目的としています。

専門委員の役割

専門委員の任務は，専門的知識を抜きにしては理解困難な概念や事象・事実等について，裁判所の理解を助けるために客観的で専門的な説明を裁判所に提供することにあり，鑑定人と異なり証拠方法ではない点に注意しなければなりません。

適正な裁判にとって審理の充実は不可欠であり，審理の充実のためには，裁判所と両当事者が争点について認識を異にすることは許されません。しかし，専門訴訟において争点の正確な把握は困難な状況にあります。そうした状況を打破するため，争点整理や証拠整理等の段階から専門家に関与してもらうために，専門委員制度が設けられたのです。争点整理手続だけでなく証拠調べ手続や和解手続においても，訴訟関係を明瞭化し訴訟手続の円滑な進行を図る必要があれば，専門委員を関与させることができるようになりました。

専門委員の任命手続

専門委員は，非常勤の裁判所職員であり（民訴92条の5第3項），調停委員と同様に最高裁判所によって任命され（専門委員規則1条），所属する裁判所が定められます（専門委員規則4条）。その任期は2年とされ（専門委員規則3条），再任についてとくに定めはありません。また，除斥，忌避，回避の制度が準用されます（民訴92条の6，民訴規則34条の9）。

各裁判所は，前もって専門分野ごとに専門委員の候補者リストを用意しておき，専門委員の関与が必要と認めたときは，その候補者リストの中から専門委員を指定します（民訴92条の5第2項）。専門委員の活動・運用については，公平な活動・運用に対する配慮が十分になされる必要があります。専門委員は法律上の回避事由がなくても，公平さに疑問を抱かせるおそれがある場合には，裁判所に

回避すべきかどうかを相談すべきでしょう。

専門委員が活動する場面

裁判所が専門委員を関与させることができるのは，(1)争点・証拠整理手続，(2)証拠調べ手続，(3)和解への関わり(和解の勧試)，の3つの場面に限られています。

(1) 争点整理・証拠整理の手続

裁判所は，争点整理等で協議をするにあたり，訴訟関係を明瞭にし，訴訟手続の円滑な進行を図るために必要と判断したときは，当事者の意見を聞いたうえで，専門委員を裁判手続に関与させる決定を行うことができます（民訴92条の2第1項）。専門委員の説明は，裁判長の指示によって書面または口頭で行われ（民訴92条の2第1項)，裁判所が追加の説明を求めたいと判断したときは，その場で専門委員に対して説明を求めることができます。これに対し当事者は，専門委員の説明に対して意見を述べることはできますが（民訴規則34条の5)，専門委員に対する質問権は有していません。争点整理手続に際して，専門委員はその説明のなかで，争点と考えられる事項について意見を述べることは許されず，争点整理そのものに対する意見も述べてはならないことになっています。

(2) 証拠調べ手続

裁判所は，訴訟関係または証拠調べの結果の趣旨を明瞭にするために必要と判断したときは，当事者の意見を聞いたうえで，専門委員を証拠調べ手続に関与させる決定を行うことができます（民訴92条の2第2項前文)。また裁判長は，当事者の同意がある場合に，訴訟関係または証拠調べの結果の趣旨を明瞭にするために必要な事項にかぎって，専門委員が証人尋問等において直接問いを発することを許すことができます（民訴92条の2第2項後文）。

(3) 和解への関わり（和解の勧試）

裁判所は，必要があると判断したときに当事者の同意を得たうえで，当事者双方が立ち会うことができる和解期日において，専門委員を関与させることができます（民訴92条の2第3項）。専門委員となる専門家は，一般に本業において多忙であることが多いため，口頭弁論や和解の手続において，電話会議やテレビ会議といった方法を利用して説明することもできるようになりました。

▲ 専門委員の説明を当事者の主張に取り込むことはできるか

専門委員から受けた説明を参考にして，何を争点として取り上げるかは当事者が自己決定すべき事柄ですが（弁論主義），そのうえで当事者が選択した主張が不十分である場合には，当事者の自己責任の問題となります。ただ，当事者が自己決定するため，専門委員の説明内容を正確に把握するため，あるいは，訴訟手続が適正・円滑に進行していることを確認するためにも，専門委員から有益な説明があった場合は調書に記録しておく必要があると指摘されることがあります。

(1) 当事者自身が気づいていない争点の場合

裁判所は本来の争点に気づいているのに，専門知識と無縁の当事者が本来の争点に気づいていない場合は，裁判所は専門委員の説明を受けなくても当事者に対して釈明権の行使ができればこれを行います。これに対して，裁判所が，当事者の専門分野の知識が不足しており，専門委員から説明してもらうことが妥当であると考えた場合は，これを行ったうえで，当事者に対して釈明権を行使するか否かを判断することになります。

(2) 裁判所すら気づいていなかった争点の場合

裁判所が専門委員からの説明を受けて，本来の争点が漏れており

釈明権を行使すべきであると判断した場合は,専門委員に対して,当事者の面前で専門知識について説明をさせるために質問することができます。裁判所から質問を受けて,専門委員が専門知識の説明を行い,そのうえで必要に応じて,裁判所は当事者に対して釈明を行うというプロセスを踏んで争点整理を進めていくことがよいと考えられているのです。

専門委員の説明は記録に残すべきか

専門委員の説明は,鑑定人の意見と違って証拠資料ではなく,当事者の訴訟行為でもないため,原則として記録化されません。しかし,裁判官の転勤のため裁判官が交代するという問題を考えると,前任の裁判官が専門委員の説明内容を有益と判断したときは,それを記録しておく必要性があるといえるでしょう。その記録方法として,口頭弁論調書に弁論の要領として記録することも考えられます(民訴規則67条1項)。専門委員が書面で回答した場合は,これを調書に添付することになり(民訴規則69条),口頭で説明した場合は,書記官がその説明を要約して記録することになります。

ただ,現実の運用においては,専門委員の説明として調書に記載されるといったことはほとんど行われていないとの指摘があります。つまり,争点整理をまとめる際に,専門委員の説明を踏まえて記録しているにすぎないといわれているのです。今後の課題として,専門委員の説明自体は訴訟記録にならないにしても,それが訴訟関係を明瞭化するのに十分必要と考えられる場合は,訴訟資料として記録に残すことも専門委員制度の趣旨から首肯できるでしょう。

専門委員の説明は証拠になるか

専門委員の説明は,証拠資料ではなく訴訟関係を明瞭化するために行われるものなので,当事者が専門委員の説明の記録を謄写して

証拠提出したりすれば，民事訴訟法が専門委員制度を証拠調べ手続ではないとした制度趣旨に反することになります。ただ，専門委員の説明自体には証拠能力がないにしても，調書に記載されたり添付されたりすれば，それは訴訟資料となり，弁論の全趣旨（民訴247条）として判決に影響を与えることが考えられます。

2　争点の証拠調べで意見を述べる専門家——鑑定制度

専門委員とは何が違うのか

　鑑定は，裁判所の争点に対する判断能力を補充するため，当事者間で主張立証がほぼ尽くされた段階で，当事者の意見をもとに，裁判所が定めた鑑定事項について専門家としての意見を求める制度です。鑑定人は，個々の事案のなかで必要に応じて選任されますが，適切な鑑定人を発見したり，鑑定事項を定めたりすることが困難であり，鑑定の基礎資料が十分に選定されていない等の問題もあり，従来鑑定手続には時間を要していました。

　鑑定制度は，争点に対する裁判所の判断能力を補充するために，専門家である鑑定人に知りたい内容を鑑定事項として整理し，意見を求める証拠調べ手続であり，鑑定人の意見は証拠となり判決の基礎となります。この点前述したように，専門委員制度は，訴訟関係を明瞭にし，審理の充実と円滑な手続進行を図るために裁判所からの質問事項に対して専門委員が説明するという制度であり，専門委員の説明自体は証拠にはなりません。また，争点整理を行ううえで専門家の判断を必要とすると考えられる場合は，釈明処分として鑑定を行います（民訴151条5項）。

　鑑定人は争点になるか否かも含めて争点に対する判断を行います。

鑑定人と専門委員の違いを明確にするために，両者の違いを図表にまとめたので，参考にしてください。

〔表〕 鑑定人と専門委員の違い

	鑑定人	専門委員
身分・地位	個々の事案のなかで必要に応じて選任される学識経験者。裁判所職員ではない。	専門的知見に基づく説明をするために必要な知識経験を有する，非常勤の国家公務員（裁判所職員）。
制度目的	争点に対する裁判所の判断能力を補充するために設けられた制度。	専門訴訟の訴訟関係を明瞭化し，審理の充実と円滑な訴訟進行を図ることを目的とする。裁判所の争点や証拠の整理についての訴訟指揮能力を補充するための制度。
活動範囲	主に証拠調べが鑑定人の活動の中心である。	① 争点・証拠整理手続（→的確な主張整理の促進）。 ② 証拠調べ手続（→的確な証拠調べの促進）。 ③ 和解の勧試（→納得のいく和解の促進）。
意見と説明	鑑定人は，裁判所が求めた鑑定事項に対して，鑑定書の形で意見を提出するのが一般的である。鑑定人の意見は証拠となり，判決の基礎となる。	争点となりうる可能性も含め争点整理のために必要な専門的知見を提供することが専門委員の説明である。専門委員の説明は，鑑定と違って証拠資料ではなく，原則として記録化されない。説明は書面によって行うことも可能である。専門委員の説明・質問は，電話会議・テレビ会議システムを利用できる。

鑑定制度を改善する試み

鑑定人尋問において，従来は一問一答式で質問がなされて，鑑定人が必要な意見を十分に発言できず，また鑑定人が不適切な質問を

受けるといったように，鑑定人に対する配慮は十分とはいえませんでした。こうした問題も影響して，鑑定の引受手を探すのは困難でした。平成15（2003）年改正法により，従来の交互尋問方式から説明会方式に改正され，鑑定人が自分の意見を述べたあとで，裁判長，鑑定申出当事者，相手方当事者の順で鑑定人質問が行われるようになりました（民訴215条の2）。さらに，争点整理の徹底によって鑑定が必要な事件に絞り込まれ，鑑定人の意見を聞いて鑑定事項を絞り込み，鑑定人に対する質問がなされるなど，着実に制度改革の努力がなされています。

制度改革後の鑑定手続の流れをまとめると，以下のようになるでしょう。鑑定の申し出があり次第，鑑定を円滑に実施するための協議に入り，鑑定人の採用が決まれば鑑定人名簿から適切な鑑定人が指定され，選任された鑑定人との打合わせが行われることになります。その後，鑑定人は鑑定作業に着手して鑑定書の提出に向けて準備に入ります。鑑定書が提出されたのち，鑑定書の内容が検討・吟味され，鑑定の補充が必要になった場合は，鑑定人尋問に代えて，補充鑑定書や，鑑定人による包括的な口頭説明を活用するようになりました。そして，裁判の結果は鑑定人にも通知されるといった改革がなされました。

鑑定人をサポートする取組み

まず，本来の業務で多忙な専門家に鑑定を引き受けてもらえるような環境づくりのため，遠隔地に居住している場合でなくとも，電話会議やテレビ会議を活用できることになりました。

つぎに，鑑定人確保の取組みとして，裁判所が鑑定手続についてわかりやすく説明したパンフレット「鑑定人になられる方のために」や，鑑定手続の概要，鑑定書の書式等を収録した「鑑定人CD

-ROM」が作成され（これらのパンフレットやCD-ROMの名称は本稿執筆時のものです），鑑定人の負担が軽減されています。

　第三に，医療や建築等のエキスパート，法曹関係者および一般有識者で構成されている「医事関係訴訟委員会」および「建築関係訴訟委員会」が最高裁判所内に設けられ，全国各地の裁判所からの要望に応じて，最適な鑑定人が整備された鑑定人名簿から推薦される体制が整ってきています。

　第四に，専門家団体との連携が挙げられます。医療分野を中心に，裁判官，医師，弁護士等が意見や情報交換を行う場として，専門訴訟連絡協議会や専門訴訟ガイダンスが開催されており，医療界側は事前にもっていた不安感が裁判所の説明で解消したり，鑑定に対する医師の消極的な意見を変えることに有用であると評価しており，法曹界側は各地に委員会が設置され交流関係が構築され意見交換できるようになって，これまで医療界と法曹界の意思疎通が欠けていた状態が改善され，相互理解が深められてきているとの意見がだされています。

3　事件を迅速に解決する —— 簡易裁判所の取扱対象の拡大

　簡易裁判所 は簡易な手続により迅速に紛争解決をする，国民に親しみやすい身近な裁判所です。そこでは，民事事件と刑事事件が簡易・迅速に処理されていますが，民事事件については，①調停事件，②支払督促事件，③比較的軽微な訴訟事件，④少額訴訟事件等が扱われており，調停事件には特定調停事件も含まれています。

　簡易裁判所と地方裁判所の職務は，事件の内容に応じて配分されますが，事件の内容を基準にして定まる管轄を 事物管轄 とよびます。

平成15（2003）年改正法「民事訴訟法等の一部を改正する法律」（平成16〔2004〕年4月1日から施行）により，簡易裁判所に提起できる訴訟の額の上限等が変更されました。

訴額の上限の引上げ（90万円から140万円へ）

簡易裁判所の事物管轄を定める訴額の上限が90万円と定められたのは昭和57（1982）年の裁判所法改正によるものですが，軽微な事件を簡易迅速に解決し，国民に身近な特質を十分に活かし，裁判所へのアクセスを容易にするため，経済指標の動向等を考慮して一般の訴訟の訴額の上限が90万円から140万円に引き上げられました（訴額が140万円を超える訴えは地方裁判所の管轄に属します。裁33条1項および24条1項参照）。ただし，訴額が140万円以下の不動産関係訴訟については両裁判所とも管轄権を有します（競合管轄）。

簡易裁判所だけが扱える事件の増加

より簡易迅速な手続である 少額訴訟 の管轄は簡易裁判所だけですが，この少額訴訟手続の対象となるのは，訴額が30万円以下の金銭請求事件とされていました。改正後は訴額が60万円まで引き上げられました。

お金に換算できない事件の扱い

金銭に換算できない場合や，額が確定できない場合の訴額は，改正前は95万円とみなされていましたが，改正後は160万円とみなされ，この種の事件は地方裁判所の管轄となりました（民訴8条2項）。

＜ステップアップ＞
① 最高裁判所事務総局編『専門委員参考資料』（2004）
② 大阪地方裁判所専門訴訟事件研究会編著『判例タイムズ1190

号・大阪地方裁判所における専門委員制度等の運用の実際』(判例タイムズ社, 2005)
③ 大阪地方裁判所簡易裁判所活性化研究会編『大阪簡易裁判所少額訴訟集中係における少額訴訟手続に関する実践的研究報告』(判例タイムズ社, 2006)

(平田　勇人)

Bridgebook

第6講義

知的財産紛争処理手続の概要と検討課題

1　知的財産紛争の概要

　知的財産権は，人間の知的活動の成果に対して法的保護を与えるという権利です。特許権，意匠権，商標権など特許庁の審査を経て独占権としての権利が付与される権利と，著作権，不正競争防止法のように，法律上の一定の条件がみたされた場合

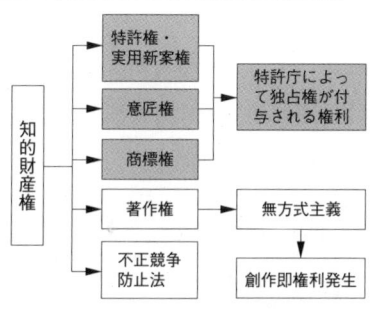

<図1　知的財産権の全体像>

に裁判所で実現される権利の2種類があります[*1]。本講義ではまず，特許権を例に特許庁での権利付与手続の概要を説明し，そして，知的財産権紛争として典型的な 特許権侵害訴訟 と 著作権侵害訴訟 を中心に説明します。

*1　新司法試験には知的財産権法という選択科目がありますが，主に特許法と著作権法の分野から1問ずつ出題されています。これは知的財産権法の典型的な2つの法律の理解が不可欠と考えられたためでしょう。

第6講義　知的財産紛争処理手続の概要と検討課題

2　特許権取得手続の概要

特許出願に必要な書類

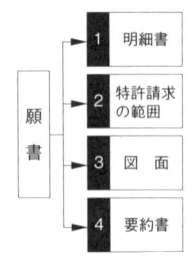

<図2　願書に添付する書類>

願書
1. 明細書
2. 特許請求の範囲
3. 図面
4. 要約書

発明は「自然法則を利用した技術的思想の創作のうち高度のもの」（特許2条1項）をいいますが，それが独占的な権利である特許権として成立するためには，特許庁に出願して登録を得るという方式を踏むことが必要です。そして，出願に際しては，願書 という書類を提出しなければならず（特許36条1項），願書には図2の書類を添付しなければなりません（同条2項）。これは権利範囲を明確にするため技術的思想を書面で表現することとしたものです。添付書類のなかでも権利として求める範囲を表現した部分を 特許請求の範囲 といい，特許権の保護範囲を画するための重要な書面です。

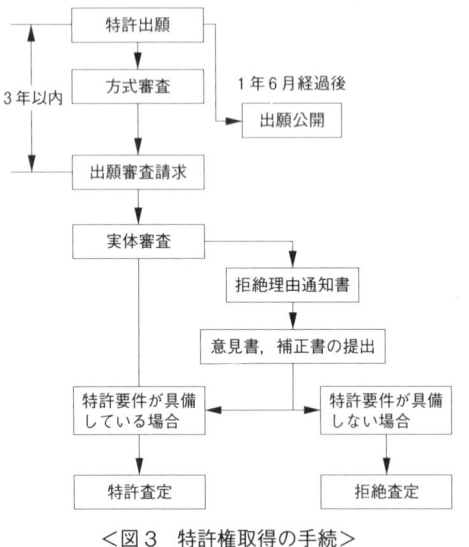

特許権取得までの手続

つぎに特許権を取得する手続ですが，これは図3のとおりです。出願後ただちに審査されるのではなく，出願審査請求 という手続を経て初めて審査されるのです。すべての出願

<図3　特許権取得の手続>

特許出願 → 方式審査 → （1年6月経過後）出願公開
方式審査 → 出願審査請求 → 実体審査
実体審査 → 拒絶理由通知書 → 意見書，補正書の提出
特許要件が具備している場合 → 特許査定
特許要件が具備しない場合 → 拒絶査定
（3年以内）

を審査することは困難であり、審査が遅延してしまうからです。なお、出願審査請求は出願人だけでなく何人も請求できます（特許48条の3第2項）。これは、第三者であっても当該出願の審査の結果に関心のある者がいることから何人にも請求できるようにしたのです。つまり、出願審査請求制度は、真に権利化すべき出願とそうでない出願を選別して審査を請求するための手段なのです。

特許の要件

では、どのような要件を具備すれば特許権が付与されるのでしょうか。すでに説明した手続的要件のほか、主観的要件[*2]と客観的要件を備えていることが必要です。とくに客観的要件である新規性、進歩性が重要です。新規性の要件とは、出願した発明が新規の技術でなければならないということであり（特許29条1項）、進歩性の要件とは、その技術分野における通常の知識を

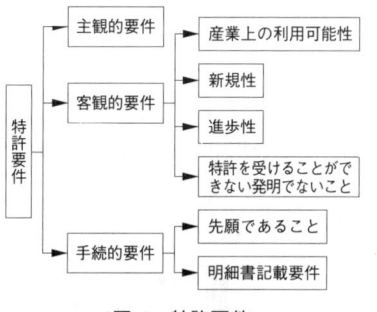

<図4 特許要件>

有するもの（当業者といいます）が容易に創作できる発明は特許が取得できないということです（同条2項）。特許出願が拒絶されて特許を取得できない理由のほとんどは進歩性がないという理由です。

[*2] 主体的要件という方が正確ですが、発明者や特許を受ける権利の承継人であることを指します。

3 特許権侵害紛争処理手続の概要

差止請求権と物権的請求権

このような特許要件が具備された場合にようやく特許庁にて特許権が付与されますが、特許権侵害紛争は、特許庁によって特許権が付与されたのち、第三者が当該特許発明と同じ技術を用いて製品を製造販売している（実施行為）場合に発生します。特許権者は当該製品の製造販売の差止めを求めたり、被った損害の賠償請求を求めて訴えを提起します。特許権侵害に基づく差止請求は、民法における物権的請求権と類似した法的構造です。つまり、物権に基づく妨害排除請求の要件（①物権の存在と②侵害行為の存在）と同様に①特許権の存在と②特許権侵害行為の存在が要件となります。

特許発明の技術的範囲とは何か

もっとも、特許権は物権と異なり、無体物であるため侵害行為の有無を目で確認することはできません。そこで、特許権の場合は、特許請求の範囲という文章で保護範囲を画しており、その範囲に属するか否かという判断によって侵害行為

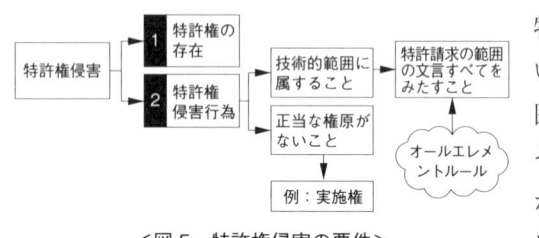

＜図5　特許権侵害の要件＞

か否かが判明できるのです。この保護範囲のことを特許発明の技術的範囲といいます（特許70条）。

では、被告製品が特許発明の技術的範囲に属するか否かはどうやって判断するのでしょうか。それは、被告製品が特許請求の範囲に記載された文言をすべてみたしている場合に、特許請求の範囲に

属した（含まれる）と考えるのです。このすべての要件・要素を含まなければ侵害にはならないという原則を オールエレメントルール といいます。

文言侵害の修正——均等論

ところが，技術的範囲の一部の要件に文言としては該当しないものの，実質的には同一であるような場合があります。たとえば，出願時になかった新素材がその後開発され，特許請求の範囲には新素材が含まれていない場合です。特許出願は 先願主義 を採用していることから，できるだけ早く出願することが要請されます。また，将来発生する可能性のある被告製品を想定して特許請求の範囲を記載することはできません。そして，技術的思想が一致しているにもかかわらず文言の一部が不一致であるため技術的範囲に属さないというのは発明の保護を図るという法目的にも反します。しかし，他方では特許請求の範囲に記載されていない技術については自由に実施できると考える第三者の予測を裏切ることは法的安定性に欠けるものであります。そこで，次の５つの要件をみたした場合には，実質的に特許発明と同等・均等であ

均等論		
特許請求の範囲に記載された構成と均等なものであり特許発明の技術的範囲に属する	本質的部分でないこと	請求項の記載と異なる部分が特許発明の本質的部分ではないこと
	置換可能性	請求項の記載と異なる部分を被告製品と置き換えても特許発明の目的を達することができて同一の作用効を奏するものであること
	置換容易性	置き換えることについて当業者が，被告製品の製造時点で容易に想到することができたものであること
	公知技術除外	被告製品が特許発明の特許出願時における公知技術と同一または当業者がこれから出願時に容易に推考できたものではないこと
	禁反言	被告製品が特許発明の特許出願手続において特許請求の範囲から意識的に除外されたものに当たるなどの特段の事情がないこと

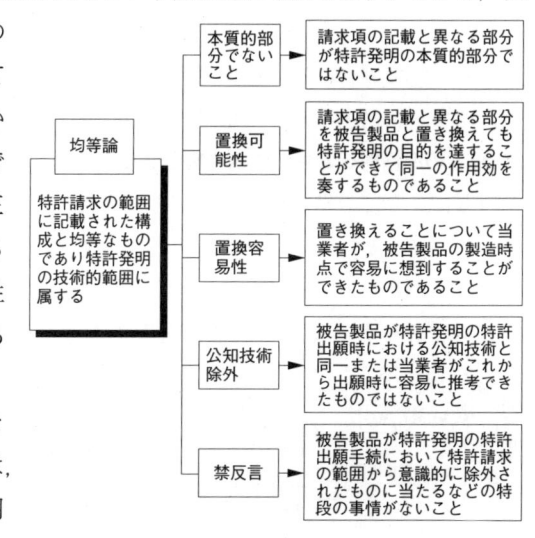

＜図６　均等論の５要件＞

り，技術的範囲に属するとする考えがでてきました。それが均等論といわれている理論です。つまり，

① （特許請求の範囲の文言と被告製品の構成の）異なる部分が特許発明の本質的部分ではないこと，
② 異なる部分を被告製品と置き換えても特許発明の目的を達することができて同一の作用効を奏するものであること，
③ 置き換えることについて当業者が，被告製品の製造時点で容易に想到することができたものであること，
④ 被告製品が特許発明の特許出願時における公知技術と同一または当業者がこれから出願時に容易に推考できたものではないこと，
⑤ 被告製品が特許発明の特許出願手続において特許請求の範囲から意識的に除外されたものに当たるなどの特段の事情がないこと，

が認められた場合には，技術的範囲に属し，均等侵害であるという考えです。判例上も認められるようになりました（判例①）。

侵害の準備的行為も特許権侵害となりうる

つぎに，全部の構成要件の一部の部品について製造販売している場合は，構成要件の全部を実施しておらず直接侵害が成立しないのですが，これを放置しておくと，直接侵害行為を誘発する蓋然性が高く，特許権者の保護を図ることができません。そこで，特許法101条で，侵害の準備的行為，幇助的行為のうち侵害行為を誘発する蓋然性が高い行為について間接侵害行為として侵害するものとみなしたのです。

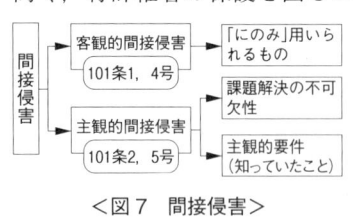

<図7 間接侵害>

間接侵害には，特許法101条1号，4号に規定する「……業としてその物（方法）にのみ用いる物の生産，譲渡等若しくは輸入又は譲渡等の申出をする行為」である客観的間接侵害と，同条2号，5号に規定する主観的間接侵害の2つの類型があります。後者は，上記の「にのみ」の要件を具備しない場合であっても，間接侵害となる範囲を拡大したものであり，発明の課題の解決に不可欠なものであって，間接侵害であることを知っていたことが要件となります。

特許権侵害訴訟の審理の手順

では，実際に裁判所において特許権侵害訴訟手続はどのように審理されるのでしょうか。特許権侵害差止請求を例にとると，原告は特許権の存在と被告による特許権侵害行為を主張・立証します。そして，被告による特許権侵害行為の具体的な内容としては，被告製品の特定とその被告製品が特許権を侵害すること，つまり技術的範囲に属していることを主張・立証しなければなりません。他方，被告の反論としては，被告製品が技術的範囲に属していないこと（否認）や正当な利用権原である実施権があること（抗弁）を主張するのが通常です。したがって，審理の中心となるのは，被告製品が特許権の技術的範囲に属するか否かという点になります。

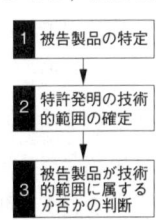

<図8-1 特許権侵害訴訟の審理事項(1)>

1. 被告製品の特定
2. 特許発明の技術的範囲の確定
3. 被告製品が技術的範囲に属するか否かの判断

被告が特許権の無効を主張することはできるか？

では被告が原告の特許権は無効であると反論することはできるのでしょうか。特許庁が審査を経て特許権を付与した以上，特許庁において別途設けられた無効審判制度（特許123条）によって無効とされないかぎりは裁判所は特許庁の判断を尊重すべきであってその主張は許されない，というのが従来の考えでした。しかし，本来特

許を付与すべきではなかった発明について特許が付与されることがあり，そのような本来無効となるはずの特許権に基づき，被告製品の製造販売を差し止めてよいのかという疑問が生じたのです。これについては様々な議論があったのですが，最高裁判所は，平成12（2000）年4月11日に「特許に無効理由が存在することが明らかであるときは，その特許権に基づく差止め，損害賠償等の請求は，特段の事情がない限り，権利の濫用に当たり許されない」という判決[*3]を下しました。その後，平成16（2004）年の特許法改正により104条の3が規定され，「当該特許が特許無効審判により無効にされるべきものと認められるときは，特許権者又は専用実施権者は，相手方に対しその権利を行使することができない」こととなりました。つまり，被告は，特許権が成立していても，特許権が無効であることを侵害訴訟の審理において主張することができることとなったのです。したがって，特許権侵害訴訟手続の審理では，技術的範囲に含まれるか否かという審理だけでなく，特許発明の有効性も審理の対象となっているのです。実際，特許法104条の3の抗弁によって原告の請求が棄却される判決がかなり高い率になっています。特許庁が発表したデータですと，2000年4月から2006年12月までの侵害訴訟事件数（504件）のうち，無効抗弁がなされた総数（307件）のなかで実際に無効と判断された件数は140件（46％）にもなっていたということです。さらに特許権者が侵害訴訟を提起すると，被告側は特許法104条3の抗弁を主張するだけでなく，同時に特許庁に対しても無効審判を請求することが多いのです。

<図8-2 特許権侵害訴訟の審理事項(2)>
4 104条の3の主張
5 特許発明の有効性の判断
6 侵害か非侵害の判断

*3 問題となった半導体集積回路の基本発明の発明者名（ジャック・キルビー，

2000年にノーベル物理学賞受賞）にちなんで「キルビー事件」といわれています。

特許権者は二重の負担を強いられる

そうすると特許権利者としては，訴訟だけでなく，特許庁での無効審判請求にも対応せざるをえず，結局，裁判所での手続と特許庁での手続の二重の負担を強いられることになりました。しかもそれぞれの審理での判断は必ずしも一致しないのです。たとえば，裁判所の侵害訴訟では特許法104条の3の抗弁が認められて（つまり特許は無効と判断），請求棄却判決が下ったにもかかわらず，特許庁の無効審判では「審判の請求は成り立たない」という審決（当該特許は有効であるということ）が下ることがあるのです。この問題については追って5にて考えたいと思います。

4 著作権紛争処理の概要

著作物とは何か

著作物とは「思想または感情を創作的に表現したものであって，文芸，学術，美術又は音楽の範囲に属するもの」をいいます（著作2条1項1号）。これには図9の4つの要件が必要とされます。たとえば，事実やデータは「思想又は感情」ではないので著作物には該当しませんし，ありふれた標語・スローガンは「創作」性がなく，アイデアそのものは「表現」ではなく，実用的な量産品は「文芸，学術，美術又は音楽の範囲」に属しませんので，いずれも著作物ではなく，独占権である著作権は発生しません。

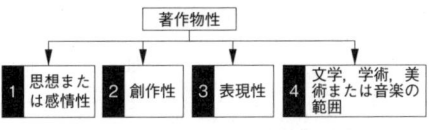

＜図9 著作物性の4要件＞

著作権は登録なしに発生する

著作権は、単に著作物を創作したという事実があれば足り、特許庁での出願手続などの登録を必要としません（著作17条2項）。これを 無方式主義 といいます。歴史的には著作物によって特定の方式を要求し、それに対応する登録制度も設けていたようです。しかし、同様に多種多様で日々大量に産み出される著作権について国家機関が一定の方式を要求することは困難であること、著作権が他人の著作物に依拠する行為に対して行使できる権利であることから無方式主義を採用しています。

広義と狭義の著作権

著作権という概念には広義の著作権と狭義の著作権があります。前者は、著作者が有する権利（狭義の著作権*4）と著作物を伝達する者に与えられる著作隣接権を含む概念です。著作隣接権 というのは、実演家やレコード会社、放送局など著作物を伝達する者に与えられた権利のことをいいます。音楽を例にとると、作曲家や作詞家は著作者であり、その楽曲は著作権の対象です。しかし、楽曲は創作されただけでは意味はなく、実演する歌手、レコード会社、放送局が公衆に伝達してこそ価値があるのです。そこで、これら著作者でなくても伝達する者に対しても著作隣接権という権利を付与して保護することになったのです。著作権法はこれらの狭義の著作権や著作隣接権を中心に設けられた規定です。

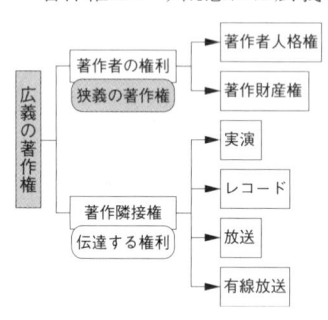

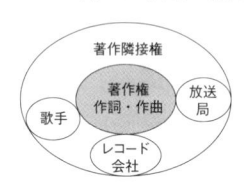

<図10 広義の著作権>

<図11 著作隣接権>

本講義ではこのうち，狭義の著作権，著作権侵害訴訟について触れることにします*5。

*4 さらに，著作者の権利のうち，著作財産権を最狭義の著作権ということがあります。
*5 新司法試験の知的財産権法も狭義の著作権を中心に出題されます。

著作権侵害行為とはどういうことをいうのか

著作権侵害とはどのようなことをいうのでしょうか。特許権侵害の場合は，権利者に無断で「実施」することが特許権侵害となりますが，著作権の場合は，無断でコピーされたり，ホームページを通じて自動送信されたりすること等といったように利用される態様が多種多様です。それに伴って著作権の権利内容も多様に分かれており，それゆえ，著作権の権利を **支分権** ということがあります。また，著作権は，著作者の人格的な利益と密接に結びついていることから，特許権と異なり **著作者人格権** という権利も付与されます。未発表作品を無断で公表されない権利（**公表権**，著作18条），著作者名の表示に関する自己決定権（**氏名表示権**，著作19条），作品を無断で改変されない権利（同一性保持権，同20条）の3つです。

この著作権（著作者人格権との違いを明確にするため著作財産権という場合もあります）の中でもっとも多く取り上げられ，問題となるのが **複製権**（著作21条）です*6。複製とは「有形的に再製すること」（著作2条1項15号）をいいますが，簡単にいえば著作物をコピーすることです。つまり，「既存の著作物に依拠し，その内容及び形式を覚知されるに足りるものを再製すること」をいいます（判例②）。逆にいうと，既存の著作物に依拠しないで，独自に開発し，たまたま同一の著作物が出現した場合には複製権侵害とはなりません。特許権の場合には，特許発明はすべて公開されていることから

過失が推定されており（特許103条），実施者が特許権の存在について知らなかったとしても，特許権侵害となり，差止めおよび損害賠償請求の対象となるのと大きく異なっているところです。

*6 複製権（著作21条）以外には，同法22条以下28条まで，上演権，演奏権，公衆送信権などが規定されています。

著作権侵害紛争で審理されること

したがって，著作権（複製権を念頭においてください）侵害行為の有無を争点とする著作権侵害紛争は，権利者側が①著作権の存在を主張・立証し，②著作権侵害行為である複製権侵害行為を主張・立証しなければなりません。そして②の場合，同一の著作物がコピー（再製）されていること（実質的同一性）と，原告の著作物に依拠してコピーされたこと（依拠性）の2つを主張・立証することが求められ，それが著作権侵害紛争のメインテーマとなります。

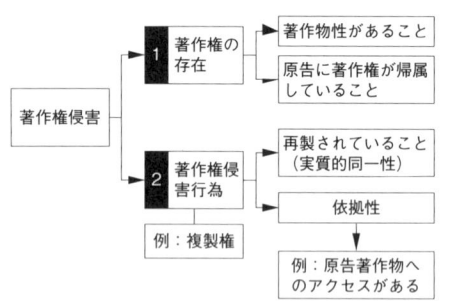

＜図12　著作権侵害紛争の審理事項＞

また，著作権侵害紛争の場合，特許権と異なり「特許請求の範囲」という明確な保護範囲を画するものがなく，過去の著作物との関係から著作権の保護範囲がどこまで及ぶのかが不明確な場合があります。

さらに，著作権侵害紛争においては，複製行為等が認められる場合であっても，私的利用のためになされた場合（著作30条），図書館における複製（同31条），適法な引用（同32条），教科用図書等への掲載などの場合には，侵害行為とはならないという著作権の制限規定が設けられています（同30条〜50条）。これらの制限規定の

適用を受ける場合か否かも論争になるところです。

以上をまとめると、著作権侵害紛争は、著作者財産権侵害の場合①著作権の対象となる著作物性の有無、②著作権侵害行為の有無、複製権でいえば実質的同一性と依拠性の有無、③著作権の制限規定の適用の有無という順序で審理されるのです。

5　知的財産紛争の検討課題

特許権侵害紛争の検討課題（ダブルトラック現象の対応）

すでに述べましたように、特許法の改正により、特許権侵害訴訟手続においても特許の無効が主張できることとなりました。したがって特許権者は、特許庁の無効審判手続において特許の有効性を主張立証するだけでなく、裁判所の侵害訴訟手続においても特許の有効性を主張立証しなければならなくなりました。このような2つの手続を踏むことはダブルトラック現象と称されています。本来は訴訟経済上の理由から、侵害訴訟においても特許無効を主張することができるようにしたのですが、逆に特許権者に二重の負担を強いるような結果になってしまいました。さらに最近では、実施者が侵害訴訟において敗訴判決を受けて、確定した後であっても、無効審判を請求し、無効審決となった後に侵害訴訟について再審を請求する事案がでてきました。無効審判は何人も同一の事実および同一の証拠に基づいて請求できないのですが（特許167条）、異なった証拠に基づく場合には、同じ者が請求することもできます。つまり、侵害訴訟の敗訴判決が確定した後であっても、敗訴者である実施者はさまざまな証拠を収集して無効審判を繰り返すことができるのです。はたしてそれで良いのかどうか、一方では発明の権利化を早期に図

る迅速化の要請があり，他方では後日無効となるような不安定な権利を付与してはならないという法的安定性の要請があります。今後は，これらの2つの要請をみたす必要があります。そして，この問題は，特許権を付与する特許庁とその権利の行使・実現をつかさどる裁判所との役割分担をどう適正に配分するべきかという問題でもあり，今後の特許権侵害紛争の検討課題です。

著作権紛争の検討課題（ネットワーク社会の対応）

著作権法は毎年のように改正されます。それは，国際的な要請に基づく改正や，著作物の多様な利用に伴う権利の整備に伴う改正，著作権保護の実効性を挙げるための改正等の理由が挙げられます。

とりわけ問題となるのが，ネットワーク社会に対応した問題を著作権法にどう反映させるかということです。たとえば，インターネットで検索エンジン*7を利用して検索する場合，著作物をコンピューターやサーバの内部記憶装置に一時的に蓄積しておくことが必要です。しかしこれは他人の著作物を無断でコピーしたことになり，形式上は複製権侵害に該当してしまいます。しかし，このような行為を複製権侵害として問題視していては検索エンジンは成り立っていかないでしょう。そこで，「著作権法の一部を改正する法律」が平成21（2009）年の通常国会に提出されて成立し，一定の条件の下で複製することが可能となりました（文部科学省③参照）。また，ネットワークでは，発信者と受信者が互いに双方向（インタラクティブ）で利用することが前提となっています。しかし，これは他人の著作物を無断で改変してはならないという同一性保持権侵害の問題となります。これも問題視していては互いに情報をやりとりして利用し合うというネットワーク社会にとっては障害になります。

このように，技術的・デジタル的な著作物と伝統的な著作物との

整合性，ネットワーク社会における著作権法のあり方が今後の著作権法や著作権紛争の検討課題です。

*7 インターネットで公開されている情報をキーワードを使って検索できるウエブサイトのこと。エンジンというのは機関，装置という意味で使われている。

＜ステップアップ＞
① 高林龍『標準特許法』（有斐閣，第3版，2008）
② 中山信弘『著作権法』（有斐閣，2007）
③ 文部科学省「著作権法の一部を改正する法律」
（http://www.mext.go.jp/b_menu/houan/kakutei/08040703/1283628.htm）

＜判　例＞
① 最三小判平成10・2・24民集52巻1号113頁〔ボールスプライン軸受事件〕
② 最一小判昭和53・9・7民集32巻6号1145頁〔ワンレイニーナイト事件〕

(小林　幸夫)

Bridgebook

第7講義

労働紛争処理制度の改革

1 労働紛争処理制度改革の流れ

近時の労働紛争の特徴

労働関係は，労働者が使用者（雇主）の指揮監督のもとで，労務を提供し，生活の糧となる賃金を得るという，継続的でかつ人的関係も密接な契約関係です。そこでの紛争は，深刻で，解決が難しいので特別な解決策を講じる必要が生じます。とくに近年，労働紛争の変容に応じて，労働紛争処理制度が改革されてきています。本講義ではその改革の内容を取り上げていきます。

近年の労働紛争の大きな特徴として挙げられるのは，個々の労働者と事業主との間で起こる紛争，すなわち 個別労働紛争 の増加です。地方裁判所における労働関係の民事通常訴訟事件の新受事件数は1990年には約1,000件にすぎなかったのですが，現在は，2,000件以上にまで増加しています。

この背景事情としては，雇用形態が不安定になったことが挙げられます。1990年代のバブル崩壊以降，従来の雇用保障（終身雇用制度）がゆらぎ始めました。それはパート・派遣労働などのいわゆる 非正規社員 の増大を大きな要因としています。それに伴うように，

解雇，雇止め，賃金切り下げ，各種のハラスメントなどの不利益を被った労働者と事業主との間の労働紛争が増加していったのです。

労働紛争処理制度の改革の大枠

このような事態に対応するため，平成13（2001）年に個別労働関係紛争の解決の促進に関する法律（個別労働関係紛争解決促進法）が制定され，同年公表された司法制度改革審議会意見書では，①労働関係事件の訴訟の審理期間を半減すること，②民事調停の特別類型として，雇用・労使関係に関する専門知識を有する者の関与する労働調停制度を設けるべきであること，などのさまざまな提言がなされました。これを受けて，平成16（2004）年には労働審判法が制定され，労働審判という新しい労働紛争処理システムが登場しました。

こうした改革の大きな特色としては，当事者双方の話し合いで解決することができる機会をできるだけ多く設けようとした点が挙げられます。当事者が自主的に解決できる制度をより充実したものにしようとしているのです。

各制度の内容をみてみましょう。

2　個別労働紛争解決制度の内容

個別労働関係紛争解決促進法では，使用者と労働者の間の紛争解決方法として，①総合労働相談コーナーにおける情報提供・相談，②都道府県労働局長による助言・指導，③紛争調整委員会によるあっせんという3つの労働紛争処理方法が設けられました。

総合労働相談コーナー

総合労働相談コーナーは，各都道府県労働局および労働基準監督署等に設置されているもので，労働問題について情報を提供したり

相談を受けたりするものです。

　労働法制は多岐かつ専門的であるため、一般の労働者がその内容を正確に把握するのは困難です。また、判例法理ともなると、成文法ではないため、その存在すら知らないことも十分に考えられます。このような労働者を法的に支えるために設けられた支援制度が、総合労働相談コーナーなのです。

　総合労働相談コーナーは、採用・募集からパワーハラスメント、セクシャルハラスメント、解雇に至るまであらゆる労働問題の相談を受け付けます。これを受け、相談コーナーは、知識・情報を提供し、また、必要に応じて裁判所や地方公共団体など、当該紛争を処理するうえで適切な機関を紹介するのです。

都道府県労働局長による助言・指導

　つぎに、都道府県労働局長は、労働者・使用者の申立てに応じ、当事者に対し必要な助言・指導をすることができます（個別労粉4条1項）。このとき、使用者は、紛争解決の援助を求めたことを理由に労働者に対し不利益な取扱いをしてはいけません（同条3項）。

　対象となる事項は、労働条件その他労働関係に関する紛争です。たとえば、解雇や出向・労働条件の不利益変更などの労働条件に関する紛争、パワーハラスメント、募集・採用に関する紛争などがこれに当たります。ただし、現に裁判で争われている紛争や確定判決が下された紛争、労使の私的な金銭の貸し借りなどは対象外とされています。

　実務での事例としては、会社都合による退職とするか自己都合による退職とするか、という退職に関する紛争で、自己都合という退職形態を要求する使用者をとりなして解雇扱いとし、解雇予告手当てを支払うよう助言・指導することなどが挙げられます。

　ここで当事者が助言・指導に従った場合、紛争は終了します。紛争

が終了しなかった場合は，あっせんへ移行するか他の紛争解決機関を紹介することになります。

紛争調整委員会によるあっせん

　この制度は，労働問題の専門家が公平・中立な第三者としてあっせん案を提示するなどして簡易・迅速に紛争の解決をめざすものです。具体的には，都道府県労働局ごとに設置された紛争調整委員会の委員のなかから指名されたあっせん委員が事情を調べ，双方の主張を確認し，実情に即した事件の解決方法を検討します。

　対象となる事案は，労働条件その他労働関係に関する事項についての個別労働紛争です。たとえば，解雇・雇止め，パワーハラスメント・セクシャルハラスメント，昇進や昇格に関する紛争などがこれに当たりますが，労働組合と事業主間の争い，労働者相互間の争い，募集・採用に関する紛争はあっせんの対象から外れています。また，事業主が，あっせんを利用したことを理由に労働者に対して解雇その他の不利益な取扱いをすることはできません。

　社内の嫌がらせに関して生じた事例を紹介しましょう。労働者が職場でのいじめを理由に使用者に謝罪を求めた事例について，あっせん当初は労使の両者に感情的な対立が生じていました。しかしながら，あっせんを繰り返していくうちに双方ともに冷静さを取り戻し，最終的に使用者が労働者に和解金を支払うという和解案が成立し，解決に至りました。

　当事者があっせんに納得して合意した場合，そのあっせん案は民法上の和解の効力をもちます。したがって，和解に沿ったかたちで紛争は終結し，その後争いの対象となった事項につきあっせん案が事実と異なることが判明したとしても，原則としてそのことを再度争うことはできません（民696条）。他方，あっせんが不調に終わっ

た場合，紛争調整委員会は裁判所その他の解決機関を紹介することとなります。

特色とその限界

これらの制度は，多大な時間と金銭を要する裁判に比べ，手続が迅速かつ簡便で，費用もかからないという大きな利点をもっています。また，手続は非公開なので，当事者のプライバシーも守られます。

ただし，紛争の両当事者の出席や合意を強制することはできません。それゆえに，話し合いに応じない当事者への対策が別途必要となります。

3 労働審判制度の内容

労働審判とは

労働審判制度 とは，労働契約の存否その他の労働関係に関する事項について，個々の労働者と事業主との間に生じた民事紛争の解決をめざす審判制度です（労審1条）。通常の民事訴訟制度とは別に，紛争を実情に即して簡易・迅速・柔軟に解決するため，司法型ADRとして位置づけられます。

労働審判のあらまし

労働審判手続は，つぎのような流れで進行します。まず，労働者・使用者の一方が個別労働紛争の解決を求めて，地方裁判所に審判の申立てを行います。

対象となる紛争は，解雇・雇止め，出向・転籍，パワーハラスメント，セクシャルハラスメント，未払賃金請求など，労働紛争に関するほとんどの争いです。通常民事事件と異なり，事件の規模の大

小に関わらず，地方裁判所が審判を担当します。

申立てを受けた地方裁判所は，労働審判委員会ですみやかに調停手続を行います。審理途中において調停が成立した場合，紛争は解決します。また，3回の審理後に下される労働審判に対し当事者が不服を述べなかった場合も，その審判内容に従って紛争が終了します。この場合，調停・労働審判は裁判上の和解と同一の効力を有します（労審21条4項）。

逆に，調停が不調に終わり，かつ当事者の一方ないし双方が労働審判に対し2週間以内に異議申立てを行った場合，紛争は訴訟へ移行していきます（労審22条）。さらに，事案が複雑であるなどの理由により労働審判手続を行うのが適切でないと判断した場合，労働審判委員会は労働審判を打ち切り，訴訟の場に解決を委ねることができます（労審24条）。

この労働審判には，①専門家が参加すること，②手続期間が短いこと，③紛争の実情に即した解決を図れること，という3つの特徴があります。

特徴①──専門家が参加すること

労働審判委員会は，審判官（裁判官）1名と審判員2名で構成されます（労審7条）。審判員は，労働関係について専門的知識をもつ者から選任されます（労審9条2項）。この3名は対等の立場にたち，労働審判委員会の決議は過半数の意見によってなされます（労審12条1項）。

労働審判に加わる専門家には，その専門知識を生かして，事案を早期に把握し，さらに適切な解決案を提示することが求められています。中立公平な立場にたって審理することも要求されているため，労働者・使用者のいずれの利益も代表してはなりません（労審9条

1項)。

特徴②――手続期間が短いこと

労働審判手続は，特別の事情がある場合を除き，3回以内の期日で終えることとされています（労審15条2項）。また，第1回期日は，原則として申立後40日以内に指定しなければいけません（労審規則13条）。さらに，当事者にはその第1回期日の前に主張書面を提出することが求められています（労審規則21条）。これは，労働審判委員会が事実・争点を可能なかぎり早期に把握できるようにするためです。

証拠調べの場面においては，当事者が証拠の提出を拒む場合に備え，労働審判委員会は，職権で事実の調査や必要と認める証拠調べを行うことができます（労審17条）。民事訴訟において，判決の基礎となる事実の確定に必要な資料の提出が当事者の責任かつ権能とされていること（弁論主義。**第1講義**参照）と対照をなすものです。

さらに，呼出しを受けた関係人が正当な理由なく欠席した場合，5万円以下の科料に処することとされ（労審31条），期日がいたずらにすぎてしまうことがないようにも配慮されています。

これらの規定はいずれも労働審判をできるかぎりすみやかに解決するためのものです。たとえば，解雇や賃金切下げなどに関する紛争では審理期間が長引けば長引くほど労働者の生活に甚大な悪影響が生じます。使用者からみても，紛争に敗れた場合，その期間の賃金を支払う危険が生じることから，早期に紛争が終わるに越したことはないといえるでしょう。労働審判制度は，こうした労働者・使用者双方のニーズをみたすものとしても位置づけられるのです。

特徴③――紛争の実情に即した解決を図る

労働審判の目的は，紛争の実情に即した迅速・適正・実効的な解

決を図ることです。そのため，労働審判委員会は，まずは調停による解決を模索していきます。

また，労働審判が下される場合も，零か百かではなく，当事者の事情に配慮したきめ細やかな審判を行うことが求められています。たとえば，解雇の適否が問題となった紛争のなかで，労働者が使用者に失望し金銭の支払だけを求めるようになった場合，解雇に合理的理由のないことを確認しつつ解決金の支払を命ずるという審判をすることも可能なのです。

実効的で当事者双方が納得する解決をはかるため，当事者は労働法に精通した弁護士などの代理人をたてることができます（労審4条）。実際には，書面を第1回審判期日前に作成しなければならないこともあり，ほとんどの場合で代理人として弁護士が選任されています。

労働審判制度の現況

労働審判制度は，労働調停を推進する経営側と労働参審制を推進する労働側が十分に検討し創意工夫をこらして作り上げた制度といえます。実際，継続的で，人格的要素の強い労働契約関係の紛争処理については，権利の有無を白か黒かで決める訴訟よりもADRの方が適している場合が多いといえるでしょう。

現在，労働審判に持ち込まれた事件の約8割は調停・労働審判により解決されています。また，平均審理期間は73.8日（2007年）で，労働訴訟の11.8ヶ月（2003年）に比べ劇的に短くなっています。労働審判制度は，有効に機能しているといってよいでしょう。

労働審判制度の課題

このように，労働審判制度の目的はおおむね果たされていますが，発足して10年もたたない制度ですので，残された課題があること

も事実です。

　第一に，審理の公正をどこで担保するかという点が今後の課題として挙げられます。労働審判手続は一般に公開されないため，当事者以外のものが傍聴することはできません（労審16条本文）。労働審判委員会の傍聴も「相当と認められた者」以外は禁じられています（労審16条但書）。他人に知られくない事実・意見を思い切って主張できるという点で非公開制には意義があるのですが，他方で審判の公正をどうやって担保するべきか，という課題が残ります。

　第二に，短期間の解決をめざす労働審判制度を利用したがために，かえって審理が長引くことがあります。労働審判に対し異議申立てがなされた場合，通常の民事訴訟がはじまるため，事実上の四審制度になる可能性があるからです。賃金の支払に関する紛争を例にとると，労働審判には仮執行宣言がつかないため，仮に強制執行することができません。そのため，労働審判が不調に終わり通常民事訴訟に移行すると，労働者が経済的に救済されるのがより遅くなります。この場合は，労働審判ではなく，賃金仮払いの仮処分申立てをしつつ民事裁判を起こす方が時間の面からも経済面からも労働者にとって有益といえるのです。この問題のひとつの解決策としては，弁護士会等のアドバイス体制をより充実したものにすることが考えられるでしょう。

　第三に，労働審判の申立てが激増したため，審判官や審判員が不足したり，審判廷の確保に支障をきたしたりしているという問題が生じています。この点は，国の財政的課題でもあります。

　これらの問題をにらみつつ，労働審判制度は，今後の運用の集積によって，より使い勝手がよく，実効的で洗練されたものへ変えていく必要があるでしょう。

4　さまざまな労働紛争解決制度

　労働紛争処理の解決制度は上記にとどまるものでありません。本項目では他の労働紛争処理制度について概観していきます。

　まず，厚生労働省の都道府県労働局では，需給調整事業部で派遣労働者等の相談に応じ，しかるべき指導を行います。また，雇用均等室では，男女雇用機会均等や育児・介護休業に関し，助言・指導・勧告といった紛争解決の援助を行います。

　労働基準監督署（労基97条以下）による労働基準法違反の指導監督も，労働紛争を未然に防止するうえで重要な意義をもつ制度です。

　地方公共団体も，個別労粉法20条1項により個別労働紛争の解決促進のため必要な施策の推進に努めるよう要請されたことを受け，個別紛争の解決援助を行うようになりました。2007年の時点では，44都道府県が援助制度を導入しており，労働者にとって紛争解決の窓口がひとつ広がったといえるでしょう。

　行政以外の民間においても，さまざまな紛争解決支援制度が設けられています。まず，日本司法支援センター（法テラス）では，労使双方から寄せられる労働問題について法律相談に応じ，その自主的な解決の手助けを行います（司法の利用相談窓口の増加については，**第15講義，第17講義**も参照してください）。また，弁護士会が設置している紛争解決センター等では，日常生活に関する身近な労働事件や秘密保持が必要な労働事件などについて，当事者双方の主張を丁寧に聴取・検討したうえで，あっせん・仲裁を行っています。

　同様に，個別労働関係紛争の和解の仲介を行う全国社会保険労務士連合会・都道府県社会保険労務士会の取組みも注目されるところです。

5 労働契約法のあらまし

労働契約法はどのような法律か

労働契約法は，個別労働関係紛争の増加などに対応して，労働基準法とは別の民事上のルールを定めた法律が必要となったことを受け，平成19（2007）年に成立し，平成20（2008）年3月1日より施行された法律です。

この法律は，労使紛争の判例法理を集約するかたちでまとめられた法律で，採用や解雇などのルールを明確にし，労使が対等な立場で自主的に労働条件を決定することを促進して，労働者個人と企業との紛争予防などを図ることを基本的な考え方としています。

労働契約法は，労使当事者が対等な立場で自主的に労働契約の内容の決定を促進する法律で，他方，労働基準法は，労働条件の最低基準を定め，罰則や監督・指導により，労働条件の確保を図る法律です。両者の基本的な性格は異なりますが，時代の変化に対応した適正な労働条件・労働環境の実現を目標にしている点は同じで，両者があいまって，わが国の雇用社会の労働条件・労働環境の改善を進めていくこととなります。

また，労働契約法は，民法の特別法で，民法上の責任こそ問われるものの，労働基準法のような罰則や行政の監督・指導はありません。行政の関与も情報収集・提供などの援助や指針の策定にとどまります。労働紛争に対応するのも上記の個別紛争解決制度です。こうした特徴から，労働契約法は新しいタイプの労働立法といえるでしょう。

内容と課題

この労働契約法には，合意原則・対等決定原則（1条），均衡考慮

の原則（2条），ワーク・ライフ・バランス（3条3項），信義誠実・権利濫用の禁止（3条4項，5項），労働契約内容の理解促進（4条1項）といった使用者の守るべき事項が盛り込まれ，労働者が安心・納得して就労できるように条文が定められています。

しかしながら，本法の条文は全19条にすぎないため，積み残しとなった課題もあります。

たとえば，本法は，労働契約の当事者でないものには適用されません。したがって，労働契約ではなく請負契約に基づいて労働を行う個人請負労働者は，本法の適用外とされます。しかし，個人請負労働者は経済的に注文主に従属しているという点で労働契約に基づく労働者と似た面をもちます。現実にも，使用者が労働契約ではなく請負契約を選択し，労働契約法の規制を免れようとするのではないかという懸念があるところです。そこで，本法の趣旨を及ぼして個人請負労働者の救済を図ることができないかというような課題が生じているのです。

6　集団的労働紛争の解決方法

1～5では個別労働紛争処理制度の改革をみていきました。では，労働組合と使用者または使用者団体をめぐる紛争，つまり **集団的労働関係** をめぐる紛争の現状はどのようになっているでしょうか。

集団的労働紛争がこじれて争議行為が行われた場合，使用者は事業を行えなくなり，労働者は賃金を受け取れなくなります。また，その企業に関わる取引先などにも多大なる悪影響を与えます。そこで，争議行為を防ぎ，円満な解決を図るための組織が設けられました。これが **労働委員会** です（労組第4章）。

労働委員会は同数の使用者委員・労働者委員・公益委員からなる委員会です（労組19条1項）。労働争議の調整と不当労働行為の審査・救済の2つを主な任務としています。
　現在，労働委員会の利用度は個別労働紛争解決制度に比べ低下しつつあります。
　これは，労働組合の加入率が減少していること，組織化されていない労働者の個別労働紛争が増加していることを大きな理由としています。ただし，雇用社会あるかぎり集団的労働紛争が絶えることはありません。今後とも，運用を改善し続けていく努力が必要となるでしょう。
　具体的な改革の課題としては，審理期間の短縮が挙げられます。これについては，平成17（2004）年1月1日施行の労働組合法改正により，審査計画の策定（27条の6），審査期間の目標設定とその公表（27条の18）などの立法的手当がなされているところです。今後は，運用の迅速化等をめぐる労働委員会のあり方に注視していく必要があるといえるでしょう。

　＜ステップアップ＞
　　①　遠山信一郎「個別労働関係紛争解決手続総覧──労働審判制度と労働契約法に着目して」中央ロー・ジャーナル18号（2009）157頁
　　②　菅野和夫監修・日本弁護士連合会編『ジュリスト増刊・労働審判──事例と運用実務』（有斐閣，2008）
　　③　荒木尚志ほか『詳解労働契約法』（弘文堂，2008）

（遠山　信一郎）

Bridgebook

第8講義

人事訴訟・家事審判の改革

1 家事事件の概要と家庭裁判所の役割

家庭紛争の特殊性

　夫婦や親子のような身分関係を中核とする家庭関係は，社会の存立の基礎を形成する重要な単位ですから，どこの国でも公益にかかわるものとして法律により厳密に規律されています。他方では，身分や家族の関係は，古くからの習俗などに深く根ざしたところがあり，また人の考え方や行動は，必ずしも合理的に割り切ることのできない愛憎などの感情にも影響されるものでありますから，このような身分関係や家庭関係に関する紛争については，その解決のために，法の厳正な適用と同時に人間関係諸科学の知識や条理を踏まえた特別な配慮が必要とされています。家庭裁判所は，そのような紛争解決のノウハウを蓄えた専門的な家庭紛争解決機関として設けられ，運営されているのです。

家庭裁判所が発足するまでの流れ

　身分関係や家庭関係に関する紛争を法的に解決する手続としては，古くは明治29（1896）年に成立した民法と同時に施行された人事訴訟手続法（明治31年法律第13号）の規定する人事訴訟手続があり

ました。大正年間，この手続には民情に適合しない部分があるとの批判があり，民法の改正とともに「道義に基づき温情をもって家庭に関する事項を解決するため」の特別の制度として家事審判所の設置が提言されました。しかし，第二次世界大戦前には，民法の改正も家事審判所の設置も具体化されるに至らず，わずかに「道義に基づき温情をもって」「家庭に関する紛争の円満な解決を図る」制度として「人事調停法」（昭和14年法律第11号）が実現されるにとどまりました。

第二次世界大戦後，新憲法下の新しい身分法体系の思想に基づいて，昭和23（1948）年1月，「個人の尊厳と両性の本質的平等を基本として，家庭の平和と健全な親族共同生活の維持を図ること」を目的とする家事審判法（昭和22年法律第152号）が新民法と同時に施行され，ここにわが国に初めて家事審判所が（地方裁判所の支部として）誕生しました。戦前に創設された人事調停も，新しい理念のもとで「家事調停」として整備され，家事審判と並ぶ紛争解決手続として承継されました。家事事件がすべて調停前置とされたことも特筆しておくべきことです。

その後，家事審判所は，戦前から存在した少年審判所と統合されて，昭和24（1949）年1月，新たに「家庭裁判所」となり（昭和23年法律第260号），ここに初めて地方裁判所と同格の，家事事件と少年事件を扱う専門裁判所が発足したのです。

2　家事事件の解決のための手続の概要

家庭裁判所の3つの解決手続

家庭裁判所において家庭関係の紛争を解決する手続として，現在

では、家事調停・家事審判・人事訴訟の3種の手続が設けられています。これらの手続は、いずれも民法の家族法と密接に関連し、社会の基本要素である夫婦親子の関係にかかる紛争解決のために構築された特別な手続ですから、一般の民事事件を解決するための基本手続を定める民事訴訟法に対して特則となる性質を有しています。

人事訴訟の役割

このうちの人事訴訟の制度は、明治31（1898）年の人事訴訟手続法の施行以来、地方裁判所の所管とされていました。この手続によるべき事件以外の家事事件は、戦後の家事審判法の制定施行により、家事審判事項として家事審判所の所管に取り込まれ、家事審判所と後にこれに続く家庭裁判所によって処理解決されるようになりました。

しかしながら、家事事件の中には上記のように家事審判事件から除外され、人事訴訟として残されて地方裁判所の所管のままとなっていたものが少なくありません。権利義務の内容の具体的形成に関する事件は、具体的妥当性を考慮して審判手続で解決を図るのが適切であると考えられるのに対して、家族の成立と解消に関する事件は、事実認定に基づき法律要件を充足しているかどうかを厳正に判断する訴訟手続によって決すべきであると考えられるからです。

人事訴訟で扱う事件

その主な事件としては、身分関係事件では、①婚姻の無効・取消事件、②協議上の離婚の無効・取消事件、③離婚事件、④民法773条の規定により父を定める事件、⑤嫡出の否認事件、⑥認知事件、⑦認知の無効・取消事件、⑧養子縁組の無効・取消事件、⑨協議上の離縁の無効・取消事件、⑩離縁事件、⑪身分関係の存否に関する事件などのように、基本的な身分関係の発生、消滅または変更にかかる重大な事項で、通常の訴訟手続によって慎重に処理することが

必要と考えられた事件が挙げられます。また，財産関係事件としては，①相続回復事件，②遺留分減殺事件のように，必ずしも親族間の事件とは限らず，親族以外の者が当事者となることがある種類の事件が挙げられます。

ただし，このように地方裁判所に残された人事訴訟事件も，必ずいったんは家事調停に付され，調停によって解決が図られるべきものとされています（調停前置主義，家審18条）から，その過程で，調停が成立し，あるいは合意に相当する審判（家審23条）や調停に代わる審判（家審24条）によって紛議が解決される可能性もあって，事実上は，大部分の事件はこうして家庭裁判所において解決されることが期待できるのですが，制度としては，家庭に関する事件が訴訟事件と審判事件というかたちで分断され，訴訟は原則的に地方裁判所の所管，家事に関する非訟事件のみが家庭裁判所の所管とされたわけです。

3　人事訴訟法の制定

人事訴訟法の成立

2001年6月12日の司法制度改革審議会意見書において，民事司法の適正・迅速化の一環として家庭裁判所の機能の充実が掲げられ，手続の利便性が強調されました。これに基づき法制審議会の審議を経て，人事訴訟事件の家庭裁判所への移管等を内容とする「人事訴訟法」が国会において成立し（平成15年7月16日公布・法律第109号），平成16（2004）年4月1日から施行されるに至りました。これに伴って人事訴訟手続法（明治31年法律第13号）は廃止されました。

人事訴訟事件を地方裁判所から家庭裁判所の管轄へ移転することについては、長年賛否両論が対立していた経緯があります。家庭裁判所は、訴訟手続を扱うことをあえて避けて、社会学や心理学などの人間関係諸科学の成果に基づいて後見的かつ将来展望的に、家庭の平和、幸福を指向するような審判・調停の手続に特化した裁判所であるべきであるとの理念のもとに育ってきましたが、今や家庭裁判所は国民の中に定着し、家庭裁判所の裁判官その他関係者の経験も蓄積されてきたので、家庭裁判所に人事訴訟を取り込んでも、家庭裁判所らしさが失われることはないと考えられますし、何よりも国民にとってもっとも身近な家事事件に関することであり、国民の利用しやすさを基準として決断すべきであるという司法制度改革審議会の考え方が争いを決したということができます。

人事訴訟事件の管轄の家庭裁判所への移管

　人事訴訟事件は、今回の改革により家庭裁判所の専属管轄となりました。ここに人事訴訟事件とは、婚姻関係、親子関係その他の「身分関係の形成又は存否の確認を目的とする訴え」（人事に関する訴え）にかかる訴訟と定義されています（人訴2条）。身分関係は、公共性の強い法律関係ですから、身分に関する事件は専属管轄とされています。

　さらに、人事訴訟事件の請求原因事実によって生じた損害の賠償に関する請求（関連請求。たとえば離婚請求に関連する慰謝料請求）にかかる訴訟についても家庭裁判所の管轄権が認められました。これは、関連事件として人事訴訟に併合することができます（人訴8条、17条）。

　他方、遺産分割の前提問題（遺産範囲確認訴訟など）や遺留分減殺請求・相続回復請求などの関連訴訟事件は移管の対象から除外さ

れました（民訴5条14号，裁31条の3参照）。これらの事件は，家庭裁判所がこれまで培ってきたケースワーク的機能（人間関係調整機能）を及ぼす必要がある種類の事件であるとはいえないこと，したがって家庭裁判所がこれらの事件処理に当たるのが現在より望ましいという具体的なメリットが認識されないというのが現状不変更の理由といわれています。

参与員制度の導入

家庭裁判所が人事訴訟事件を扱う場合，必要があると認めるときは，**参与員**を審理または和解の試みに立ち合わせて，事件につきその意見を聴くことができることとなりました（人訴9条）。国民の司法参加の形態の1つとなるものであり，「国民の良識を聴く」という性質のものと解されており，参与員に評決権はありません。裁判所としては，経験豊かな家事調停委員に参与員としての協力を求めるほか，国民の若い層や有職者の人たちにも参与員を引き受けてもらうことができるよう社会の各種団体などに適格者の推薦などの協力を積極的に求めており，また，こういう人的資源の時間や労力を無駄にしないよう裁判所として手続運営に格別の配慮をしています。

訴えの変更・反訴における身分関係の早期安定への配慮

人事訴訟法は，画一的・一回的な解決を保障するため，訴えの変更・反訴についての時期的な制限の要件（民訴143条1項・4項，146条1項，300条）を緩和していますが，判決が確定した後には，訴えの変更・反訴で主張することができた事実に基づいて同一の身分関係についての人事に関する訴えや反訴を提起することはできない（人訴25条）として，身分関係の早期安定に配慮しています。

職権探知主義の適用される領域の拡張

人事訴訟においては，裁判所が当事者の主張しない事実を斟酌

し，かつ，職権で証拠調べをすることができるという，いわゆる**職権探知主義**が維持されています。従来の人事訴訟手続法では，婚姻・養子縁組などの関係を維持する方向についてだけ「片面的」に職権探知を適用することができるとされていましたが，この制限は廃止され，積極消極どちらの方向に向かっても職権探知を働かせることができるようになりました。

ただし，人事訴訟における職権探知主義は，従来，謙抑的に運用されていたのに対し，家庭裁判所が審理裁判を担当するようになると，理論上，家庭裁判所調査官による事実の調査が可能となって，非常に強力な職権探知となることが考えられるため，これを慮って，法制審議会ではほぼ全会一致で「家庭裁判所調査官による調査は 附帯処分 だけを対象とすべき」であるとされました。人事訴訟法において家庭裁判所調査官の事実調査に関する規定（34条）は，附帯処分に関する第2章第2節に設けられており，上記の趣旨が間接的に実現されています。附帯処分とは，婚姻の取消または離婚の訴えにかかる子の監護者の指定その他子の監護に関する処分または財産の分与に関する処分をいいます（人訴32条）。

審理の公開停止の要件および手続の明確化

裁判を公開すべきことは憲法82条の定めるところですが，同条2項本文は「裁判官の全員一致で，公の秩序又は善良の風俗を害する虞があると決した場合には，対審は公開しないでこれを行うことができる」と規定しています。家事事件では私生活上の重大な秘密にかかる審理をすることがあり，審理を公開すると個人のプライバシーが過度に公にさらされる虞があり，これを避けようとすると真実が法廷に検出されがたい事態が予想されます。家事審判では審理は非公開となっているのでよいのですが，人事訴訟においては，審

理は対審であるため公開が原則となりますから、この虞が現実化します。

そこで、今回、人事訴訟法は、その22条において憲法82条2項の規定を具体化し、当事者尋問等の公開停止に関する要件を定めました。①当事者本人（法定代理人を含む）または証人が訴訟の目的となっている身分関係の形成または存否の確認の基礎となる事項について尋問を受ける場合で、②それが自己の私生活上の重大な秘密にかかるものであって、その陳述によって社会生活を営むのに著しい支障を生ずることが明らかであるため、③その者が当該事項について十分な陳述をすることができないと裁判所が認め、かつ、当該陳述を欠くと当該身分関係の形成または存否の確認のために適正な裁判をすることができないと裁判所が認めるときというのが実体要件であり、この場合は、④裁判官の全員一致により、当該事項の尋問の終了まで公開を停止することができる、とするものです。身分関係の形成または存否は、重大な公益事項ですから、これが適正に認定できない虞があるときは、誤った身分関係の形成等が行われる虞があることになり、「公の秩序を害する虞がある」場合に該当すると解されるというのが、この条文の根拠とされています。

これで「公の秩序又は善良の風俗を害する虞がある」場合に当たるという解釈の可能な場合を1つ明らかにしたことになります。

離婚・離縁請求事件における和解、請求の放棄・認諾

離婚をめぐる人事訴訟において当事者間に離婚についての合意が形成された場合、和解離婚が認められることになりました。従来、裁判所では、当事者間に離婚の合意ができても、当事者に協議離婚届の用紙に署名をさせたうえで当事者の一方に預けて届出をさせるとか、家庭裁判所に嘱託をして調停離婚を成立させ、訴訟の方は取

り下げさせるとかの方法で処理せざるをえず、関係者一同不便な思いをしていました。今回、裁判所の面前における和解による離婚が法的に認められるようになり、この不都合は解消されました（人訴37条）。

　請求の認諾は、裁判所の後見的関与のあり方に絡んで議論がありましたが、人訴法37条1項に掲げる附帯処分とか親権者の指定とかを要しない場合にかぎって、これも認めることになりました。なお、離婚訴訟における請求の放棄は、現状維持にとどまる趣旨ですから、従来も判例上（判例①参照）認められてきましたので、今回は立法がこれを追認したことになります。離縁請求事件においてもほぼ同様の規定がおかれました。

4　人事訴訟法施行後の課題

家庭裁判所への移管から除外された人事訴訟事件

　今回の人事訴訟法によっても、遺産分割の前提問題（遺産範囲確認訴訟など）や遺留分減殺請求・相続回復請求などの関連訴訟事件は、家庭裁判所への移管の対象から除外されたままです。「家庭裁判所を家族問題の全般を扱う総合病院的な裁判所にして国民の便宜に供するという理想」にはまだ距離が残ったことになります。

　遺産分割事件は、もともと争点が多く複雑な事件であり、前提問題として、遺産の範囲、相続人の範囲、遺言の効力などが問題となることが少なくなく、これらは権利義務の確定の対象となる案件ですから、遺産分割の協議や審議の前に訴訟で慎重に審判される必要があると解されています。そのため遺産分割の審判または調停の事件が家庭裁判所に係属した後に、このような問題が生ずると、当事

者は地方裁判所に訴訟を提起してこの前提問題だけを解決してもらい、また家庭裁判所に戻ってきて、審判または調停で本体の紛争の解決を図るということになります。

　家庭裁判所への移管が実現しなかったのは、家庭裁判所ならばうまく行くという一般的な審理の仕組みが提示できなかった、あるいは家庭裁判所調査官をはじめとする家庭裁判所の人的資源の利用度が乏しい、むしろ地方裁判所にすべてをもっていくという選択肢もないわけではない、などの意見があったようです。しかし、家庭裁判所へ移管すればそれなりに、自ずから新たな工夫がされるのではないかと思われますし、何よりも当事者の利便を考慮すれば、地方裁判所の管轄にとどめおくよりは、一歩前進を図るべきではなかったかと思われます。

家庭裁判所における人事訴訟事件の審理

　身分訴訟についての学者、実務家、社会一般の見方には多様なものがあります。もともと身分法は、各国で固有の色彩が強いものでありますし、今回の人事訴訟法も日本独自の考え方で作り出されたものです。家庭裁判所に移管された離婚訴訟などについても、弁論主義で規律すべしとの意見もあり、少なくとも手続保障などは、家庭裁判所における訴訟手続においても最大限に配慮されなければならないという指摘がある反面、家庭裁判所が50年間培ってきたノウハウの蓄積（非訟手続のよさ、専門性、科学性の取入れ）も一層活かしていかなければならないという家庭裁判所の存在意義をかけた要請もあります。今回の人事訴訟の移管は、これらの要請を一応踏まえているものの、ある意味では、長年の要望であった人事訴訟の移管そのものを手続形態にあまり手を加えずにそっと実現したというニュアンスが強く、その意味で「漸進主義」という評価が妥当す

るといえそうです。

　家事調停が不調に終わって人事訴訟になった場合，家事調停における事実の調査の結果が訴訟において活用できるかの問題は，調停と訴訟との接続をどう考えるかに関わる問題ですが，基本的には分断説が採用されたと解されます。人訴法35条は，人事訴訟の附帯処分等の審理手続において，訴訟記録中にある家庭裁判所調査官がした事実の調査に関する部分（「事実調査部分」）について当事者から閲覧等の許可の申立てがあった場合は，原則としてこれを許可するが，同条2項各号に掲げる事由があるときは制限することができるとしています。手続保障が重視される結果，事実調査部分の原則開示もやむをえない面がありますが，家庭裁判所調査官による調査に微妙な影響があり，家庭事件の特殊性，困難性に十分な配慮が必要であると考えられます。

訴訟事件を取り込んだことによる家庭裁判所の変容

　家事調停や家事審判には司法的機能とあわせて人間関係調整機能が必要であり，それは人事訴訟においても例外ではありません。家族法学では，人間関係諸科学である医学，心理学，社会学，経済学その他の専門的知識の活用が必要であり（人訴規則20条1項），その他の専門分野として臨床心理学，社会心理学，教育学，精神医学，精神分析学等の隣接諸科学との学際的研究が不可欠であるといわれています。

　しかしながら，家庭裁判所が地方裁判所と同じように訴訟事件を扱うようになり，当事者処分権主義，弁論主義など民事訴訟法の諸原則も大局的には受け入れなければならなくなると，人間関係調整機能から司法的機能の強調へと審理の姿勢が変化し，家庭裁判所の独自性・非訟性・科学性などに影響が及び，家事審判事件の審理ま

でもが訴訟化し，自己責任の強調による当事者主義的運用が強化されるというような危惧があるのではないかという指摘が今なお存在しています。「訴訟をやらずして裁判所か」といわれてきた家庭裁判所が，人事訴訟を取り込んだ結果，家庭裁判所が所管する家事調停・家事審判と人事訴訟との関係，大きくは非訟と訴訟との関係をどう使い分けるか，連携をどうするか，司法的機能と人間関係調整とをどう調整して最適のやり方を見つけ出し，考え出していくべきか，これからの家庭裁判所の大きな課題であると思われます。

家事審判事項の整理と審判手続の改善

人事訴訟法が成立施行されたことにより，民事手続に関する基本法の全面的見直し作業はほぼ終了し，戦後の立法である家事審判法の改正作業が現実の課題となりつつあります。これが実現すると戦後に制定された民事手続基本法の改正を手掛ける初の事業となるといわれています。この改正作業では，法律事項と最高裁判所規則事項との振分け（現在の家事審判法と家事審判規則には，いわゆる法律事項と規則事項とが混在しています），家事審判事項の範囲を見直して訴訟事件と審判事件との範囲を見直すと同時に，審判事件のなかでの甲類事件と乙類事件との振分け（現在，家事審判事項として掲げる家庭に関する事件には，争訟性の薄い甲類事件〔46項目〕と争訟性の濃い乙類事件〔12項目〕とがありますが，その区分の基準については見解が分かれています），家事審判事件における手続権の保障の問題，とくに当事者に，手続の主体として，権利として自己の法律上および事実上の意見を述べ，相手方の主張に反論することを認める審問請求権およびこれとつながる記録の閲覧権の問題などを検討すべきです。家事審判法の改正がこれからの大きな課題になると思われます。

<ステップアップ>
① 堀内節『家事審判制度の研究』(日本比較法研究所, 1970)
② 堀内節『続家事審判制度の研究』(日本比較法研究所, 1976)
③ 梶村太市＝徳田和幸編『家事事件手続法』(有斐閣, 第2版, 2007)
④ 佐上善和『家事審判法』(信山社, 2007)
⑤ 三ケ月章「家庭裁判所への人事訴訟移管の司法政策的意義」家月56巻4号 (2004) 5頁
⑥ 竹下守夫「家庭裁判所と国民の司法参加」同前13頁
⑦ 青山善充「人事訴訟法の制定過程を振り返って」同前53頁
⑧ 高橋宏志「人事訴訟の制定において」同前75頁
⑨ 木内道祥「人事訴訟の家庭裁判所移管を生かすための審理改善」同前87頁
⑩ 高橋宏志ほか「研究会」高橋宏志＝高田裕成編『新しい人事訴訟法と家庭裁判所実務』(有斐閣, 2003)
⑪ 小野瀬厚＝岡健太郎編著『一問一答新しい人事訴訟制度——新法・新規則の解説』(2004)
⑫ 竹下守夫「家事審判法改正の課題」家月61巻1号 (2009) 43頁
⑬ 安倍嘉人「控訴審からみた人事訴訟事件」家月60巻5号 (2008) 1頁
⑭ 稲田龍樹「控訴審からみた離婚事件の基本問題」判タ1282号 (2009) 5頁
⑮ 松原正明ほか「座談会・家事事件の現状と課題」法時81巻2号 (2009) 4頁
⑯ 梶村太市「家庭法学と家庭裁判所の発展のために——ともに原点に立ち返ろう」『家族法学と家庭裁判所』(日本加除出版, 2009)

<判 例>
① 最一小判平成6・2・10民集48巻2号388頁

(三宅　弘人)

Bridgebook

第9講義

民事執行・倒産処理の改革

1 最近の民事執行制度の改革

民事執行制度の具体的な内容

民事執行制度 の中心となるのは、強制執行と担保権の実行としての競売です。民事執行の手続は、民事執行法その他の法令によって定められています。

これら民事執行のうち、強制執行手続 は、債権者の債務者に対する私法上の請求権を、国家権力をもって強制的に実現する手続であり、債務者が任意に債務を履行しないときに、債権者が勝訴判決などの債務名義に基づいて、国家権力をもって強制的に実現する手続をいいます。

また、担保権の実行手続 は、債権者が担保権を有している場合において、債務者が任意に債務の履行をしないときに、債権者がその担保権を実行して、裁判所での競売手続を通して担保目的物を換価した代金や、担保目的物の収益から自己の債権の弁済に充てる手続をいいます。

このように、強制執行および担保権の実行手続は、私法上の請求権を実現するための最終的な手段であるといえるでしょう。

これらの手続の対象となるのは，不動産，動産，債権です。このうち，不動産と債権を対象とする民事執行手続は，その対象が経済的に重要なので，近時の民事執行手続の改正も，これらについての手続の改正を中心に行われています。

不動産の引渡命令制度の改善

裁判所での不動産の競売制度は，なるべく多くの人々の競り合いによって，差し押さえられた不動産が高く売られるように設計されています。ところが，わが国における不動産の価格は，諸外国と比して非常に高いので，不動産の強制競売や（担保権実行による）不動産競売手続においては，競売物件を不当に占有するなどの競売妨害行為により，「占有屋」などの者が不当な利益を得やすいという問題がありました。つまり，これらの者が頻繁に競売妨害行為を行っていたため，不動産競売の買受人は，買い受けた不動産の占有を得るために，本来は不要なはずの立退料を無理矢理支払わされたり，時間と金のかかる明渡訴訟を提起することを余儀なくされていたのです。そのため競売手続への参加者が限られることになり，十分な価格形成がなされていなかったという問題がありました。

これらの者の占有の排除を容易にするため，平成8（1996）年に引渡命令の制度（民執83条）が改正されました。

引渡命令が占有者に対して発令されれば，競売の買受人は，容易に濫用的な占有者からその占有を取得することができます。引渡命令は，執行記録上の審査のみで発令されるため，建物明渡請求の本案訴訟と比較すると，迅速かつ費用も廉価で発令されるという特徴を有しています。しかし，改正前には，占有者が債務者・所有者に対抗する権原を有している場合，この者に対しては引渡命令は発令できませんでした。そのため，競売により不動産の所有権を失いた

くない債務者・所有者を抱き込んで有利な法的地位を取得していた占有屋などに対しては、引渡命令は有効な対抗手段にならなかったのです。

そこで、平成8 (1996) 年改正法では、引渡命令発令の相手方の範囲を買受人に対抗できないすべての者に拡大し、債務者・所有者に対抗する権原を有する者でも、その権原が買受人に対抗できないかぎり、引渡命令の対象となるようにしました。これにより、買受希望者は占有者がいる物件でも安心して入札ができるようになったのです。

競売手続における保全処分の効力の拡大

競売の対象物件がマンションの1室などの場合、申立時には債務者自身の占有であった、あるいは空室であったにもかかわらず、いつの間にか競売妨害のために占有屋などと思われる素性の知れない者が占有を開始していることがありました。このような物件を買い受けた者は、この素性の知れない者に対して、前述した引渡命令を裁判所に発令してもらう必要があります。ところが、引渡命令は、執行記録上の審査のみで発令されるため、「事件の記録上」明らかではない（執行記録の最終時点以降の占有者である場合が多い）占有者が占有する場合に、買受人は実際に占有している者を「事件の記録上」の占有者として特定できず、引渡命令の発令を裁判所に申し立てることができないという事態が生じていました。

そのため、旧法下では、買受人は実際に占有している者を「事件の記録上」の占有者として特定するために、わざわざ空振りを覚悟して、（現在は占有していない）執行記録上に表れている占有者を「事件の記録上」の占有者として、この者に対する引渡命令の発令を受けて引渡執行を行わざるをえませんでした。その引渡執行にお

いて，引渡命令の対象となった占有者（「事件の記録上」の占有者）が占有していないことを執行官が確認し，新たな占有者についての執行官の（「執行不能調書上」の）占有認定を待って，当該占有者に対して（新たな「事件の記録上」の占有者として）再度申立てを行う必要があったのです。このような事態を避けたいために，占有が存在したままの物件は競売となっても買受希望者があまりないという事態が生じていました。

民執法55条はこのような占有者を売却前に排除するための保全処分（**売却のための保全処分**）を定めていました。しかし，この保全処分の発令後にこの保全処分を無視した新たな占有者が出現した場合には，その占有者を売却前に排除できませんでした。そこで，この制度を改正して，不動産の占有の移転を禁止して，当該不動産の使用を許すことを内容とする保全処分の執行がされたときは，買受人は，当該保全処分の相手方に対する引渡命令に基づき，その保全処分の執行がされたことを知って不動産を占有した者および保全処分の執行後にその執行がされたことを知らないで相手方の占有を承継した者に対し，引渡命令の執行をすることができるものとしました（民執55条1項3号および83条の2第1項の新設）。そして，この保全処分の執行後に当該不動産を占有した者は，その執行がされたことを知って占有したものと推定することにしました（民執83条の2第2項）。

間接強制の適用領域の拡大

間接強制とは，債務者が債務を履行しない場合に，債権者の申立てにより，裁判所が債務者に対し一定の金銭の支払を命ずることにより，債務者に心理的強制を加え，債務の自発的な履行を促す強制執行の方法です（民執172条1項）。この間接強制については，かつ

ては，他の方法による強制執行をすることができない債務についてのみすることができることとされていました。そこで，間接強制は（直接強制・代替執行ができない）不代替的作為債務および（継続的）不作為債務の執行についてのみ認められていました。この規律の基礎にあったのは，間接強制は債務者に心理的圧迫を与えるので適用に慎重であるべきとの考え方でした（間接強制の補充性）。しかし，この考え方の合理性を疑う指摘がかねてからなされてきましたし，間接強制は，債務者の自発的な履行を安価に引き出す制度であるとして積極的な評価をする見解もありました。

　そこで，間接強制の適用範囲を，物の引渡債務および代替執行可能な作為・不作為債務に拡張し，補充性を緩和することとしました。物の引渡債務についての強制執行は，直接強制の方法により行うほか，間接強制の方法によっても行うことができるようになり，また，代替執行の方法によって強制執行を行うことができる作為債務または不作為債務についての強制執行は，その方法のほか，間接強制の方法によっても行うことができるようになり，いずれの方法により行うかは，債権者の申立てにより定まるものとされました（民執173条1項）。

扶養義務等にかかる金銭債権と間接強制

　金銭債権についての間接強制については，それを認めると債務者がいっそう債務の支払に困窮する場合があることが予想される一方で，悪質な貸金業者による制度の濫用等のおそれも否定できないことから，間接強制を一般的に認める改正は見送られました。しかし，金銭債権のうち，「**扶養義務等に係る金銭債権**」（民執151条の2第1項1号から4号に規定されている，養育費の支払債務等）にかぎって，直接強制のほか，間接強制の方法によることが認められました（同

167条の15)。

　間接強制が扶養義務等に基づく金銭債務に限定して認められたのは，次の事情によります。①扶養義務等にかかる金銭債権は，その実現が債権者の生計の維持に不可欠なものであって，保護の必要性がとりわけ高いということ。②債務者の給料を差し押さえる等の直接強制の方法による強制執行は，給与などの継続的な給付を受けていない債務者に対しては実効性が乏しいこと。③そもそも扶養義務等にかかる金銭債権の額は，債務者の資力を主要な考慮要素の1つとして定められるものであるから，資力のない者に対して間接強制がされるおそれは少ないこと。④扶養義務等にかかる金銭債権については，そもそも貸金業者が債権者となることはないから，悪質な貸金業者による制度の濫用のおそれが少ないこと。

　もっとも，資力がない者に対して間接強制がされることがないように，次のような規定がなされています。①債務者が支払能力を欠いてその債務の弁済をすることができないとき，または，その債務の弁済によりその生活が著しく窮迫するときは，間接強制の決定をすることはできません（民執167条の15第1項但書）。②間接強制決定後，事情の変更があり，①に掲げたような状況が生じたときは，間接強制の取消しを求めることができます（その取消しの申立時までさかのぼって取り消すことができます。民執167条の15第3項）。③間接強制金の額が適切に定められるように，その額を定めるにあたって，執行裁判所は，債務不履行により債権者が受けるべき不利益，債務者の資力および従前の債務の履行の態様をとくに考慮しなければいけません（民執167条の15第2項）。

定期的に金銭が支払われる債権と間接強制

　扶養義務等にかかる金銭債権が **定期金債権** である場合には，債

権者の手続的な負担を軽減するため，その一部に不履行があるときは，その定期金債権のうち直近6月以内に確定期限が到来する将来債権についても，一括して，間接強制の申立てをすることができることになっています（民執167条の16）。強制執行は，債務の期限の到来後にかぎり開始することができるのが原則ですが（民執30条1項），扶養義務等にかかる金銭債権は，月数万円程度の少額の定期金債権であって，かつ，債権者の生計維持に不可欠なものであることが多いため，このような債権について，原則どおり，各定期金債権の確定期限が到来するごとに反復して強制執行の申立てをしなければならないこととすると，債権者にとっての手続的負担が重すぎます。そこで，このような定期金債権についての強制執行の手続的な負担はとくに軽減されることとなりました（民執151条の2第1項と同趣旨）。

財産開示制度の創設

悪質な債務者が，債権者が債務名義を取得するまでの間に主な財産の処分・隠匿を行うことも少なくありません。また，詐害行為に該当するような財産の処分が過去になされていないかどうかを債権者が調査することにも困難が伴います。このように，債務者の財産の状況が把握できないことは，債権者の債権回収における大きな障害となっていました。財産開示手続はこの障害を解消する手段として創設されたものです。

執行裁判所は，強制執行もしくは担保権の実行における配当等の手続において申立人が債権の完全な弁済を得ることができなかったとき，または知れている財産に対する強制執行もしくは担保権の実行を実施しても，申立人が債権の完全な弁済を得られないことの疎明があったときは，**財産開示手続**を実施する旨の決定をします（民

執197条1項および2項の新設)。そして，執行裁判所は，財産開示期日を指定し，その期日に申立人および債務者を呼び出します(民執198条)。債務者は，財産開示期日に出頭し，自己の有する財産について陳述しなければなりません。この陳述においては，対象財産について強制執行または担保権の実行の申立てをするのに必要となる事項等を明示することとされています(民執199条1項・2項)。

少額債権の簡易裁判所による執行

少額訴訟は，訴訟の目的の価額が60万円以下の金銭の支払の請求を目的とする訴えについて，簡易裁判所において，原則として，一回の期日で審理を完了し，ただちに判決を言い渡す制度です(民訴368条)。

この少額訴訟の判決等による強制執行は，簡易裁判所ではなく，地方裁判所に申し立てなければならないこととされていました。しかし，簡易裁判所で成立した債務名義については，よりアクセスしやすい簡易裁判所で強制執行をすることができる方が債権者にとって便利です。そこで，少額訴訟にかかる判決等の債務名義について，通常の地方裁判所における債権執行手続のほかに，少額訴訟が行われた簡易裁判所でも金銭債権に対する強制執行を行うことができることとなりました(民執167条の2第3項)。

少額訴訟債権執行 は，簡易裁判所書記官の差押処分により開始され(民執167条の2第2項)，差押処分が債務者に送達されてから1週間が経過したときは，差押債権者は差し押さえられた金銭債権を第三債務者から取り立てることができます(同167条の14，155条1項)。その手続は，原則として，地方裁判所における債権執行の手続と同様のものです(民執167条の14)。

少額訴訟債権執行においては，換価の方法を取立てに限定し，転

付命令等の換価の命令を発することはできないこととし，複数の差押処分や差押処分と差押命令が競合した場合など配当をしなければならないときも，配当手続を行うことはできないこととするなど，手続に一定の制限を課しています。それは，少額訴訟債権執行において，転付命令等の発令といったその要件について困難な判断を要する部分があるものや，配当手続といった利害関係人間の利害の調整が複雑で，その内容が重く，時間を要する手続を，少額訴訟債権執行で行うことを避けるためです。この手続で扱えない複雑な手続は地方裁判所で行うこととされています（民執167条の10第1項・第2項参照）。

不動産担保権の新しい実行方法

強制執行においては，強制管理制度が存在していましたが（民執93条以下），抵当権の効力としては，強制管理類似の手続は認められていませんでした。

このため，Xが所有する建物にAのための抵当権が設定されており，YがXから建物を賃借していたという場合には，Aは，物上代位権の行使として，XのYに対する賃料債権を債権執行で差し押さえていました（民304条1項・372条）。しかし，賃借人の入れ替わりが頻繁である不動産などにあっては，抵当権者が賃借人を知ることが難しいため，物上代位権行使のための債権執行手続をとることに実際上困難があることもありました。また，Yが建物を不相当に使用したとしても，用法違反を理由として賃貸借契約を解除する権利はXに帰属しており，Aが物上代位権の行使としてこれをすることはできません。さらに，建物に空室が生じたときに新たに賃貸借契約を成立させることも，物上代位権の行使によっては達成することができません。これらの問題に対処するために，抵当権

者の申立てにより裁判所が選任する管理人が，賃料取立て・契約解除・契約締結などをするという制度の創設が望まれていました。

そこで，不動産担保権の実行の方法として，不動産競売に加えて，**担保不動産収益執行**の手続を創設し，不動産担保権の実行は，これらのうち債権者が選択したものにより行うものとされました（民執180条）。担保不動産収益執行については，強制管理の規定が準用されています（民執188条）。

2　倒産処理制度の改革

倒産処理制度の意義

債務者が，任意にその債務の履行をしないときは，債権者は，民事執行法の規定に基づき債務者の財産に対する強制執行の申立てを行い，それによって強制的に満足を受けることができます。ところが，債権者が多数いて，それらの債権の弁済に十分な債務者の弁済能力（資力）がないときには，これらの競合する多数の債権者は強制執行によっても，自己の債権について完全に弁済を受けることができません。このような場合には，各債権者が，債務者のわずかな財産から，自分だけが抜け駆け的に満足を受けたいと考えるでしょう。そのために，債務者の財産から早く満足を得ようとする各債権者が互いに争い，そのことにより混乱が生じます。また，この場合には，抜け駆け的に弁済を受けることができた債権者と出遅れてまったく弁済を受けることができない債権者との格差が生じることになります。民法上は，債権者は平等であるのが原則ですから（債権者平等の原則），すばやく権利の行使をした者が満足を受け，権利行使が遅れた者が弁済を受けることができなくても，やむをえない

ことであるとして放置することは、公平に反するものです。

　他方、債務者にとっても、経済的に破綻した場合に、多数の債権者から個々に厳しく請求されれば、それへの応対に忙殺され、財産状態の改善を図ることはますます困難になっていきます。とりわけ、債務者が個人の場合には、勤務中の会社等を退職せざるをえなくなることもあり、挙句の果てには家庭の崩壊、自殺や一家心中に至ることもありえるでしょう。

　以上の事情から、経済的に破綻した債務者が生じた場合に、債権者のためにも、債務者のためにも、競合する債権者の個別的な権利行使を禁止し、債務者の全財産をもって総債務を強制的に清算する破産制度（および免責・復権の制度）などや、債務者の事業や経済生活を再生・更生させる制度（民事再生・会社更生制度）が必要となってきます。

かつての倒産5法制の問題点

　平成11（1999）年3月までのわが国の倒産法制は、ドイツ法にならって大正11（1922）年に制定された破産法に基づく「破産手続」と、破産法と同時にオーストリア法にならって制定された和議法に基づく「和議手続」、昭和13（1938）年の旧商法改正（昭和13年法律第72号）の際にイギリス法の示唆を受けて導入された「会社の整理」および「特別清算」、昭和27（1952）年にアメリカ法の影響のもとに制定された会社更生法に基づく「会社更生手続」から成り立っていました（これらは「倒産5法」とよばれていました）。

　しかし、これらの5つの手続・制度は、制定の時期が異なるだけでなく、立法思想や時代的背景をも異にしていて、各制度間の統一がとれていませんでした。また、昭和27（1952）年に破産法が改正されて免責制度が採用され、昭和42（1967）年には会社更生手続の

濫用防止，取引先中小企業者の保護等の観点から更生手続の見直しがされたほかは，実質的な見直しもなされませんでした。そのため，かねてから倒産法制全体を視野に入れた見直しを行うべきであるという指摘がなされていたのです。

　そのような事情のもとで，いわゆるバブル経済が崩壊したあとの景気の停滞状況の長期化により法的倒産処理手続の利用件数は増加の一途をたどりました。また，複雑化，多様化する現代社会における社会経済の高度の発達に伴い，大規模倒産事件や国際倒産事件等，その処理に困難な問題をはらむ事件が増加するという事態も迎えました。これらの事態は，破産法等が制定された時代には想定されていなかったものだっため，消費者倒産，中小企業等の再建，国際倒産事件への対応等を中心として制度的不備が指摘され，倒産法制の抜本的な見直し，立法的な手当てが必要になっていきました。

倒産法制の再編成

　このような状況（とりわけ中小企業の倒産が激増している経済状況）にかんがみ，倒産法制のうちとくに緊急の対応が必要と考えられる中小企業等に利用しやすい再建型倒産処理手続の整備を他の制度とは切り離して最優先で検討することとしました。その成果として，平成11（1999）年12月には「民事再生法」（平成12年4月1日施行。これに伴い和議法は廃止されました）が成立しました。そして，平成12（2000）年11月には個人再生手続を定めた「民事再生法等の一部を改正する法律」および「外国倒産処理手続の承認援助に関する法律」がそれぞれ成立しました。

　さらに，平成14（2002）年12月に会社更生法の全部を改正する新しい「会社更生法」（平成15年4月1日施行）が成立し，平成16（2004）年5月に新しい「破産法」および「破産法の施行に伴う関

係法律の整備等に関する法律」（平成17年1月1日施行）も成立しました。

清算中の会社の倒産についての手続である特別清算の改正は，平成17（2005）年7月の「会社法および会社法の施行に伴う関係法律の整備等に関する法律」（平成18年5月1日施行）の一部として行われたものです。

この結果，倒産処理手続を定める法制は，個人および法人一般を対象とする **清算型手続** を定める破産法，株式会社の清算手続の一種である特別清算を定める会社法中の規定，**再建型手続** の一般法である民事再生法，株式会社のみを対象とする再建型手続を定める会社更生法の4つに再編成されることとなりました。

清算型手続の概要

破産法 は，清算型手続（破1条，2条1号）の一般法として位置づけられます。**破産手続** は，債務者が支払不能または債務超過に陥った場合（これを破産原因といいます）に，破産手続開始決定によって債務者からその財産の管理処分権を奪い債務者をめぐる法律関係に決着をつけるとともに，破産管財人をたてて一切の財産を管理させこれを換価することによって配当資金を用意させ，他方，一般債権者にはその債権の個別行使を禁じ，届出・調査を経て確定させたうえ，その債権額に応じた配当を受けさせる手続です。各債務者にはこの手続により公平に配当がなされます。

破産者が法人の場合には，破産終結決定によって法人格が消滅しますので（破35条参照），残債務が支払われることはありません。破産者が個人の場合には，配当によって満足を受けられない残債務は，免責許可決定（破252条，253条参照）がないかぎり，そのまま残ることになります。もっとも，免責許可決定がなかった場合でも，

破産者が破産手続終了後に弁済手段を取得して残債務を弁済することは事実上困難なことも少なくなく，債権者は配当以外に弁済を受けることができないということになりがちです。

特別清算手続とは，清算中の株式会社に破産原因が存する疑いが生じた場合に（本来なら破産的清算がなされるべき場合に），より簡易な方法によって破産手続に伴う時間と費用の節約を図ろうとする制度です（会社 510 条）。

再建型手続の内容

民事再生手続は，「経済的に窮境にある債務者について，その債権者の多数の同意を得，かつ，裁判所の認可を受けた再生計画を定めること等により，当該債務者とその債権者との間の民事上の権利関係を適切に調整し，もって当該債務者の事業または経済生活の再生を図ることを目的とする」再建型の手続です（民再 1 条）。この手続は，財産の清算ではなく，債務者の事業を再生させ，その事業による将来の収益から，あるいは一定の要件をみたす個人（民再 221 条，239 条）につき，その将来の収入から，債務の一部を弁済し，再生計画による弁済を超える債務についてはその責任を免れる（同 178 条）とする再建型の手続です。実際の再建計画では，債権の 7 割程度をカットして，残額を 5 年程度の期間内に分割して弁済するというものが多いようです。

会社更生手続は「窮境にある株式会社」について，企業の再建のためにより一層強力な方策を講じた再建型倒産手続です（会更 1 条）。この手続が，株式会社のみを対象としたのは，企業解体による損失は，通常，株式会社形態をとる企業においてとくに著しいからです。この手続は，大規模会社の再建に適したものといえるでしょう。

＜ステップアップ＞
① 萩澤達彦「平成 16 年改正民事執行法の解説」新民事執行実務 4 号（2006）2 頁
② 萩澤達彦「担保不動産収益執行対象不動産の収益について」成蹊 70 号（2009）246 頁
③ 徳田和幸『プレップ破産法』（弘文堂，2008）

（萩澤　達彦）

Bridgebook

第*10*講義

裁判外紛争処理の改革

1 裁判外での民事紛争処理の意義

ADRとは何か

　民事紛争を処理する方法は，つぎのように3つに大きく分けることができます。

　第一は，相対交渉です。これは，当事者が相対しての交渉による紛争解決で，必ずしも当事者自身ではなく，代理人が交渉に当たることもありますが，ここに中立的第三者が加わることはありません。第二は，裁判です。民事裁判でいえば 訴訟手続 と 非訟事件手続 であることになりますが，これらは，裁判所，つまり国家権力による強制的な紛争解決であって，そうした公権力の行使としての性格から，その手続と紛争解決内容はいずれも法に従ったものである必要があります。そして，第三が，ADRです。ADRとは，Alternative Dispute Resolution の頭文字をとったもので，代替的紛争解決とか，裁判外紛争処理といった語が当てられますが，最近では，このままADRとよぶのが一般的です。

　実のところ，ADRの定義について，必ずしも一致した見方があるわけではありません。たとえば，訴訟上の和解，つまり訴訟にお

123

いて裁判官からの勧めなどもあって当事者間に和解が成立することがありますが，これを当事者の合意による解決とみれば，ADRに含めてよさそうですが，訴訟という関係のもとで成立した和解であることから，ADRに含めない考え方もあります。ですが，ここでは，さしあたり，ADRとは，相対交渉を一方の極に，裁判を他方の極として，その中間に位置づけられるもので，仲裁，裁定，調停，あっせんなど，当事者の意思に基づく任意的な紛争処理方法を指す，と考えておくことにします（ADR全般について，小島＝伊藤編①，小島②，法セ560号③25頁，小島④のほか，小島編⑤，同⑥参照。また，ADR法との関連も含めた最近のものとして，和田編⑦，山本＝山田編⑧参照）。

ADRと裁判の4つの違い

それでは，このADRは，裁判と具体的にどのような違いがあるのでしょうか。

(1) 第一に，ADRでは，裁判のように厳格な手続や審理方式によらなければならないわけではなく，柔軟に処理することができます。このような特徴は，インフォーマライゼイション（informalization）とよばれます。

(2) 第二に，ADRでは，その手続の主宰者または代理人として，法曹資格を有する者以外の関与が許されることがあります。裁判では，主宰するのは裁判官ですし，代理人も原則として弁護士でなければならない（民訴54条）のに対して，いわゆる**非弁活動の禁止**という制限はありますが（弁護72条），デプロフェッショナライゼイション（deprofessionalization）がみられるのは，ADRの特徴です。

(3) 第三に，ADRでは，紛争解決基準として，実定法以外に，たとえば条理などによることが許されることがあります。デリーガ

ライゼイション (delegalization),「非法化」が認められうるということであり,実定法の厳格な適用が求められる訴訟手続と大きく違うところです。だからといって,このことが,法の支配そのものを否定するような,アンチリーガライゼイション (antilegalization),「反法化」を意味するわけではありません。

(4) 第四に,ADR は,その設営基盤が国家に独占されることはありません。つまり,裁判は,司法権の行使ですから,国家が設営する裁判所に専属するのに対して,ADR は,国家権力を背景にするものではありませんから,行政機関が設置したり,弁護士会や純然たる民間が運営したりすることが可能となるわけで,実際にも多くの機関によって ADR サービスが提供されています。

こうした基本的な特質は,すべての ADR に均一に備わっているというより,むしろ ADR の種類ごとに,あるいは,その対象とする紛争領域ごとに,異なった比重でみられるのが通常です。ADR には,後に説明するように,いろいろな種類や手続,さまざまな提供機関があって,そうした多様性がまさしく ADR の特徴でもあるからです。

ADR が望まれるようになった背景事情

これまで,ADR をめぐる評価は,とりわけ日本における調停などに対する批判にみられたように,いわゆる「二流の正義」にすぎないとか,権利意識が低いために訴訟から逃避するのだとか,必ずしも好意的なものばかりではありませんでした。にもかかわらず,このところ,ADR は,世界的にみても急速に大きな関心を集めるようになっています。それはなぜでしょうか。

いくつかの理由が考えられます。とりわけアメリカで ADR が台頭してきた背景には,裁判所における事件数の増加,訴訟遅延の深

刻化，訴訟費用の爆発的増大といった訴訟制度の機能不全があるようですが，ほかに，法的正義への普遍的アクセスを保障する必要性が広く共有され，痛感されるようになったこと，ゼロサム・ゲームでなく，当事者にとって満足度の高い解決，いわばウィン・ウィン・ソリューションを図るのが望ましいこと，経済活動の国際化に伴う国際紛争を処理するにあたって法文化的中立性を確保した紛争処理方法が必要であること，なども指摘されています。これらは，ひとつひとつが独立した意味をもっているというより，複合的に相互関連して背景をなしているとみるべきでしょう。

ADRのもつ長所

その結果，ADRがもっている影の部分よりも光の部分，つまり紛争処理方法としての望ましさが輝きを増すようになってきたのです。まず，手続を簡略化することで（インフォーマライゼイション），それだけ手続にかかる時間や費用の節約が期待できます。訴訟のように三審制にする必要もなく，一審かぎりとすれば，もっと早く紛争は決着するはずですし，審理やその結果を公開しないことにすれば，プライバシーや営業秘密などに配慮することもできます。また，ADRの主宰者や代理人として，法曹資格を有する者でなくても，その紛争領域に精通している専門家を据えることが許されれば（デプロフェッショナライゼイション），複雑で厄介な鑑定などの手続によらなくても，そうした専門家の知見を利用しての真実の解明が期待できるようになるだけでなく，実定法以外の紛争解決基準の適用可能性を視野に入れることで（デリーガライゼイション），法律上の権利義務の存否だけにこだわらず，個別事件の実情に適合した柔軟な解決が得られるようになるでしょう。

たとえば，電子商取引を含め，国際取引をめぐる紛争処理にあっ

ては，これを裁判で解決しようとすると，国際訴訟 の事実上ないし技術的な困難さや理論面での不透明さなどが障害となりうるために，ADR の基本的特徴を活かし，法文化的中立性を確保しやすい国際仲裁によることが好まれるようで，こうした ADR のグローバル・トレンドは，実際にも多くの契約書のなかに仲裁条項が挿入されていることに象徴的にみてとれるといえます。

2　ADR 手続の2つの基本型

調整型（合意型）ADR の特徴

　まず，調整型 ADR があります。これは，紛争解決が当事者の合意によってもたらされる型の ADR 手続であり，中立的第三者は，当事者が任意に合意できるよう，利害や意見の調整役を果たすにすぎません。中立的第三者が解決策を提案することもありますが，当事者はこれを受諾しなければならないわけではなく，拒否することもできます。この型の紛争処理の核心は，あくまで当事者の和解にあるのです。ですから，この調整型 ADR では，当事者自身がその和解内容に納得して合意するのですから，満足のいく解決が図られるという利点がある反面で，和解内容に合意できないかぎり紛争解決はされないという難点も抱えることになります。

調整型 ADR の代表例 ── 調停

　調整型 ADR には，あっせん，仲介などとよばれるものがありますが，代表的なものは 調停 です。

　調停というとき，わが国に特徴的なのは，いわゆる 司法調停 が中心となっていることです。司法調停には，民事調停（民調 1 条）と 家事調停（家審 17 条）とがありますが，いずれも裁判官と民間人

から構成される調停委員会によって裁判所内で行われ，調停が成立して 調停調書 が作成されると，裁判上の和解と同一の効力，したがって確定判決と同一の効力が認められます（民調16条，民訴267条，家審21条）。調整型 ADR の本質は当事者の和解ですから，本来は，それ以上の効力，つまり契約以上の効力（民695条・696条）は与えられないはずです。にもかかわらず，確定判決と同一の効力が認められているという意味で，いささか特殊かも知れません。ですが，わが国では，司法調停は，新受事件数で比較すると，訴訟事件との対比がおおむね2対1であることをみても，かなりの実績を挙げていることがわかります。これは裏を返せば，司法調停に寄せる期待がどれだけ大きいかを示しているということでしょう。

　裁判所以外の機関で行われる調停やあっせんもあります。けれども，司法調停と比べれば，よりインフォーマルなものですし，また，そこでの効力も，基本的には，確定判決と同一の効力が認められることはありません。

紛争処理の前段階 ── 相談・苦情処理

　なお，相談 とか 苦情処理 とよばれる，さらに一層インフォーマルというか，紛争処理の前段階に当たるものも，ここに含められることがあります。こうしたサービスを提供する機関によって，その細目は必ずしも同じではないのですが，苦情についての相談を受け付け，事情聴取を行い，必要があれば関係機関への照会や事実関係の調査などを実施して，情報提供をするというのが基本です。これを契機として当事者間で自主的な交渉が行われたり，調停やあっせんに進んだりすることもあって，紛争処理機関のイン・テークとしての役割を果たしているということもできるでしょう。

2 ADR 手続の 2 つの基本型

🔖 裁断型（決定型）ADR の特徴

いまひとつは，裁断型 ADR です。これは，中立的第三者が争いのある事実を認定し，一定の紛争解決基準に従って下した裁断を当事者は受諾しなければならないという ADR 手続です。つまり，この裁断型 ADR では，当事者が納得していなくとも，中立的第三者が下した裁断をもって終局的に紛争を決着させることができることになります。そうすると，裁断型 ADR は，裁判と同じなのでしょうか。たしかに，その基本構造は同じですが，裁判と異なるのは，この裁断型 ADR によるという当事者の合意がなければ，そもそも裁断型 ADR を開始できないところです。いうなれば，調整型 ADR では紛争処理のゴールでの合意が中核となるのに対して，裁断型 ADR ではスタートでの合意が必要になるのです。

🔖 裁断型 ADR の代表例 ── 仲裁

裁断型 ADR には，裁定とよばれるものもありますが，**仲裁** が典型です。

仲裁は，仲裁人に対して一定の紛争についての裁断を委ね，その裁断（**仲裁判断**）に服する旨の仲裁合意に基づいて行われます。仲裁では，訴訟でいえば裁判官に当たる仲裁人を当事者自身が選任できますし（仲裁17条），また，仲裁手続の進行やその準則についても当事者の合意によって定めることができるのが原則です（仲裁26条）。さらに，仲裁判断には確定判決と同一の効力が認められるので（仲裁45条1項），これに基づいて強制執行をすることもできますが（仲裁46条1項，民執22条6の2号），他方で，仲裁手続に重大な瑕疵があるときには仲裁判断の取消しを求めることができ，強制執行が許されなくなるという規制も受けます（仲裁44条・46条8項）。このように，仲裁には訴訟と変わらない法的効果が与えられ

ながらも，訴訟より広い自由が当事者に認められています。仲裁が「注文制の裁判」であるといわれるゆえんです。

利用されにくい仲裁制度

調停と比較すると，わが国における仲裁の利用は，ごく最近になって比較的良好な実績を挙げている機関もないわけではないのですが，著しく低迷しているのが実情です。その原因は必ずしもはっきりしないところもありますが，仲裁合意が対象としている紛争について裁判所の審判を求めようとしても，そのような訴えは却下されてしまうことや（仲裁14条1項），仲裁は通常は一審かぎりなので，仲裁判断に不服があっても争うことができないことなどに対する漠然とした不安が，仲裁という紛争処理方法についての知名度の低さもあって，仲裁合意というスタートでの合意を難しくしている面もあるのかもしれません。

なお，裁定というときは，仲裁判断のように確定判決と同一の効力が与えられるわけではないものとして用いられることが多いようです（たとえば，公害紛争42条の20）。

いろいろな ADR 手続

ADR は，基本的に当事者の意思による任意的で自律的な紛争処理方法ですから，調停や仲裁といった代表的な方法以外にも，まさしく当事者の意向いかんによって，任意の手続を自在に創造していく可能性を内在的に秘めています。

たとえば，「1998年 ADR 法」を制定し，連邦地方裁判所に ADR の利用を義務づけるようにするなど，いまや ADR のフロンティアともいえるアメリカでは，強制仲裁，早期中立的評価，ミニ・トライアル，サマリ・トライアル，レンタ・ジャッジなど，新たな ADR の手法が多く考案され，また，実際にも利用されるように

なっています（詳しくは，稲葉⑨ 99 頁以下，三木⑩ 73 頁以下など。また，伊関⑪ 2 頁以下，川嶋⑫ 156 頁以下参照）。

社会的弱者にも配慮した ADR ── 片面的仲裁

あるいは，調停や仲裁といった代表的な方法を基本にしながら，これらを組み合わせるなどして，新しい ADR 手続の型を工夫することも考えられます。たとえば，**片面的仲裁** は，そのひとつの好例といえるでしょう。これは，交通事故紛争処理センターの審査会で行われているものです。交通事故被害者と保険会社との紛争について審査会が下した裁定を，被害者は拒否することもできるのですが，受諾したときには，保険会社はこれを尊重しなければならないというインフォーマルな協定があるために，片面的な拘束力にとどめられているわけです。仲裁は，本来は，当事者双方を仲裁判断をもって終局的に拘束するものですが，これでは，紛争類型や当事者の関係いかんによっては，そもそも仲裁合意を締結することさえ難しいことがあります。この片面的仲裁というアイディアは，対等性を欠く当事者間であっても社会的弱者に不利にならないようなかたちで，ADR の利用が可能になることを示していると評価できるでしょう。

調停と仲裁を組み合わせる ── 調整・裁断連結型 ADR

また，本質的には異質であるはずの調停と仲裁を組み合わせて行う，**調整・裁断連結型（混合型）ADR** 手続もあります。これは，調停と仲裁がもつ利点と難点を相互に補完するようなかたちで段階的に組み合わせて行うもので，複合的な ADR ということができます。とりわけ，わが国では，仲裁合意を紛争処理手続の当初から取り付けることが困難であるという現状があるために，さしあたって拘束度のさほど強くない調停から入って，和解できるかどうかを試みる，あるいは，当事者双方の信頼を得てから仲裁合意を締結してもらっ

て仲裁に移行する，こうしたかたちの ADR は実効性のあるものといえるでしょう。各地の単位弁護士会のセンターで行われている仲裁は，実際には，このような姿であることが多いようです。理論的には，こうした複合的な ADR は，異質な ADR の組合せであるために，手続の透明性や公正さの確保という観点からは問題がないわけではなく，また，強い批判が寄せられているのも事実ですが，手続の主宰者はもちろんのこと，これに携わる関係者全員がこれらの問題を十分に意識して，周到に対処するならば，健全な運用が期待できるでしょう（これについては，第二東京弁護士会編⑬参照）。

　ちなみに，新しい仲裁法は，仲裁手続において仲裁人は当事者双方の承諾を得て和解を試みることができ，そこで和解が成立したときは，当事者双方の申立てを受けて，仲裁人はその和解内容に基づく決定をすることができることを明文をもって定めましたから（仲裁38条），複合的な ADR のひとつである仲裁手続における和解について，法的な根拠が与えられることになりました。

3　ADR を提供する機関

　ADR サービスを提供する機関は，その設立主体によって，いくつかに分類できます。提供される ADR サービスも，機関ごとにさまざまです（以下の各種 ADR 機関の詳細については，判タ728号⑭1頁，ジュリ1207号⑮10頁，大川ほか編⑯参照）。

行政型の ADR

　第一は，行政型で，独立の行政委員会や行政機関によるものがこれです。中央労働委員会，地方労働委員会，公害等調整委員会，都道府県公害審査会，中央建設工事紛争審査会，都道府県建設工事紛

争審査会,国民生活センター,都道府県消費生活センターなど,多くの機関があります。

弁護士会型のADR

　第二は,弁護士会型です。1990年に第二東京弁護士会が立ち上げた「仲裁センター」が予想以上の成果をみせたこともあって,その後,多くの単位弁護士会に広がっていきました。もっとも,仲裁・あっせんセンター,民事紛争処理センター,法律相談センターなど,その名称はさまざまです。また,日本弁護士連合会と日本弁理士会が共催して,1998年に設立したのが,工業所有権仲裁センターです。これは,工業所有権に関する紛争のほか,2000年8月21日に締結された,社団法人日本ネットワークインフォメーションセンターとの協定により,JPドメイン名登録にかかわる紛争を扱っています。

民間型のADR

　第三は,民間型の常設仲裁機関で,わが国では,日本海運集会所,日本商事仲裁協会が代表的なものです。仲裁だけを業務とするのでもないのですが,仲裁の不振ということが如実に表れていて,仲裁処理件数があまりに少ないという問題を抱えています。

業界型のADR

　第四は,業界型で,財団法人や社団法人となっているもの,各種業界が設立しているものなど,多くの機関があります。たとえば,交通事故紛争処理センター,クリーニング賠償問題協議会,日本クレジット・カウンセリング協会,日本証券業協会,東京都貸金業協会などですが,最近の動きとしては,製造物責任法との関係で製品分野ごとに設立されたPLセンター,また,いわゆる住宅品質確保法の制定(平成11〔1999〕年)を契機とする,建設大臣指定にかか

る各地の単位弁護士会や公益法人による住宅紛争処理機関が注目されます。

なお、これらのADR機関のなかには、すぐ後に説明するように、いわゆるADR法の制定に伴い、認証を受ける機関も多くなってきています。

4 ADRと司法制度改革

基本政策としてのADRの拡充とその基盤整備

司法制度改革審議会「意見書」では、「司法の中核たる裁判機能の充実に格別の努力を傾注すべきことに加えて、ADRが、国民にとって裁判と並ぶ魅力的な選択肢となるよう、その拡充、活性化を図るべきである」とし、「多様なADRについて、それぞれの特長を活かしつつ、その育成・充実を図っていくため、関係諸機関等の連携を強化し、共通的な制度基盤を整備すべきである」との提言がされました。こうした方向性に沿って集中的に進められた司法制度改革の成果として、ADRにかかわる新たな立法がされています。

新しい「仲裁法」の制定

新しい「仲裁法」は、平成15（2003）年に成立、平成16（2004）年3月1日から施行されました。

わが国における仲裁に関する基本法は、明治23（1890）年制定の民事訴訟法におかれた「第八編　仲裁手続」、その後の改正により名称変更がされた「公示催告手続及ビ仲裁手続ニ関スル法律」で、長らく改正されないままでいました。こうした旧態依然の仲裁法であることがわが国における仲裁不振の原因の1つであるとの指摘もされていたため、利用しやすく実効的な仲裁制度を構築する見地か

ら，仲裁の基本事項を定める単行法として制定されたのが，新しい仲裁法です（以上について，小林=近藤⑰参照）。

新しい仲裁法は，すでに国際標準として評価され，諸外国においても多く採用されていた，1985年の国際連合国際商取引法委員会（UNCITRAL）による「国際商事仲裁モデル法」にできるだけ沿いながらも，国際商事仲裁に限定することなく，内国の民商事仲裁や消費者ないし労働者を当事者とする仲裁をも取り込んで，いずれの仲裁にも適用されるものとして立法されました。

その意味で，この新しい仲裁法は，包括的な仲裁の一般法であるということができます。今後，さまざまな紛争類型に応じた仲裁プラクティスが生成され，発展していくとともに，いくつかの解釈論に委ねられた問題を中心に，それらの理論的深化も進んでいけば，わが国における仲裁制度が全体として活性化していくものと期待されます（新しい仲裁法については，三木=山本編⑱，出井=宮岡⑲，中村⑳，小島=高桑編㉑参照）。

ADR法の制定

「裁判外紛争解決手続の利用の促進に関する法律」，いわゆるADR法は，平成16（2004）年に成立し，2年ほどの周知および準備の期間を経て，平成19（2007）年から施行されました。

ADR基本法のような法整備を進めることは世界的潮流としてみられていたところで，かねてよりわが国においても，ADRに法的基盤を与えてその利用促進を図るとともに，裁判手続との連携強化のための基本的枠組みを用意すべきことが望まれていました。これに応えるべく，ADR法は制定されたのです（以上について，小林㉒参照）。

ADR法にいう「裁判外紛争解決手続」とは，「訴訟手続によらず

に民事上の紛争の解決をしようとする紛争の当事者のため，公正な第三者が関与して，その解決を図る手続」をいいます（1条）。ADR法は，このADR一般について，その基本理念と相互の連携協力義務（3条），国や地方公共団体が負うべき責務（4条）を定めてはいるのですが，その中心は，とくに「民間紛争解決手続」（2条1号），そして法務大臣の認証を受けて（5条），業務として行う「認証紛争解決手続」（2条3号）におかれていて，これらの具体的な法的効果とその前提として要求される認証，その要件や手続などについての規律を定める規定が大部分を占めています（なお，認証**紛争解決事業者**の一覧については，かいけつサポート㉓を参照）。

今後の見直しにむけた検討課題

もっとも，立法のための検討段階では，特例として規定がおかれた，時効中断効の付与（ADR 25条）などのほかにも，すべてのADR手続に関する法律効果を定める規定（たとえば，ADRに対する執行力の付与）や，裁判外紛争解決手続の準則を定める規定（いわゆる調停手続法的なルールの整備）についても議論はされましたが，慎重な検討がされた結果，見送られることになりました。まったく新しい法律として制定されたADR法は，なおも中長期的にみれば，いくつかの課題を残したものとなっていて，ADR法の施行から5年の期間経過後に予定されている見直しにおいて，認証ADR機関の利用の実情を踏まえ，また，ADR利用者の権利保護にも十分配慮しつつ，その採用の是非を慎重に検討すべきものとされています（ADR附則2条）。

(1) ADRに執行力を与えるべきか？

まず，ADRに執行力の付与ができるかどうかは，たしかに1つの大きな論点です。ADRの実効性確保という観点からは，利用促

進に資する面があると考えられるからです。ですが、他方では、濫用のおそれがないわけでもありませんし、むしろ ADR を執行と切り離すところに ADR の妙味があるとの見方もありえます。その可否については、理論的な検討を詰めておく必要があるでしょう。

(2) 手続法的なルールの整備

つぎに、一般的な手続準則については、すでに 2002 年には UNCITRAL によって「国際商事調停モデル法」が策定されていることも踏まえつつ、世界各国の状況をにらみながら、わが国でもそのような法整備を進めるべきかどうか、検討していく必要があるでしょう。ただし、ADR は、もともと当事者の自律に委ねられ、自在に生成発展していく可能性を秘めた紛争解決なのですから、そのような自由をいたずらに規制することなく、ADR の特質である柔軟性や任意性を阻害しないよう、十分な配慮が求められるでしょう。

ADR 機関の質の向上にむけて

また、それらのこととは別に、今次の立法は、民間型 ADR がこれまでわが国で十分に機能してこなかったのは信頼性や法的効果の欠如にその原因があるからであるとみて、認証機関による ADR に限定するなど、ADR を標準化ないし均質化しようとする考え方に基づいてなされたものであるとして、批判的な評価もないではありません。認証を受けた ADR 機関だけでなく、認証を受けない ADR 機関も、事実としては、ADR サービスの提供活動をすることはできるのですから、その質の向上はそれぞれの機関の自主性に任されるとしても、国民の ADR に対する信頼が一層醸成されていく必要があることを思うとき、今後どのようにしてそれらの機関に自助努力を促すことができるかも、1 つの課題といえるでしょう。

5 ADRの新しい動き —— 個別の紛争領域あるいは機関

新しい動き①——スポーツ紛争ADR

2003年4月，競技者と競技団体等との紛争の仲裁による円滑な解決のための事務を遂行し，スポーツ界の発展に資することを目的として，「日本スポーツ仲裁機構（JSAA）」が設立されました。JSAAは，2007年7月6日，ADR法に基づく第1号の認証を受けたADR機関です（以下について，道垣内㉔79頁以下，早川㉕2頁以下参照）。

JSAAが対象とするのは，スポーツに関する紛争一般ですが，とりわけドーピング紛争については，2001年に「日本アンチ・ドーピング機構（JADA）」が設立されており，ドーピング検査の結果，違反が認められると，まず「日本ドーピング防止規律パネル」により制裁措置が決定され，これに不服があるときは，それぞれの事案に応じて，スイス・ローザンヌに本部をおく「スポーツ仲裁裁判所（CAS）」か，日本のJSAAに対して，いわば「上訴」をすることができるような仕組みになっています。

スポーツ紛争ADRの意義と課題

スポーツ競技者やコーチと競技団体との間に生じる紛争は，裁判所において解決を求めることのできる「法律上の紛争」（裁3条）に必ずしも該当しないものもあります。また，競技大会開催期日が迫るなかで代表者選考をめぐる紛争の解決を訴訟に求めるのでは，時間切れになるのは明らかでしょう。こうした要請に応え，迅速に，事案に応じて柔軟な解決を探ることのできる紛争解決方法が，スポーツ仲裁だといえます。

もっとも，これも仲裁である以上，競技者から仲裁申立てがされ

ても，競技団体がこれを応諾しなければ，仲裁手続を開始することはできません。そのために，そのような申立てがあったときは，各種競技団体は自動的に応諾すべきことの確約を得ておく必要がありますが，現在のところ，多くの賛同は得られていないようです。その背景にはスポーツ界に特有の事情もあるのかもしれませんが，理解が得られるよう努力を続けていくことが望まれるでしょう。なお，JSAAは，仲裁とは別に，2006年，「スポーツ調停規則」を施行して調停業務も行うことができるよう，その基盤を整備しました。

新しい動き②──医療紛争ADR

わが国は，いまや医療崩壊の危機に直面しているといわれます。医療事故をめぐって提起される民事訴訟の数がこのところ急速に増加しつつある現状が背景にあって，医師不足や診療拒否などの深刻な事態が生じているのですが，いうまでもなく，このことはすべての国民にかかわる問題です。医療紛争をいかに適切に処理することができるかは，わが国の医療を救う1つの大きな役割を果たすはずです。

なぜ医療紛争ADRが必要となったのか？

医療関係者に対する訴訟件数の増加は，一見すると，患者や家族の権利意識の高まりの反映であるとみることもできます。ですが，そのことと，民事訴訟が，医療紛争の解決に求める患者らのニーズに十分に適合しているかどうかとは別の問題です。一口に医療紛争といっても，医師に過失があったかどうかを争う，深刻で法的意味合いの強いものから，医師と患者らとのコミュニケーション不足から行き違いが生じてこじれたものまで，さまざまなものがあり，しかも決して単線的でなく，多面的なものであるのが通常です。けれども，民事訴訟という場では，あくまで権利が認められるかどうか

を法にのっとって判断すべく，それに必要なかぎりでの事実について医師と患者らとの対立構造のもとで多大な時間と費用をかけて争われるだけで，事故原因の全体的な究明や分析，そしてこれらを踏まえての再発防止策の検討などは取り上げられることはありません。これでは，患者や家族の多様なニーズのすべてを，到底，みたすことはできないでしょうし，このことは，医師にとっても，実のところ，同じであることもあるでしょう。ここに，医療紛争 ADR が必要とされる理由があるのです。

医療紛争 ADR の検討課題と最近の話題

こうした認識のもとに，法律家だけでなく医師などの協力も得て，医療紛争 ADR の研究が進められてきてはいるものの，専門家の協力や担当者の確保，医師賠償責任保険の利用，運営資金の調達など，検討すべき課題はなお残されているようです（たとえば，判タ 1271 号㉖40 頁参照）。

なお，最近の動きのひとつとして，2008 年 2 月，「医療 ADR 協議会」（会長・新堂幸司・東京大学名誉教授，研究会会長・高久史麿・日本医学会会長）が発足し，「医療崩壊の防止」「医療の再生」などをテーマに，記念シンポジウムが開催されたことがあります。医師や法律家のみならず，医療問題に関心のある者に開かれた組織であるとのことであり，これからの研究成果が大いに注目されます（これについて，西口㉗6 頁以下参照）。

新しい動き③ ── 金融紛争 ADR

金融分野における紛争の解決のため，すでに銀行や証券，保険などの業界ごとの処理機関が設立されてはいるのですが，単に個別企業に回されるだけで裁判外での迅速な処理機関としての役割を果たしていないなどの不満も強く，それらの評判は必ずしも好意的なも

のばかりではありませんでした。

そこで，金融商品やサービスの複雑化に伴って，それらをめぐる紛争も増大しつつあることから，2000年に金融審議会などの提言を受けて発足した「金融トラブル連絡調整協議会」などを中心に，苦情の受付けから相談，仲裁などまでの一貫した手続が用意できるかどうか，そのための法整備をする必要があるか，これまで必ずしも十全な対応をとってきたとはいえない金融業界の意識改革を強く促しつつ，早急な検討が進められています。

なお，金融商品取引法が，認定投資者保護団体による，統合的なADRの枠組みを設けたことから（79条の7），金融商品ごとに分断されている現状とは異なって，利用者にとっては，よりアクセスしやすいものとなっていくことが期待されます。

また，ADR法に基づく認証との関係では，日本証券業協会が，協会員および金融商品仲介業者と顧客との間の紛争のうち有価証券の売買その他の取引等に関する紛争を対象に，「証券あっせん・相談センター」を設立し，第15号の認証（2008年6月30日）を受けています。

新しい動き④──倒産ADR

個人がいわゆる多重債務者であるときは，業界型ADRとして，日本クレジット・カウンセリング協会が，家計の悪化した事情などにまで踏み込んでカウンセリング・サービスを行い，弁済計画の立案やその履行について助言をしているようです。ただ，直接に債権者と債務の減額についての交渉まですることはないとのことですから，債務額の調整や債務残額の再計算をしたうえでの弁済計画の立案となると，他の弁護士会ADRなどの利用か，あるいは，司法型ADRとしての特定調停手続の利用が考えられることになります。

これに対して，債務者が法人のとき，特定調停手続を利用することはできますが，それとは別に，**事業再生 ADR** を利用することも考えられます。倒産処理の基本型としては，法的整理と，裁判所が介入しない私的整理とに分けられますが，倒産処理の局面にあっても ADR の特長を活かすべく，その私的整理の枠組みにおいて，手続の透明化ないしルール化を進め，公正かつ経済合理的な再生計画を策定し，債権者の合意を調達しようとする試みとして，事業再生 ADR が構想されるに至ったのです。その法的根拠は，産業活力再生特別措置法の平成19（2007）年改正によって導入された，「特定認証紛争解決手続」（2条26項）にあり，これは ADR 法に基づく認証紛争解決手続です（詳細については，山本㉘ 387頁以下参照）。

　2008年10月29日には，事業再生実務家協会が，事業再生に関する紛争についての ADR 機関として，第21号の認証を受けましたから，今後，どのようにこれが活用されていくか，大いに注目されるところです。

新しい動き⑤ ── 司法書士会による ADR

　弁護士会のほか，司法書士会や土地家屋調査士会，社会保険労務士会などにも，ADR 法の制定を契機として，認証 ADR 機関を立ち上げる動きがみられるようになっています。

　たとえば，神奈川県司法書士会は，2008年6月13日，他の司法書士会に先駆けて，第14号の民間 ADR 機関としての認証を受け，「神奈川県司法書士会調停センター」を設立しました。「神奈川県司法書士会調停センター」では，せっかく裁判外での紛争解決を目指すのなら，従来型の紛争解決手続に寄せられていた批判を回避するような方法によるべきだと考え，これまで神奈川県司法書士会が研究を重ねてきた，いわゆる北米型の メディエーション の方法による

調停を実施するのが最良の選択であると判断して，この方法を中心に据えた紛争解決を狙っているとのことです（詳細について，加藤㉙45頁以下参照）。ここには，新たなADR機関の姿が，そして意欲的なADRの姿が提示されているといってよいでしょう。他の司法書士会では，東京司法書士会の「東京司法書士会調停センター」（2008年12月10日，第22号認証）も続いています。

社会保険労務士会の動き

また，他のいわゆる隣接法律専門職についてみると，たとえば，京都府社会保険労務士会が，労働関係に関する事項についての個々の労働者と事業主との間の紛争を対象として「社労士会労働紛争解決センター京都」（2008年6月9日，第13号認証）を，全国社会保険労務士連合会は「社労士会労働紛争解決センター」（2008年7月11日，第17号認証）を設立しています。

個々の労働者と使用者の間で生ずる紛争について

ちなみに，ADRに分類できるか微妙なところがないではないのですが，いわゆる個々の労働者と使用者との間で生じる個別労働関係民事紛争を対象として，その紛争の実情に即した迅速で適正かつ実効的な解決を図ることを目的とする紛争解決手続として，今次の司法制度改革の一環として，平成16（2004）年に成立した「労働審判法」に基づく **労働審判制度** があり（1条），平成18（2006）年4月1日から施行されています。地方裁判所の裁判官（労働審判官）1名と，労働関係につき専門的な知識経験を有する者（労働審判員）2名で構成される合議体（労働審判委員会）がその紛争処理に当たることになっていることもあり（労審7条から9条参照），好意的な評価をもって受け入れられ，おおむね順調な滑り出しをみせたようです（以上について，菅野ほか㉚，大竹㉛32頁以下参照。**第7講義**も参照）。

隣地との境界線をめぐる紛争について

さらに，土地の境界問題をめぐる紛争解決のために，大阪土地家屋調査士会が「境界問題相談センターおおさか」(2007年12月17日，第6号認証) を，愛媛県土地家屋調査士会が「境界問題相談センター愛媛」(2008年1月25日，第8号認証) を立ち上げています。

こうした隣地との境界線をめぐる紛争については，平成18 (2006) 年の不動産登記法改正により **筆界特定制度**（123条以下）が設けられ，筆界特定登記官が，筆界調査委員（多くは土地家屋調査士）の協力を得て，迅速に筆界を特定することができるようになっています。ここでは，積極的に隣地所有者間の紛争解決を促すわけではないにせよ，特定された筆界の蓋然性は相当に高いとみられますから，これを客観的評価として後の境界紛争 ADR 機関に引き継がせ，全面的な紛争解決をめざすという方向も考えられます。

いずれにせよ，今後，このような動きが全国規模で広がっていくならば，それぞれの隣接法律専門職にかかる領域の紛争ごとに，それぞれの専門職の助言を得ながら事案に即して解決していくために利用可能な ADR 機関の選択肢が，相互に呼応しながら，大幅に増大していくことになり，まさに市民にとって身近な存在としての意義が高められていくことでしょう。

6 ADR の今後の展望

ADR は二流の正義ではない

民事紛争が正義にかなうよう，迅速に処理されるべきことは，社会の要請です。訴訟に代表される裁判上の紛争処理がこうした要請をみたすべきものであることに疑いはありませんし，また，そうで

あるように，これからも不断の努力を続けていかなければならないのもいうまでもないことです。かといって，すべての民事紛争が裁判所によって処理されなければならないとするのは，その人的ないし物的リソースが限られている現実からすると，やはり限界があるといわなければなりません。

現実社会において生じる紛争は，その熟度や種類，類型ごとに，さまざまです。深刻な権利侵害もあれば，いまだ顕在化しないで苦情にとどまっているものもあります。個人と個人の紛争もあれば，個人と企業，企業と企業の紛争もあります。それぞれの紛争の実情が異なるのであれば，それぞれの事情に応じて，当事者は最適な処理方法を選択することが許されてよいはずです。このように考えるならば，ADRは，裁判との関係で，決して単なる例外的な「二流の正義」にすぎないのではなく，裁判と並ぶ民事紛争処理方法として重要な位置を占める存在であるということができます。そうして，裁判とADRとが，民事紛争処理の，いわば車の両輪として，手続，人材，情報など多面にわたって相互に連関し，密接に連携していくことに努め，多元的な法的紛争処理システムが構築できるならば，この国における正義の総量は格段に増大することでしょう。

ADRを利用しやすくする必要性

そのためには，司法制度改革審議会意見書でされた提言を受けての成果は徐々に現れてきてはいるものの，今後さらなるADRの拡充を推進するとともに，利用しやすく魅力的なものに展開していく必要があります。もちろんADRも，「法の支配」の枠外にあるわけではありません。ADRが，その基本的特質を損なうことなく，しかも，公正さを保ち，透明度の高い紛争処理方法であるためには，実体と手続の両面から，どのように，どこまで法的コントロールを

及ぼすべきか，また，及ぼすことができるのか。これからの ADR の理論的課題は，これらを深めていくことにあるといえるでしょう。

＜ステップアップ＞
① 小島武司＝伊藤眞編『裁判外紛争処理法』(有斐閣，1998)
② 小島武司『裁判外紛争処理と法の支配』(有斐閣，2000)
③ 「第2特集・ADR の可能性」法セ 560 号（2001）25 頁
④ 小島武司『ADR・仲裁法教室』(有斐閣，2001)
⑤ 小島武司編『ADR の実際と理論 I』(中央大学出版部，2003)
⑥ 小島武司編『ADR の実際と理論 II』(中央大学出版部，2005)
⑦ 和田仁孝編『ADR　理論と実践』(有斐閣，2007)
⑧ 山本和彦＝山田文『ADR 仲裁法』(日本評論社，2008)
⑨ 稲葉一人「アメリカ連邦裁判所における ADR の現状と課題(2)」判時 1526 号（1995）9 頁
⑩ 三木浩一「アメリカ合衆国連邦地裁における訴訟付属型 ADR」石川明＝三上威彦編『比較　裁判外紛争処理制度』(慶應義塾大学出版会，1997) 73 頁
⑪ 伊関玄「1998 年 ADR 法──合衆国裁判所法改正」JCA ジャーナル 46 巻 3 号（1999）2 頁
⑫ 川嶋四郎「1998 年の『ADR 法』試訳」法政 68 巻 4 号（2002）1054 頁
⑬ 第二東京弁護士会編『弁護士会仲裁の現状と展望』(判例タイムズ社，1997)
⑭ 「特集・裁判外紛争処理機関の現状と展望」判タ 728 号（1990）1 頁
⑮ 「特集・ADR の現状と理論──基本法制定に向けて」ジュリ 1207 号（2001）10 頁
⑯ 大川宏ほか編『ADR 活用ブック　相談・紛争解決機関ガイド』(三省堂，2002) 10 頁

⑰　小林久起＝近藤昌昭『司法制度改革概説(8)民訴費用法・仲裁法』（商事法務，2005）
⑱　三木浩一＝山本和彦編『ジュリスト増刊・新仲裁法の理論と実務』（有斐閣，2006）
⑲　出井直樹＝宮岡孝之『Q&A新仲裁法解説』（三省堂，2004）
⑳　中村達也『仲裁法　なるほどQ&A』（中央経済社，2004）
㉑　小島武司＝高桑昭編『注釈と論点　仲裁法』（青林書院，2007）
㉒　小林徹『司法制度改革概説(7)裁判外紛争解決促進法』（商事法務，2005）
㉓　かいけつサポート「かいけつサポート一覧」（http://www.moj.go.jp/KANBOU/ADR/jigyousya/ninsyou-index.html）
㉔　道垣内正人「スポーツ仲裁をめぐる若干の論点」仲裁とADR 3号（2008）79頁
㉕　早川吉尚「スポーツ仲裁とドーピング紛争」ジュリ1369号（2008）2頁
㉖　「特集・医療ADRの現況」判タ1271号（2008）40頁
㉗　西口元（医事紛争研究会）「ロー・ジャーナル　医療ADR連絡協議会発足」法セ640号（2008）6頁
㉘　山本和彦「事業再生ADRについて」名法223号（2008）387頁
㉙　加藤俊明「神奈川県司法書士会調停センターの創設と将来的な課題」市民と法53号（2008）45頁
㉚　菅野和夫ほか『労働審判制度　基本趣旨と法令解説』（弘文堂，2005）
㉛　大竹昭彦「労働審判制度の施行状況と裁判所における取組」ジュリ1331号（2007）32頁

（猪股　孝史）

Bridgebook

第 *11* 講義

行政訴訟の改革

1　行政事件訴訟法の改正

　現在の行政事件訴訟法（以下，「行訴法」といいます）は，昭和37（1962）年に制定されて以来，平成16（2004）年に改正されるまで，他の法令の制定に伴う技術的な改正を除くと，42年もの間，一度も改正されませんでした。行訴法制定審議当時においてすでに国民の権利保護の観点から法案の内容についていくつかの問題点が指摘されており，また，その実態からも，行政訴訟が国民の権利救済に実効的機能を果たしていないとの指摘がつとになされていたにもかかわらず，改正されることがなかったのです。

　国民の経済活動に対する行政指導を多用した国（行政）のかかわり方の見直しおよび明確なルールに基づく法治行政の徹底を求める1990年代の規制改革論議の流れのなかで，法の支配の徹底のためには，その基盤となる司法制度を改革する必要があるとの認識が高まり，1999年に内閣に設けられた司法制度改革審議会は2001年6月に意見書を公表し，行政訴訟については「司法の行政に対するチェック機能を強化する方向で行政訴訟制度を見直すことは不可欠である」と指摘しました。この意見書を受けて内閣に設置された

司法制度改革推進本部 の 行政訴訟検討会 は，2004年1月に，①救済範囲の拡大，②審理の充実・促進，③行政訴訟をより利用しやすく，分かりやすくするための仕組み，④本案判決前における仮の救済の制度の整備，という4項目を掲げる「行政訴訟制度の見直しのための考え方」を公表し，これを基に立案された平成16 (2004) 年改正法案は，同年6月に全会一致で可決成立し，平成17 (2005) 年4月から施行されました。

2　改正法はどのようなものか

救済範囲の拡大の3つの試み

救済範囲の問題については，①取消訴訟の 原告適格 の有無に関する判断の適正を確保するために，当該判断の際に考慮されるべき利益の内容・性質等の要素を明示する条項（行訴9条2項）を追加し，②救済方法の拡充のため，抗告訴訟の新たな類型として，義務付け訴訟（行訴3条6項）と 差止訴訟（同3条7項）の2種類を追加するとともに当該訴訟の要件等を法定し（同37条の2，37条の3，37条の4），③確認訴訟の活性化を図るため，確認訴訟 が 当事者訴訟の一類型として提起可能であることを，「公法上の法律関係に関する確認の訴え その他の」という文言を当事者訴訟の定義規定（行訴4条）に挿入することで示すという，大別して3つの方法によってその拡大が図られました。

審理の充実・促進の試み

裁判所が釈明処分として，行政庁に対し，処分または裁決の理由を明らかとする資料や事件の記録の提出を求める処分を行うことができる旨を定める規定が新設されました（行訴23条の2）。

行政訴訟をより利用しやすく，分かりやすくするための仕組み

この点については，①抗告訴訟の 被告適格 を従前の 行政庁（大臣や首長）から当該行政庁の属する行政主体（国や地方公共団体）に変更し（行訴11条1項），②国を被告とする抗告訴訟の 裁判管轄 について，従前の管轄裁判所に加えて，原告の普通裁判籍の所在地を管轄する高等裁判所の所在地を管轄する地方裁判所にも提起できることとし（行訴12条1項・4項），③取消訴訟の 出訴期間 を従前の3ケ月から6ケ月に延長するとともに，出訴期間を不変期間としていた規定（改正前の行訴14条2項）を削除し，正当な理由があるときには6ケ月を超えることを許し（改正後の行訴14条1項），④行政庁は，取消訴訟等を提起できる処分または裁決を行う場合には，その相手方に対し，当該訴訟の被告とすべき者，出訴期間等について書面で教示しなければならないこととする 教示義務規定（行訴46条）を新設するという，大別して4つの方法により行政訴訟へのアクセスを容易にすることが図られました。

本案判決前における仮の救済の制度の整備

この点については，①行政処分の 執行停止 の要件を従前の「回復の困難な損害」から「重大な損害」へと緩和し（行訴25条2項），重大な損害かどうかの判断の際の考慮要素を明示する条項（同25条3項）を追加し，②抗告訴訟の類型として義務付け訴訟・差止訴訟を法定したことに伴い，本案判決を待っていたのでは償うことのできない損害が生ずるおそれのある場合に，緊急にその損害を避ける方法として，仮の義務付け および 仮の差止め の制度を新設するという，大別して2つの方法により市民の権利保護の実効性を高める方途を講じました。

3　行政事件訴訟法の改正の背景

改正前の行政訴訟の件数

　平成16（2004）年の行訴法改正にどのような意義があるのかを検討するには，改正前における行政訴訟の運用実態を十分に理解しておく必要があると思われます。

　全国の裁判所に近年毎年新たに出訴される行政事件の総数は2千件程度です。これでも以前と比べると相当増えてきたのですが，そのかなりの部分は入管難民法にかかる外事関係訴訟（近年の行政事件の増加傾向に大きく影響しています），税務訴訟，住民訴訟等で，許認可事務その他の一般的な行政処分に関するものの割合は大きくありません。約1万件ともいわれる許認可権限を有する中央省庁や1,800を超える地方公共団体が毎年下している行政処分の総数は想像を絶するくらい膨大なものでしょう。その数に比して行政訴訟の数が顕著に少ないのは，わが国では，欧米でなら当然に訴訟になるような事例ですら，法律問題として法的解決策を探ろうとはされず，ましてや訴訟にまでいたることはまれであるためだといわれています。

なぜ市民は行政訴訟をおこさないのか

　わが国ではなぜ市民は行政訴訟をおこさないのでしょうか。それは市民が行政訴訟に自分の権利を守る手段としての期待をいだいていないためだといわれています。その原因としては，行政訴訟の訴訟形式が行訴法によって限定されており，また行政訴訟特有の基本構造からくる，乗り越えること自体が必ずしも容易ではない制約を越えなければ **本案審理** にいたらず，本案審理に到達したとしても請求が認容されるかどうかの見通しをたてにくいということが主要

因，そして行政訴訟の遂行能力が豊かな弁護士が不足しているということが副要因となっていたように思えます。

さらに，行訴法が，行政の作用を，社会秩序維持のために市民の権利・利益を規制する，いわば古典的行政行為としてとらえ，違法な行政処分の直接の相手方となった私人の救済を基本として行政訴訟制度を規定している（**古典モデル**）ため，福祉国家時代の行政に求められる多様な現代的機能に的確に対応できず，市民の期待に応えきれないという限界があります。

たとえば，不当景品類及び不当表示防止法（景表法）による公正競争規約の認定制度（12条）は，公正取引委員会（行政庁）の事業者に対する関係では古典的権力関係ですが，行政庁と消費者たる一般市民との関係はそれとは明らかに異なる関係であり，同質の問題としては論じられません。

また，行政指導のような作用を，行政処分を前提とする古典モデルのなかで論じることには困難な部分があります。「揺りかごから墓場まで」とも表現される現代福祉国家行政における行政と市民（企業）とのかかわり方は多様化している（**現代モデル**）にもかかわらず，それにみあうかたちで，市民の権利・利益を保障・救済するための（現代型）訴訟制度が適切に整備されているとはいいがたい状況であるため，訴訟をおこしたくともおこせないケースが少なくないのです。

4 訴えを提起できる人が多くなった── 原告適格の拡大

3つの訴訟要件

訴訟において請求に理由があるかどうかの審理を受けるには，ま

4 訴えを提起できる人が多くなった——原告適格の拡大

ず **訴訟要件** を充足する必要がありますが，民事訴訟とは異なり行政訴訟，ことに現代型訴訟においてはこの問題が争点になることが少なくありません。抗告訴訟において問題となる要件の主なものは「**処分性**」「**原告適格**」「**訴えの利益**」の3つですが，たとえば先に挙げた景表法の認定についていうと，認定申請を行った企業が認定拒否処分を争う資格を認められることについては疑問の余地はないでしょう。しかし，不適切な認定によって消費者の利益が害されると考える市民にその認定を取り消せと請求する資格が認められるでしょうか（判例①参照）。

訴えをおこせるのは誰か？

改正前の行訴法9条は「取消を求めるにつき **法律上の利益を有する者** に限り」取消訴訟を提起することができるとだけ規定し，処分の相手方に限らず「法律上の利益」を有する者にも原告適格を認めていたため，その範囲を画する「法律上の利益」の意味するところをめぐって「**法律上保護された利益説**」と「**保護に値する利益説**」という考え方が対立し，判例は前者の立場をとってきています（判例②～④参照）。この判例の基本姿勢は行訴法改正の前後を通じて一貫しており，小田急高架化事業認可処分取消請求訴訟大法廷判決（判例⑤）においても「当該処分の取消しを求めるにつき『法律上の利益を有する者』とは，当該処分により自己の権利若しくは法律上保護された利益を侵害され，又は必然的に侵害されるおそれのある者をいう」と判示しました。

改正法の内容

しかし，法律上保護された利益とはいっても，行政権限を規定する個別の法律中に保護される利益が明記されていることは少なく，いずれの説にたっても，どのような利益が法律上の利益に該当する

153

そこで、今回の改正では、「法律上の利益」の有無を判断するにあたっては、当該処分または裁決の根拠となる法令の規定の文言のみによることなく、①「当該法令の趣旨及び目的」と②「当該処分において考慮されるべき利益の内容及び性質」を考慮するものとし、③前記①の考慮にあたっては「当該法令と目的を共通にする関係法令があるときはその趣旨及び目的」をも参酌するものとし、④前記②の考慮にあたっては「当該処分又は裁決がその根拠となる法令に違反してされた場合に害されることとなる利益の内容及び性質並びにこれが害される態様及び程度」をも勘案するものとする基本指針を新たに規定し（行訴9条2項）、原告適格を拡大する方向で不明確性を解消しようとしました。先の小田急判決も「処分の相手方以外の者について上記の法律上保護された利益の有無を判断するに当たっては、」行訴法9条2項の規定する方法によるべきであることを確認しています。

改正法の評価

今回の改正は、原告適格そのものについての規定（行訴9条1項）には触れず、判断指針規定を追加するにとどまるものであるため、原告適格を拡大するものではなく、すでに最高裁が **新潟空港騒音訴訟判決**（判例⑥）や **もんじゅ訴訟判決**（判例⑦）で示していた趣旨を精緻化したにすぎないとの評価もあります。しかし、裁判所が常に関係法令の趣旨等を考慮・勘案すべきことが、特定事案における最高裁判所の具体的判断手法として判示されたにすぎない状況と、行訴法に明記されたこととでは、その効果は大いに異なるのであって、行訴法9条2項は原告適格の拡大を促すものと認識できるのであり、立法者の意思はまさにそこにあるのです。

5　法定抗告訴訟の増加

訴訟類型が増えた理由

　現実の行政訴訟の大部分は抗告訴訟であり，今回の改正でかつて無名（または法定外）抗告訴訟として論じられた義務付け訴訟と差止訴訟が法定され，法定抗告訴訟は6種類に増加しました（**第3講義**を参照）。両者が，学説上古くから論じられ，可能性が承認されていたにもかかわらず，法定されなかったのは，三権分立の思想のもとで行政の第一次判断権を尊重し，司法府が行政の権限を事実上代位行使することとなるのは好ましくないと考えられたためです。

　しかし，事後的に処分の取消しを求めるよりも，行政に一定の権限行使を義務づけたり，違法な処分の執行前にその処分の執行を差し止めるという，事前救済の方が事後救済よりも市民の権利保障の観点からは実効的であり，ことに多数市民にかかる公益が問題となる現代モデルにおいては，これらの訴訟形式の重要性が一層高まります。

義務付け訴訟が機能した事例

　たとえば，気管切開手術を受けカニューレを装着している児童につき，市に対し保育園への入園の承諾を義務づけた事例（**判例⑧**）は，入園拒否処分取消請求訴訟では勝訴しても入園申請中状態に戻るだけで，当然に入園許可を得られるものではないことと比較して，義務付け訴訟の実効性を確認させるでしょう。

　また，現代モデルの例としては，水俣病に関する一連の訴訟とその限界が参考となります。環境保全のために活用できる根拠法規が存在するにもかかわらず，行政機関が付託された権限を適切に行使しないため，環境が損なわれ，健康被害の生ずるおそれがある場合，

環境保全に関し法律上の利益を有する者が、所管行政庁に対し環境保全に必要な一定の処分をすべきことを命ずることを裁判所に求めることができるのです。

差止請求が実効性を発揮する場合

差止請求については、行政と市民（事業者）とのかかわり方を事前指導型から事後処分型へと転換すべきであるという規制緩和論議のなかで、懲戒や営業停止といった制裁処分後に当該処分の取消請求が認容されても救済としては不十分であり、処分権限が発動される前に差止請求訴訟によって制裁処分の是非を争う道を確保する方が救済の実効性を確保できるとの認識があり、制度化にいたったものです。

なお、これらの訴訟類型は行政と司法の役割分担問題にかかわるものであるところから、訴訟要件、本案要件ともにかなり厳格に定められていることには注意が必要です（行訴3条6項、7項、37条の2～4）。

6　仮の救済制度の整備

義務付け訴訟、差止訴訟の法定に伴い、仮の救済制度として仮の義務付け、仮の差止めが制度化されました。たとえば前述の保育園入園を求めた事件についていうと、仮の義務づけができなければ、本案で勝訴の見込みがあったとしても、本案判決が確定するまで当該児童は入園できず、その間に回復不可能な不利益が日々積み重なっていくことになります（判例⑨）。差止めについても、事後的救済では重大な損害が生じることから、それを回避するために差止めを求めているにもかかわらず、本案審理中に差止請求の対象と

なっている処分が執行されてしまったのでは実効的救済が得られず，そのような事態を避けるためには仮の救済が必要となるのです。

同様に，処分の効力が争われているにもかかわらず，行政庁は処分の公定力を根拠に当該処分を執行することができるため，それによって生ずる損害を避けるための執行停止の申立てが認められていますが，改正前はその運用が非常に厳格で十分に機能しているとはいいがたい状況でした。そこで，個別事情に即したより適切な権利利益の救済に資するため，改正法では，損害の程度や処分の内容および性質が適切に考慮されるよう新たに定めるとともに，執行停止の実体要件を「回復の困難な損害」から「重大な損害」に改めました（行訴25条3項）。

7 処分性に関する裁判所の判断の変化

「処分」といえない行政作用の取扱い

行政処分を争う抗告訴訟の提起には訴訟要件の充足問題があり，抗告訴訟類型が増加したとはいえ，必ずしもそのことによって権利救済が十分なものとなるわけではありません。現代モデルにおける行政手法が多様化し，それらが多用されているにもかかわらず，行訴法の基本構造が行政処分の相手方の権利保護という古典モデルを前提とするものであるため，処分に該当しない行政作用，たとえば**行政立法**，**行政計画**，**行政指導**，**通達**等を抗告訴訟で争うことは困難なのです。抗告訴訟の対象となる「公権力の行使（行政処分）」とは，「その行為によって，直接国民の権利義務を形成しまたはその範囲を確定することが法律上認められているもの」に限られるというのが確立した判例（判例⑩）であり，行政の作用による影響が

どれほどのものであっても，それが市民の法律上の地位ないし権利義務関係に直接何らかの影響を及ぼすものでないかぎり，それは行政処分ではないとされているのです。

しかし，たとえば行政指導によって現実に重大な不利益を受けているにもかかわらず救済の道を閉ざされることは不適当ですし，また，抽象的には処分性概念を前述のように定義できても，現実の行政の作用がそれに当たるかどうかの判断は簡単ではありません。

近時の最高裁判所のうごき

そこで，これまでの裁判例では，さまざまな行政の作用について，それが実質的に生じさせることとなる法効果に着目して処分性を肯定するという手法で（判例⑪〜⑭）取消請求を認容する例が増加する傾向がみられます。近時の顕著な事例としては，土地区画整理法に基づく 土地区画整理事業計画決定 の取消請求事案において，いわゆる 青写真判決（判例⑮）を変更し，計画決定の処分性を認めた大法廷判決を指摘することができるでしょう（判例⑯。なお，近藤裁判官の意見を参照のこと）。

今次の法改正では，処分性の問題も行政訴訟検討会の検討対象となりましたが，「行政処分」概念に関する改正は行われませんでした。しかし，法改正論議とは別個に，法改正以前からの裁判所独自の努力として，実効的権利救済のための処分性概念が拡大する傾向が確認できるのです。近時の最高裁判所は，処分性の有無を判断するにあたっては，原告適格の解釈指針である行訴法9条2項に具現化された，「国民の権利利益の実効的な救済を図る必要」があるという理念に沿う方向に進む傾向を示していると評価できるでしょう（たとえば，条例の制定行為が処分に該当するとした判例⑰参照）。

8　確認訴訟の活用

　前述のように行政の作用を広く「処分」に取り込み，市民が抗告訴訟で争える機会を拡大する傾向が確認できるとしても，なお処分とは認められない，または処分とすることが不適当な行政作用によって生じる紛争は残存するのであって，今次の法改正は，そのような紛争について，当事者訴訟として「公法上の法律関係に関する確認の訴え」をおこせることを明記し，救済の実効性を高めることを企図するものなのです。多様な行政の活動によって争いの生じた権利義務などの公法上の法律関係について，確認の利益が認められる場合には，従来より確認訴訟をおこすことはできたのですが，それの活用を図るためには明文規定をおくことが有益であると考えられたのです。

　たとえば，強硬な行政指導にやむをえず従うことによって生じる多大の損害を回避する方法として，行政指導を無理な理屈によって抗告訴訟の対象となる処分に該当するとしなくても，当該行政指導に従う義務のないことの確認を求める訴訟を提起できることを，明文規定をおくことによって確認したのです。近時の在外邦人選挙権訴訟（判例⑱）や国籍法3条1項違憲訴訟（判例⑲）は確認訴訟が有効に機能することを示した好例といえるでしょう。

9　被告と管轄裁判所の改正

被告適格の変更・教示制度の導入

　改正前の行訴法では，抗告訴訟は行政庁を，当事者訴訟は行政主体を被告とすることとされており，また国家行政組織は複雑膨大な

ため、行政処分権限が国・地方公共団体以外の機関に付与されていることがあるため、被告とされるべき複数の行政庁が1つの処分をめぐる紛争に関与していることがあるため等の理由から、誰が行政庁であるかが判然とせず、ことに処分の第三者が当該処分を争おうとする場合には処分通知そのものを確認する機会がないことから、被告とすべき行政庁を特定することは必ずしも容易ではありませんでした。しかも、被告を誤った場合、被告の変更は容易には認められず、新たな出訴は出訴期間徒過ですでに道が閉ざされているでしょう。このように形式的な誤りで救済の道が閉ざされることを無くすため、また訴えの変更を容易にするため、改正法においては被告を行政主体に統一することとしたのです。

それと同時に、行政不服審査法と平仄(ひょうそく)を合わせるかたちで、教示制度を新たに設け、市民が確実に行政訴訟を提起できるよう、行政庁に教示義務を課しました。これにより、被告を誤ったり、出訴期間を徒過するといった事態はほとんど解消できるでしょう。

管轄裁判所の拡大

改正前においては、行政庁を被告とする抗告訴訟はその行政庁の所在地の裁判所の管轄に属するとされていたため、たとえば大臣が行政庁である場合には東京地裁に提訴しなければならず、原告が遠方に居住する場合、地理的に非常に不利な状況におかれました。今次の改正は裁判管轄に関して市民が一方的に不利な立場におかれた状況を改善すると同時に、ある程度特定の裁判所（高裁所在地の地裁）に行政事件を集中させることにより、専門性の高い行政事件を的確に処理できる体制を確保することをめざすものです。

たとえば、旭川所在の国の出先行政庁が行った処分を争う場合、これまでは旭川地裁が第一審裁判所であったものが、改正法では、

旭川地裁，札幌地裁，東京地裁のいずれでも争えることとなりました。また，大臣が行った処分についていうと，これまでは東京地裁でしか争えなかったものが札幌地裁でも争えるほか，大臣名の処分が旭川所在の国の出先機関で処理されたものである場合には旭川地裁でも争えることとなりました。旭川在住の市民であれば旭川地裁に提訴するのが便利でしょうが，行政事件の扱いに慣れていない可能性のある旭川地裁（2008年の新受行政事件はわずか10件でした）よりも札幌地裁（同，36件）に提訴した方がより緻密に審理してもらえるのではといった期待がもてるでしょうし，行政専門部のある東京地裁（同，771件）の審理にはより期待がもてるかもしれません。また，行政事件処理経験の豊富な弁護士の確保という点からも提訴する裁判所を選択できることのメリットは無視できないでしょう。

10　新たな課題

　原告適格や処分性を拡大することにより解決の困難な新たな問題が生じることも忘れてはなりません。

　憲法の講義でも学ぶことですが，司法裁判制度は何を目的とするものか，「司法権」や「法律上の争訟」の概念について再確認する必要があります。わが国では法律上の争訟である主観訴訟とそうではない客観訴訟とが明確に区別されている以上，その違いをあいまいにすることとなるようなかたちで原告適格や処分性を拡大することは許されません。

　また，多くの市民に効果の及ぶ行政作用の効果が争われた場合，そこで示される裁判判決の効果はどの範囲に及ぶのか。判決の効力は原則として訴訟当事者しか拘束しませんが，そこで争われた行政

の作用の効果は多数に及んでいるにもかかわらず、当事者との関係でのみ効力を有するにすぎないとして問題はないのでしょうか。逆に大多数の市民は問題ないと考えている行政作用について、特定の市民が違法を主張して争った場合、その判決の効果が市民一般に及んでも問題ないのでしょうか。

ところで、行政訴訟検討会においては、改正法成立後も行政立法、行政計画、行政裁量に対する司法審査のあり方等について検討が続けられ、その成果が資料としてまとめられています（司法制度改革推進本部⑧）。ぜひ、制度化にいたらなかった理由、制度化にどのような障害・抵抗があるのか等について、研究してみてください。

＜ステップアップ＞
① 小早川光郎編『ジュリスト増刊・改正行政事件訴訟法研究』（有斐閣, 2005）
② 小早川光郎＝高橋滋編『詳解 改正行政事件訴訟法』（第一法規, 2004）
③ 園部逸夫＝芝池義一編『改正 行政事件訴訟法の理論と実務』（ぎょうせい, 2006）
④ 実務公法学会編『実務行政訴訟法講義』（民事法研究会, 2007）
⑤ 高橋滋「行政訴訟をめぐる裁判例の動向と課題」曹時59巻8号（2007）1頁
⑥ 桑原勇進「原告適格に関する最高裁判例」ジュリ1310号（2006）10頁
⑦ 大久保規子「処分性をめぐる最高裁判例の展開」ジュリ1310号（2006）18頁
⑧ 司法制度改革推進本部・行政訴訟検討会「行政訴訟検討会最終まとめ——検討の経過と結果」
（http://www.kantei.go.jp/jp/singi/sihou/kentoukai/gyouseisosyou/041029matome.html）

＜判　例＞
① 最三小判昭和 53・3・14 民集 32 巻 2 号 211 頁
② 最三小判昭和 60・12・17 判時 1179 号 56 頁
③ 最一小判平成元・4・13 判時 1313 号 121 頁
④ 最三小判平成元・6・20 判時 1334 号 201 頁
⑤ 最大判平成 17・12・7 民集 59 巻 10 号 2645 頁
⑥ 最二小判平成元・2・17 民集 43 巻 2 号 56 頁
⑦ 最三小判平成 4・9・22 民集 46 巻 6 号 571 頁
⑧ 東京地判平成 18・10・25 判時 1956 号 62 頁
⑨ 東京地決平成 18・1・25 判時 1931 号 10 頁
⑩ 最一小判昭和 39・10・29 民集 18 巻 8 号 1809 頁
⑪ 最大判昭和 59・12・12 民集 38 巻 12 号 1308 頁
⑫ 最一小判平成 14・1・17 民集 56 巻 1 号 1 頁
⑬ 最一小判平成 16・4・26 民集 58 巻 4 号 989 頁
⑭ 最二小判平成 17・7・15 民集 59 巻 6 号 1661 頁
⑮ 最大判昭和 41・2・23 民集 20 巻 2 号 271 頁
⑯ 最大判平成 20・9・10 民集 62 巻 8 号 2029 頁
⑰ 最一小判平成 21・11・26 裁時 1496 号 7 頁
⑱ 最大判平成 17・9・14 民集 59 巻 7 号 2087 頁
⑲ 最大判平成 20・6・4 民集 62 巻 6 号 1367 頁

（玉巻　弘光）

Bridgebook

第12講義

刑事訴訟の改革

1 国民が裁判官とともに評決を下す ── 裁判員制度

裁判員制度が導入されたきっかけ

　裁判員制度の導入は，司法制度改革の一環として進められました。司法制度改革の大きな狙いは，国民の理解に支えられた司法制度をいかにして構築するのか，というところにありました。わが国の刑事司法制度は「精密司法」とよばれ，綿密な捜査の結果，高い有罪率を誇るものでした。他方，「調書裁判」といわれるように，裁判の場で活発な攻防が繰り広げられるのではなく，膨大な量の書類が交換され，裁判官の仕事は，その調書を読み込むことにあるとさえいわれていました。また，一部の事件では判決が下されるまで数年かかるものがあったり，被告人に科される刑罰が軽すぎるのではないかといった疑問の声が上がることもありました。

　そこで，国民の司法に対する理解を深めるためには，一般の国民が裁判の過程に参加し，裁判内容に国民の健全な社会常識が反映されるような制度を作る必要があるということになりました。これが「裁判員制度」です。この裁判員制度は，2009年5月21日から開始されました。

🍁 裁判員裁判の構成

裁判員裁判は，原則として，3名の裁判官と6名の裁判員が，事件について有罪・無罪の判断をし，有罪と認定した場合は，科すべき刑罰の種類と量を決定する制度です。

国民の健全な社会常識を反映させるといっても，有罪・無罪の基準がこれまでのものから変わるということにはなりません。検察官の主張が，通常人からみて，間違いないと判断されれば「有罪」，疑問の余地があるということになれば「無罪」ということです。

もっとも，裁判員は法律に精通していない一般国民から選出されるため，法律の専門家である裁判官は，評議の際に，事件について裁判員に分かりやすくする必要があるでしょう。このことは，検察官や弁護士にも当てはまります。従来の刑事裁判は，被告人を除けば，法律の専門家の間で繰り広げられるものでした。これに対して，裁判員裁判では，法律に精通していない国民も裁判の場に加わるわけですから，難解な法律用語は，可能なかぎり国民にも理解できるように翻訳される必要があります。そのような努力がなされなければ，国民にとって親しみのわく制度にはならないでしょう。

🍁 対象となる事件

裁判員裁判の対象となる事件は，重大な事件に限られています。すなわち，①死刑または無期の懲役・禁錮が予定されている犯罪に関する事件や，②死刑，無期もしくは短期1年以上の懲役・禁錮が予定されている犯罪で，故意の犯罪行為により被害者を死亡させた犯罪に関する事件です。「故意の犯罪行為により被害者を死亡させた犯罪」とは，傷害致死など，何らかの故意の犯罪を行い，その結果として被害者を死亡させた場合などが当てはまります。

したがって，国民が刑事事件と聞いて通常思い浮かべる殺人事件

や強盗殺人事件は，原則として裁判員裁判の対象事件となります。しかしながら，裁判員やその親族等の身体に危害が加えられるおそれがあり，そのため裁判員が畏怖し，裁判員の職務の遂行ができず，これに代わる裁判員の選任も困難であるといった場合には，例外的に，職業裁判官のみの合議体で取り扱われることになります。

評決の方法

　評決は，裁判官および裁判員の双方の意見を含む，合議体の員数の過半数によって決定されます。裁判官の人数は元々3名なので，裁判官だけで過半数を構成することはできません。この規定の狙いは，裁判員だけで過半数を構成しても，評決とは認めないという点にあります。

　単なる過半数でよいということであれば，3名の裁判官全員が有罪に票を投じたとしても，裁判員のうち5名が無罪に票を投じれば無罪判決が下されるということになります。法律で「裁判官及び裁判員の双方の意見を含む」となっているのは，多数意見のなかに，少なくとも1名以上の裁判官が加わっていなければならないということを意味しています。

裁判員に選ばれる人びと

　裁判員は，衆議院議員の選挙権を有する者のなかから選ばれます。ただし，法律上，裁判員となることができない者（裁判員14条），裁判員の職務に就くことが禁止される者（裁判員15条），裁判員となることを辞退することができる者（裁判員16条），事件の関係者等，当該事件について裁判員となることができない者（裁判員17条）の規定があり，その他にも，不公平な裁判をするおそれがあると裁判所が認めた者は，当該事件について裁判員となることはできません（裁判員18条）。

仕事を抱えたビジネスパーソンにとっては，裁判員に選ばれると業務に支障が生じます。少人数経営の中小企業であれば，1人の従業員が欠けるだけで，大きな痛手となります。裁判員に選ばれるということは，国民に大きな義務と負担を求めることにほかなりません。刑事裁判に対する国民の理解を深めるために裁判員制度が導入されました。しかしながら，刑事裁判が国民の理解に支えられる以前に，裁判員制度が国民の理解に支えられる必要があります。

2　公判の前に争点を整理する ── 公判前整理手続

公判前整理手続とは何か

裁判員制度の導入に伴って，**公判前整理手続**も導入されました。裁判員裁判では，公判前整理手続が必ず行われることになっています（裁判員49条）。

裁判員制度が実施された際に混乱が生じないようにするため，裁判員制度の実施に先駆けて，公判前整理手続が実施されました。とくに裁判員裁判の対象となる事件については，積極的に公判前整理手続が実施されました。その結果，裁判員制度の実施を前に，公判前整理手続については，かなりの量の運用実績を積み重ねることができました。

公判前整理手続とは，充実した公判審理を継続的，計画的，迅速に進行させることを目的として，公判に先駆けて，争点等を整理するために開かれる手続のことをいいます。この手続のなかで，審判対象が明確にされ，公判の場ですることが予定されている主張が明確になり争点が形成され，証拠が整理されていきます。従来の刑事裁判では，相手の出方をうかがって自分の主張をすることが許され

ましたが、公判前整理手続導入後の刑事裁判では、あらかじめお互いの手の内を明らかにしたうえで攻撃・防御をする、というものに変わることになりました。

訴訟関係人は、充実した公判の審理を継続的、計画的、迅速に行うことができるよう、公判前整理手続において相互に協力するとともに、その実施に関して、裁判所に進んで協力しなければなりません。また、公判前整理手続においては、必ず被告人に弁護人がつかなければなりません。

裁判が迅速になることにより生じるメリット

公判前整理手続は、裁判の迅速化を狙いとしていますが、この狙いは、裁判員裁判にも当てはまります。裁判員制度は、刑事裁判への参加を国民に求めますが、国民を長期間裁判に拘束するというわけにはいきません。裁判員の負担の軽減という点からも、公判前整理手続は重要な意義を有しています。

また、迅速な裁判は、被告人の利益にも資するものです。迅速な裁判は、スピードを求めて内容を空疎にするというものではないからです。また、公判前整理手続の一要素として新たに規定された証拠開示により、被告人側は法律の規定に基づいて証拠開示請求を行うことができるようになりました。公判前整理手続は、被告人にとって充実した公判審理が迅速に行われるためにも必要な制度なのです。

3 争点整理と証拠開示

検察官と被告人側弁護人の証拠開示

事件が公判前整理手続に付されると、検察官は、公判の場で証拠

により証明しようと考えている事実を，書面にしたためて裁判所に提出し，同じものを被告人または弁護人に送付しなければなりません（検察官による 証明予定事実の提示 ）。そして検察官は，証明予定事実を証明するために用いる証拠の取調べを請求します（ 証拠調べ請求 ）。検察官が取調べを請求した証拠は，速やかに被告人または弁護人に開示されます（ 検察官請求証拠の開示 ）。

　検察官請求証拠の開示で開示された証拠以外の証拠で，刑訴法316条の15の各号に掲げる証拠の類型のいずれかに該当し，かつ，特定の検察官請求証拠の証明力を判断するために重要と認められるものについては，被告人または弁護人からの請求によって，開示されうることになっています（ 類型証拠の開示 ）。

　類型証拠の開示については，請求があれば必ず開示されるというものではなく，検察官が，重要性，必要性，弊害などを考慮したうえで相当と判断したときに限って開示されることになります。

　検察官の証明予定事実記載書面の送付，検察官請求証拠の開示，そして場合によっては類型証拠の開示を受けたうえで，被告人または弁護人は，公判の場で証拠により証明することを予定している事実，その他公判の場で主張することを予定している事実や法律上の主張を，裁判所および検察官に明らかにし（被告人・弁護人による主張の明示），証明予定事実を証明するために用いる証拠の取調べを請求します（証拠調べ請求）。取調べ請求をした証拠については，速やかに検察官に開示しなければなりません（被告人・弁護人請求証拠の開示）。

　さらに，検察官は，検察官請求証拠の開示や類型証拠の開示で開示した証拠以外の証拠で，被告人または弁護人の主張に関連すると認められるものについては，被告人または弁護人からの開示請求を

受けて，関連性の程度，必要性，弊害等を考慮して，相当と認めるときは開示することになります（**主張関連証拠の開示**）。

🔖 裁判所による証拠開示命令

このように，**証拠開示**は，検察官と被告人・弁護人とのやりとりのなかで進められていきます。多くの場合，証拠開示はスムーズに行われているようですが，一方が他方の請求に応じない場合，裁判所に対して証拠開示命令の発動を求めることになります。裁判所は，必要性や弊害等を考慮して，相当と認めるときは**証拠開示命令**の決定を下します。

近時，証拠開示命令の発動が問題となったのは，主張関連証拠の証拠開示請求に対して，検察官側が「不存在」と回答した場合の取扱いをめぐるものでした。従来，証拠開示で開示されうる証拠の範囲は，検察官手持ち証拠と理解されてきました。そうすると，検察官側の「不存在」という回答は，請求にかかる証拠がこの世に存在しないという意味なのか，検察官手持ち証拠のなかには含まれないという意味なのかが，判然としないことになるのです。

🔖 近年の最高裁判所の重要判例

この問題について，平成19（2007）年12月25日に，従来の考え方を抜本的に変化させる判断が下されました。その後，1年も経たない間に立続けに2件の判断が下され，証拠開示に関する最高裁の積極的な姿勢が鮮明となりました。

(1) 平成19年12月25日決定（刑集61巻9号895頁）

本件では，被告人の取調べ状況が争点となり，弁護人は違法な自白採取の存在を主張し，この主張に関連する証拠として警察官作成の取調べメモの開示を請求しました。

検察官が，手持ち証拠のなかに警察官作成の取調べメモは存在し

ないと回答したところ，弁護人は，裁判所に対して，証拠開示命令の発動を求めました。

　最高裁は，「証拠開示命令の対象となる証拠は，必ずしも検察官が現に保管している証拠には限られず，当該事件の捜査の過程で作成され，または入手した書面等であって，公務員が職務上現に保管し，かつ，検察官において入手が容易なものを含むと解するのが相当である」と判示しました。

　したがって，証拠開示の対象となる証拠は検察官手持ち証拠に限定されず，公務員による職務上の保管と入手の容易性という観点から開示の要否を判断することになりました。

(2)　平成 20 年 6 月 25 日決定（刑集 62 巻 6 号 1886 頁）

　本件では，被告人に対する強制採尿手続等，取調べ以外の捜査過程の適法性が争われ，弁護人は捜査手続の違法性を主張し，この主張に関連する証拠として，採尿状況の記載のある警察官作成のメモの開示を求めました。

　検察官が不存在の回答をしたため，弁護人は，裁判所に対して，証拠開示命令の発動を求めました。

　最高裁は，「犯罪捜査に当たった警察官が犯罪捜査規範 13 条に基づき作成した備忘録であって，捜査の経過その他参考になるべき事項が記録され，捜査機関において保管されている書面は，当該事件の公判審理において，当該捜査状況に関する証拠調べが行われる場合，証拠開示の対象となり得る」と判示しました。

　したがって，被告人の取調べ以外の捜査状況に関するメモも証拠開示の対象となることが明らかとなりました。

(3)　平成 20 年 9 月 30 日決定（刑集 62 巻 8 号 2753 頁）

　本件では，警察官が私費で購入したノートに記載されたメモも証

拠開示の対象となるかが争われました。

　最高裁は，「本件メモは，X警察官が，警察官の職務を執行するに際して，その職務の執行のために作成したものであり，その意味で公的な性質を有するものであって，職務上保管しているものというべきである。したがって，本件メモは，本件犯行の捜査の過程で作成され，公務員が職務上現に保管し，かつ，検察官において入手が容易なものに該当する」と判示しました。

　したがって，たとえ私費で購入されたノートに記載されたメモであっても公的性質を有する場合があることが示され，公務員による職務上の保管と入手の容易性から，本件メモの開示が認められました。

4　取調べの適正化にむけた試み①——接見交通権の拡充

被疑者と弁護人は立会いなしに面会することができる

　取調べの適正化にとって重要なのは，身柄拘束下でなされる取調べの透明性の確保です。そのための方策として，捜査段階における弁護権の拡充が求められます。

　そもそも，わが国の憲法は，逮捕され警察に身柄が拘束された被疑者に対して，弁護人による助力が得られることを権利として保障しています（憲34条）。この弁護権を具体化するものとして，刑事訴訟法は，「接見交通権」に関する規定を用意しています（39条）。接見交通権とは，被疑者とその弁護人が，立会人なしに面会し，情報を交換し，物の受渡しをすることを保障する権利です。

なぜ接見交通権が認められたのか

　それでは，なぜ，身柄が拘束された被疑者に対して，弁護人との

4 取調べの適正化にむけた試み——①接見交通権の拡充

面会や情報交換をする機会を保障する必要があるのでしょうか。接見交通権の制度趣旨を考えるために，身柄拘束状態におかれると人はどのような状態になるのかを想像してみてください。

身柄が拘束されると，外の世界とは完全に遮断されてしまいます。日常の世界とはまったく別の世界です。密室とはいわないまでも，閉ざされた世界であることには変わりありません。家族がどうしているか心配になります。自分はこれからどうなるのか，先行きが不安になります。ひょっとすると，収入を得る道が閉ざされてしまうかもしれません。地位・名誉・財産がどうなってしまうのか，不安にさいなまれます。

このように，身柄拘束下におかれると，自分がおかれた状況を客観的に把握することが非常に困難になります。また，権利として**黙秘権**があることも失念してしまうかもしれません。

そこで，**意思決定の自由**という点で，身柄が拘束されていない状況とできるだけ近い状況を作るため，弁護士と面会する権利が保障されているのです。この弁護権・接見交通権は，身柄拘束に伴って発生する様々な弊害を除去することを狙いとしています。すなわち，身柄拘束という孤立した状況のなかで，法律の専門家である弁護士が，自分の味方として被疑者の利益を体現してくれるのです。たとえば，被疑者に保障される権利には何があるのかを助言してくれたり，家族と連絡をとってくれたり，今後進められる手続について教えてもらうことができるのです。

弁護人は，取調べ過程を監視するという役割も担います。もし警察が違法な取調べを行っていることが判明したならば，ただちに弁護人がしかるべき対応をとることが期待されます。捜査段階の弁護権は，被疑者の権利保障の一環として，警察の活動に行きすぎや違

法がないかを監視するための役割があるのです。そのためには、接見交通権の行使は、捜査に支障を来たさないかぎり最大限認められる必要があります。

接見交通権の制限はどのような場合に認められるか

そこで問題となるのは、取調べ等 捜査の必要性 と、接見交通権の行使とをどのように調整するか、ということです。刑事訴訟法上、「捜査のため必要がある」と認められるときは、被疑者・弁護人から申し出された接見交通権の行使を制限することができます（39条3項）。ただし、接見交通権が憲法34条の弁護権に由来する重要な権利であることにかんがみるならば、接見制限は、捜査機関側にとって被疑者の身柄の利用が不可欠の状況にあることが必要と解すべきでしょう。

したがって、たとえば、現在被疑者を取調中であっても、取調べを中断して、被疑者と弁護人との接見を認めても、捜査に支障を来たさないという場合もあるでしょう。この場合には、取調中であっても、「捜査のため必要がある」場合には該当しないということになります。他方、これから取調べをするという場合であっても、被疑者の身柄の利用が捜査機関側にとって不可欠であるという場合には、「捜査のため必要がある」状況に該当するということになるでしょう。

電話回線を用いた接見交通の導入

近時、電話回線を利用した接見交通権の導入が模索されています。とくに、弁護士過疎地域にとっては、切実な問題といえるでしょう。早急に対面することはできなくても、電話等を使って法的アドバイスをすることはできます。しかしながら、これはあくまでも例外的・応急的な措置であって、被疑者と弁護人が直接対面して接見す

るというのが大原則であることを忘れてはなりません。

5　取調べの適正化にむけた試み②——取調べの録音・録画

録音・録画に伴う問題点

　取調過程の透明性を完全に確保するためには、取調べを録音・録画するという方法も考えられます。しかしながら、すべての犯罪について、すべての取調過程を録音・録画するとなると、膨大な量の音声・画像記録を保存しなければならなくなります。したがって、録音・録画は重大な犯罪に限るといった限定が必要になるでしょう。また、裁判の場で画像を再生するとなると、画像の影響力の強さから、画像によって得られた印象によって裁判の結果が決まってしまうということにもなりかねません。また、音声・画像のすべてを再生するとなると、それに多くの時間を割かなければならなくなるということも考えられます。

取調べの録音・録画導入をめぐる動き

　現在、取調べの録音・録画が一部試行されています。そこで問題点を可能なかぎり洗い出し、全国的に採用できるものなのかを慎重に検討する必要があります。また、取調べの録音・録画を導入している国や地域の法運用を客観的に調査し、どのような評価を得ているのかを検討する必要もあるでしょう。

　たとえば、誤解されがちなことですが、アメリカ合衆国においては、連邦の運用として取調べの録音・録画は実施されていません。州によって導入しているところもありますが、その根拠は州によってかなり異なっています。法律の規定を設けている州もあれば、判例法によって実施している州もあります。

わが国で取調べの録音・録画を導入したとしても、それは憲法上の要請ではなく、政策的視点からの導入ということになるでしょう。憲法31条の適正手続の保障を実現する手段として、取調べの録音・録画を理解したとしても、録音・録画をしないことが、ただちに憲法31条違反になるというわけではありません。

録音・録画により捜査方法が変わる？

さて、従来の取調べでは、取調官と被疑者との人間的な交流の結果、自白が獲得されていたといわれています。もちろん、行きすぎた取調べや違法な取調べがあったことは否定できない事実です。したがって、取調過程に光を当てる必要性は非常に高いといえます。しかしながら、取調室にAV機器が入り、取調官と被疑者とのやり取りが記録されるとなると、従来のような人間的な交流を育むということは難しくなるでしょう。取調過程の録音・録画が導入されると、取調手段にも変化が生じるかもしれません。形式が実質を決定するということです。取調べが、自白を採取する場ではなく、取調官が客観的な証拠を提示して、それに対して被疑者側が説得力ある反論を示すことができるか、というものに変わるかもしれません。この場合、沈黙が被疑者にとって重要な権利の行使であることを、裁判員には十分に説明する必要があるでしょう。

＜ステップアップ＞
① 椎橋隆幸編『ブリッジブック刑事裁判法』(信山社, 2006)
② 田中優企「身柄拘束下の被疑者取調べの電子的記録について——アメリカ合衆国の導入状況も参考に」比較法雑誌41巻1号(2007) 111頁
③ 安井哲章「判批」刑事法ジャーナル12号 (2008) 95頁

（安井　哲章）

第 3 編　司法を支える人びと

Bridgebook

第 *13* 講義

法科大学院をめぐる諸問題

　司法改革 の一環として，2004 年度から 法科大学院（ロースクール）制度がスタートしました。法曹になるためには，法科大学院を修了することが要件となったのです。新司法試験 のもと，すでに法科大学院の修了生が法曹界に進出し始めています。こうした制度の変革は，法学教育 のあり方に新たな課題を提示しています。

1　法科大学院の現在

法科大学院はこうして創られた

　司法改革論議の眼目は，国民の司法へのアクセスを容易にすることでした。国内的にも対外的にも，そして好むと否とにかかわらず，権利意識の高まりと競争の激化は，必然的に法的紛争を増大させます。これに対応するためには，法曹人口を増やさねばなりません。先進諸国に比べて，わが国の法曹人口が著しく少ないことは，従来から指摘されてきたところでした。

　一方，大学での法学教育も，大きな問題を抱えていました。端的にいえば教育目標の喪失ということですが，教育と職業とが結びつかない，としたほうが理解しやすいでしょう。法曹養成 にかぎって

も，法学部の教育だけでは司法試験に合格できない，というのが常識でした。法曹職を志望する者は，受験予備校に通ってもっぱら受験技術を習得する必要に迫られ，その結果，法学部での教育は空洞化してしまいました。

　法学部のあり方には種々の議論がありますが，カリキュラムの中心がいわゆる基本六法科目である以上，それは旧司法試験の受験科目と対応しており，少なくとも建前的には法曹養成をめざしたものでありました。しかし，実態はまったく違っていたのです。

法学教育を改革しようとの動き

　法科大学院構想の出所の1つは，法学教育を改革しようとの動きでした。①法学専門教育の場を大学院段階にまで引き上げること，②法学理論だけでなく法曹実務の教育を加味すること，③こうした教育の結果を司法試験の合格に直結させること，このような改革論が法学部のなかから出てきたのです。

　法科大学院構想は，司法改革と法学教育改革の流れが合わさって実現しました。2004年度から翌年度にかけて，全国で74校，入学総定員にして6,000名近い規模の法科大学院が開校しました。

旧司法試験制度の問題点

　法科大学院の発足と連動して，司法試験制度も大きく変わりました。旧司法試験は，原則として誰でも受験できました。その意味では開放的な試験であったわけですが，長い間合格者枠が500名程度に固定されていたこともあり，かつては，合格率約2パーセントという過酷な国家試験でした。

　合格者枠こそ少しずつ増やされて，近年では2,000名程度にまでなりましたが，それでも世界的にみても合格可能性が著しく低い試験であったのです。大学での受験指導もありましたが，受験生は在

学中から司法試験専門の予備校に通い，ひたすら受験技術を磨くことに専念せざるをえませんでした。すると今度は，似たような答案内容で合格したとしても，それは受験者の真の実力を反映していない，との批判が関係者の間から噴出してきました。

司法試験の合格者を増やしつつ法曹の質を高める——法科大学院制度

こうして，司法試験の合格者数を増やすことと，法曹の質を高めることという，相互に矛盾する難題の打開策として，法科大学院の構想が注目されるようになりました。すなわち，大学院段階で高度な法学専門教育を施すことによって，結果として修了生の大部分が合格できるような司法試験に変革しようということになったのです。司法制度改革審議会の意見書には，法科大学院修了者のうち「相当程度（たとえば約7～8割）の者が新司法試験に合格できるよう充実した教育を行うべきである」とも明記されていました。

残念ながら現実はそうなっていませんが，ともかく，新司法試験は，法科大学院制度を前提として2006年から始まりました。主な変更点を要約すれば，①受験資格を法科大学院修了者にのみ与える，②短答式試験（3科目）と論文式試験（4科目）を同時期に連続して行う，そして③合格者数を段階的に引き上げて2010年までに3,000人程度とする（2007年6月22日司法試験委員会決定）ことになったのです。

法科大学院はどういう学校か

法科大学院は，法曹養成のための教育機関です。法科大学院における教育は，決して司法試験の受験対策ではありません。しかし，司法試験に合格しなければ法曹にはなれませんから，相当程度の合格者を出すことのできない法科大学院は，いずれ淘汰されることになるでしょう。ここに根本的な矛盾があります。

法科大学院のカリキュラムは，法律基本科目（公法・民事法・刑事法），実務基礎科目，基礎法学・隣接科目，展開・先端科目および臨床科目から構成されています。司法試験と直接に関係する法律基本科目だけでなく，法曹実務の基礎や基礎的および応用的な科目を学ぶことによって，法理論と法実務を架橋し，受験科目に限定されない幅広い知識を得ることが期待されているのです。

法科大学院の2つのコースとその問題

　法科大学院には，2年制の既修者コースと3年制の未修者コースがあります。「既修者」とは，「法学の基礎的な学識を有すると認める者」（専門職大学院設置基準）のことで，制度設計上は法学部卒業生が想定されていました。また「未修者」は，それ以外の者のことですから，他学部出身者ということになります。すなわち，本来は，法科大学院は法学部卒業生にさらに2年間の法学教育を施す学校であるが，他学部出身者や社会人にも門戸を広げる，ということでしょう。ところが，現実的にはむしろ未修者コースが原則であって，既修者コースの方が例外とされている観さえあります。

　法科大学院に入学するためには，「法学の基礎的な知識」は必ずしも問われません。入学試験でウェイトをもつのは，論理的な思考力を測る 適性試験 であり，これに学業成績や各種資格や社会経験などを加味して，総合的な判断で合否が決まることになります。ということは，既修者コースはともかく，未修者コースについては法学部卒業生は相対的に冷遇されることになります。法学部出身者は既修者だから当然だということなのでしょうが，これも現実にそぐわない面が多々あります。

2　法科大学院と法学部

法学部はもういらないか

　ほとんどの法科大学院は，すでに法学部がある大学に創られました。このことによって，法学部には様々な問題が生じました。たとえば，法科大学院に大量の教員が必要となったために，法学部教員の確保が困難になりました。しかし，もっと深刻なことに，法学部の教育目標が見失われてしまい，これを早急に再建する必要に迫られたのです。このことは，既存の法学系大学院の問題とも連動します。すなわち，法学部の存在意義が問われているのです。

　これまで，法学部は法学専門教育の場であることを自負してきました。そして，この専門教育の到達目標として法曹職がありました。だからこそ，法学部のカリキュラムの中心は基本六法科目であり，司法試験でもその理解力が問われたのです。もちろん，それは初めから建前であって，現実には，どこの法学部でも法曹をめざすのは，ごく一握りの学生でしかなかったのですが，少なくとも理念としては，法学専門教育と法曹職とは結びつけられていました。

　と同時に，法学部出身者は「ツブシが効く」とか，法的素養をもった市民を養成するのが法学部の役割だともいわれてきました。けれどもこれもまた建前であって，六法中心の教育が，職業人としての応用力や市民の法的教養の育成に結びついたとは思えません。

　とくに法学の専門教育については，法曹職と直結した法科大学院ができた以上，もはや専門教育の場としての法学部は必要なくなったとの見方さえあります。いっそ法学部を市民的教養教育の場と割り切るべきか，あるいは単なる専門でも単なる教養でもない，いわば「専門基礎」教育の場として再構築すべきか。法学部は重大な岐

181

路にたたされています。

法曹養成の要は法学部だ

　法科大学院の制度設計上の理念として,「公平性」「開放性」「多様性」が掲げられました。その意味は必ずしも充分に検討されたものではありませんでしたが,唯一明確であったのは,法科大学院と法学部を切り離すということでした。これらの理念は,もっぱら他学部出身者を積極的に受け入れるために,きわめて観念的に用いられました。こうして法科大学院は,法学未修者に対する3年課程を原則として構想されたのです。

　それはすなわち,従来の法学部教育を全否定することでもありました。未修者3年,既修者2年という制度は,法学部の4年間の教育は法科大学院での1年間にしか相当しないことを意味します。また,3年コースの場合,入試に際して法律科目試験を行わず適性試験を必修にするということは,法学的素養は不要で,論理的思考力のようなものこそが必要だということになります。しかしながら,法曹の素養が論理的思考力のみで測れるというのも奇妙ですし,そもそも法的問題解決能力が論理に尽きるというのも根拠がありません。法曹の適性は,論理的能力だけではなく,正義感や使命感や交渉力のようなもので測られるべきであるし,こうしたものは主として法学部教育のなかで培われてきたのではないでしょうか。

　未修者には反発されそうですが,法曹としての能力は3年程度で身につくものではありません。新司法試験の結果をみれば,それは顕著に表れています。未修者の多様な経験や能力は尊重するとしても,法曹にもっとも必要なのは,法学的な問題解決能力であることを今一度確認すべきでしょう。そのためにも,未修者と既修者の関係を逆転させて,法学部出身者を法曹養成の中心とするような制度

変更を実現すべきでしょう。

実現されていない法科大学院の理念

　法学部出身者こそ法曹養成の要であるということは，実態としても初めからそうなっています。未修者課程こそ法科大学院の原則だとする理念に反して，第1回の新司法試験は2006年に既修者第1期生を対象にして実施されました。旧司法試験で実績を積んでいた有力大学の法科大学院は，旧司法試験の受験者を含めて大量の既修者を抱え込み，第1回の新司法試験でも予想通りの合格者を出しました。本来は未修者第1期生を想定した2007年の司法試験こそが法科大学院の理念が実証されるはずだったのですが，受験実績も合格実績も決して理想どおりのものではありませんでした。

　法科大学院においてもっとも重要なのは，法曹を養成する，つまり司法試験の合格者を出すということです。法科大学院の修了者のみに司法試験の受験資格を与え，司法試験の合格者のみが法曹になれるのですから，一定の合格者を出せない法科大学院は存在意義が否定されることになります。未修者を積極的に受け入れて多様な法曹を養成するとの理想は，法科大学院修了者のほとんどが結果として法曹になれる，ということを大前提としたものであったことを忘れてはなりません。そして，新司法試験が依然として狭き門であることも周知の事実です。すなわち，理念の実現に失敗したのです。

法学部に法科大学院を接続する

　打開策は2つしかありません。ひとつは自然淘汰に任せて，相当数の合格者を出せない法科大学院が閉校に追い込まれることを座視する道です。もうひとつは，既修者進学を原則とする法科大学院に組み直して，切断されてしまった法学部との関係を修復する道です。法科大学院が自主的に入学定員を削減するとか，司法試験の合格者

枠が計画通りに増大するなどという夢想は，まったく意味をもたないでしょう。

法学部の4年課程と法科大学院の2年課程を接続した，少なくとも6年間の継続的な法学教育が，今こそ求められているのです。

3 法科大学院の課題

法科大学院の課題は無数にありますが，以下では①入学試験，②教育課程，③修了後の進路の3点に限定して，あえて大胆な提言を試みたいと思います。

法律科目試験が必要だ

現在のところ，法科大学院の入学試験では，法律科目の試験は課されていません。正確には，未修者コースと既修者コースに分けて入試を行うので，既修者コースには法律科目試験があるのですが，あくまでも未修者コースが原則ですから，法科大学院の制度としては，入学時点で法律の素養は必要ないことになっているのです。

他方，入学志願者の全員に対して，適性試験が課せられます。これは法律の知識を試すものではなく，論理的思考力を測る試験であるとされています。しかし，法曹の適性とは何か，という根本的な問題の検討を抜きにした「適性」試験に，どれほどの現実的意味があるのでしょうか。むしろ適性試験は，法科大学院に入学するためには法律知識は必要でないという，つまりは多くの既修者をあらかじめ排除するという，奇妙なメッセージを発しているのです。

かといって，今度は法科大学院入試から未修者を排除すべきだ，というのではありません。既修者の，とかく法律知識のみに偏りがちな弊害を是正し，法律以外の教養や経験を法科大学院に呼び込む

ためには，今後とも未修者に門戸を開放することは不可欠です。

そのうえで，法科大学院はどういう院生を迎え入れたいのかを冷静に検討すべきです。法曹としての「適性」などという誰にも判断できないあいまいな基準ではなく，「学力」とりわけ法学的な学力を測る入学試験に転換するべきでしょう。

既修・未修を問わず，入学試験では基礎的な法学試験，つまり法律科目試験を必修化することを提言します。同時に，適性試験は廃止するべきでしょう。これは当然ながら，未修者には不利な提言です。しかしながら，法学部の存続を前提として法科大学院がある以上，既修者にかえって不利な入学試験は思い切って改められねばなりません。

未修・既修の別をなくして3年制に統合する

問題を複雑にしているそもそもの根源は，「未修者」と「既修者」の区別にあります。既修者とは「法学の基礎的な学識を有すると認める者」のことですから，本来は法学部の卒業生を意味するはずです。ところが，実態はまったくそうではありません。入学試験の難度や修学期間を考慮して，相当に多くの法学部卒業生が未修者として入学しているのです。

法学部卒業生の相当数がみずからを法学の基礎的学識を有さないと自己規定して，未修者枠を選択するという実態は，本来の未修者を閉め出すことにもなり，きわめて不健全な姿であるでしょう。

法科大学院の教育課程では，既修者と未修者のコース区分を撤廃すべきです。そうした複数コース制は有害無益です。と同時に，標準修学期間を3年間に統一することを提言します。

2年制の既修者コースは，司法試験が変わることに伴う過渡的な措置だったと解すべきでしょう。旧司法試験をめざして準備してき

た者に対してさらに法科大学院での3年間の修学を強いることは，あまりに過重な負担と考えられたということです。

今後は法科大学院修了生のみが司法試験を受けるのですから，3年制の教育課程のみを残すべきです。ここでも，法科大学院の理念と実態を考慮しなければなりません。

理念からすれば，法科大学院での教育は単なる司法試験対策であってはいけませんが，実態からすれば，そこは司法試験合格をめざす者のみが学ぶ場です。このジレンマを解消するためには，すでに相当程度の法学力を身につけた者を，最低3年間の修学期間のなかで鍛えるしかないでしょう。法学は難しい学問であること，そして司法試験は非常に厳しい試験であることを確認したうえで，法学部の4年間に法科大学院の3年間を加えた，最低7年の教育課程こそが標準の修学期間であるべきことを，改めて提案したいと思います。

司法試験不合格者をどう救済するか

法科大学院は，専門職大学院として設立されました。すなわち，法曹職に直結すべき教育機関です。ただし，現状は，法科大学院修了と司法試験合格との間には大きな乖離があります。法科大学院が抱える様々な問題は，結局はこの点に集約されます。

法科大学院は全国で70校以上あり，その入学定員は5,500人を超えています。しかし，新司法試験の合格者数は約2,000人（2009年試験）にすぎません。閣議決定に基づく当初の予定どおり2010年試験以降，合格者が3,000人程度になったとしても，単純計算で入学者に対して半数強の合格者しか出ないとみるべきです。実際には，中途退学や受験控えもあり，また前年までの不合格者が受験者に加わりますが，もっとも楽観的な予想でも，せいぜい50パーセ

ント程度の合格率と考えておかねばなりません。現状の法科大学院全体の平均合格率は，20パーセント台にとどまっています。

このことは，せっかく法科大学院に入学しても，半数以上が法曹になれないことを意味します。新規法曹の「量」と「質」が話題になりますが，司法試験合格者の質は，最終的には本人の問題だとしても，量の問題は法科大学院の問題として受け止めねばなりません。

従来から司法試験に多くの合格者を出してきた有力校は，その実績を維持すべく大規模な法科大学院を開設しました。そこでは合格者の数も不合格者の数も多いということですから，不合格者が大量に累積していくことになります。これに比べれば，小規模校の場合は，絶対数でみればかつてより多くの合格者を出すことになったので，学校としてのダメージは実は相対的に低いとさえいえるのです。

もちろん，個々の受験者にとってみれば，法科大学院進学を決断して「法務博士」の学位を得たものの，結局法曹にはなれないということですから，不合格者のダメージはかつて以上に甚大です。

就職支援を積極的に行うべきだ

この難問は，司法試験の合格者枠を広げるか，法科大学院の入学定員を削減するか，こうした楽観的な展望では根本的な解決を期待できません。なぜなら，出口については，肝心の法曹界が容易に枠を緩めようとはしないでしょうし，入口についても，法科大学院は容易に定員を減らそうとはしないからです。

残る道はただ1つ，司法試験の不合格者群に対して，いわゆる準法曹や公務員や民間企業への就職支援を積極的に行うことです。法科大学院は，政府と法曹界と大学が協力して創った制度なのですから，この三者が責任をもって，不合格者の就職支援を行う義務があります。もはや責任の押し付け合いは許されません。

第13講義　法科大学院をめぐる諸問題

＜ステップアップ＞
① 大島眞一「法科大学院と新司法試験」判タ1252号（2007）76頁
② 中西一裕＝中網栄美子「法科大学院の現状と就職問題」自由と正義711号（2008）89頁
③ 司法試験委員会「並行実施期間中（平成20年以降）の新旧司法試験合格者数について」（2007年6月22日）
（http://www.moj.go.jp/SHINGI/SHIHOU/070622-7.pdf）
④ 日本弁護士連合会「法曹人口問題に対する緊急提言」
（http://www.nichibenren.or.jp/ja/opinion/report/data/080718.pdf）
⑤ 法科大学院協会〔青山善充〕「法曹養成制度をめぐる最近の議論について」
（http://www.lawschool-jp.info/20080807.pdf）
⑥ 濱野亮「法曹増員をめぐる論点」法セ648号（2008）6頁

（堅田　剛）

Bridgebook

第14講義

司法と周辺の担い手

1　法学部・Y教授のゼミが終わった後で

学生A：おっちょこちょいで頭のにぶい僕でも頑張って司法試験に受かれば裁判官になれるでしょうか。

教授：明るくて人情もあるフーテンの寅さんのような裁判官がいれば法廷も楽しくなるからぜひ頑張ってよ。（ポカーンとした学生たちの無表情な顔をみて）えっ。君たちフーテンの寅さん知らないの？　ギャップ感じるな。（まじめな顔をして）それはそうと，Aさんは裁判官がどのようにして選ばれるか知っていますか。

学生A：……。

学生B：最高裁の裁判官なら高校で習った覚えがあります。三権分立のバランスをとるため内閣で任命し，衆議院の総選挙のときに一緒に国民審査を受けることになります。（六法をめくりながら）最高裁長官は内閣の指名した人を天皇が任命することになっています。

教授：そうですね。それでは最高裁以外の身近な裁判官，たとえば地方裁判所の裁判官はどうでしょうか。

学生B：司法試験に合格して修習が終わればすぐに判事補という身分の裁判官になれると聞いたことがあります。希望すれば誰でも

なれるとは限らないらしいけれど……。

教授：（感心しながら）ふむ。裁判官の仕事の内容についてはこれから裁判法の授業で学ぶことになります。ところで，あなたがたが事件の当事者になった場合，どのような裁判官に裁いてほしいと思いますか。法に精通していることは当然の条件であっても，それだけで良いでしょうか。そうは思わないでしょう。裁判官にふさわしい，必要な資質を備えた人に裁判官になってもらいたいでしょう。裁判官に必要な資質とは何か。資質を備えた裁判官を誰がどうやって選ぶのか，言い換えれば裁判官の任命はどのように行われるかを調べて早速来週にレポートしてもらおうかな。アメリカ人の学者が日本人は裁判官がどうやって選ばれるかをほとんど知らないということを書いています（ダニエル・H・フット①194頁参照）。そんなことはないと反論できるように報告してください。それに裁判官の人数も調べてください[1]。統計は裁判所データブックを利用してください。

[1] 裁判所データブック2006（財団法人 判例調査会）によると，裁判官の人数は，2006年では，最高裁判所長官，最高裁判所判事，高等裁判所長官を合わせて23名，判事1,597名，判事補915名，簡易裁判所判事806名の合計3,341名です。

2 司法制度の水準は司法の担い手で決まる

司法制度の水準を決めるのは，法律家の平均レベルだ

「一国の司法制度の水準を決めるのは，法律家の平均レベルであって，その平均レベル以上には絶対に一国の司法制度は良くはならない」といわれています（三ケ月②107頁参照）。道具がいかに優れたものであってもそれを使いこなす人を得なければ，その道具の

価値が発揮できないように、司法制度もその使い手に優れた資質を備えた人を得なければ、真価を発揮できないということです。司法の担い手である裁判官、検察官、および弁護士の力量次第で司法制度のレベルも決まるので、司法の担い手の責任は重大といえるでしょう。

ところで、これまで司法を支える担い手の数、つまり法曹人口が少ないことが大きな問題とされてきました。たとえば、ジャーナリストは、裁判官も検察官も弁護士も他の先進国に比べて著しく少ないために、本当に国民が求めている司法サービスを国家は提供できていないと論じています。政治家や企業人も、経済活動は国境を越えスピード感をもったビジネスが当たり前になったのに比べ、裁判所に持ち込んだ事件は時間がかかりまったく採算にあわないし、知的財産権や医療紛争や建築紛争など現代的で新しい問題について分かっている法曹はほとんどいないのではないかと批判するようになってきました。これまでは法曹に関心があるのは法曹界の人だけであったのが、日本の社会のアジェンダとして司法の担い手のあり方を焦点に据える論議が一段と高まってきたのです。これが20世紀末の頃の状況でした。

法曹の質・量の改善の動き

ところで、この状況に至るまで、国民一般の司法に対する関心は高くありませんでした。司法が身近な存在ではないため実情があまり知られていなかったからです。司法の担い手である裁判官を、誰がどのように選んでいるかなど正確に説明できる隣人はまずいないといってよいでしょう。同じく司法を担う弁護士も国民に身近な存在ではありませんでした。普通、法律事務所の敷居は高いのです。日常的に困った問題については行政の窓口や街の代書屋さんとよば

れる行政書士や司法書士が身近におり，わざわざ裁判所を利用したり弁護士に相談にのってもらおうという意識は平均的な国民にはないのが普通でしたから，国民レベルの要求として司法の担い手の補強や強化が国家の優先課題になるはずもなく，時は流れていきました。

しかし，日本の社会がいよいよ複雑高度化し，国境を越えたヒト・モノ・カネの移動が加速度的に進展するにつれ，旧態依然とした小さな司法では対応できないとの認識は司法関係者を超えて社会的な広がりをもちはじめました。まず法曹を量的に拡大することと，21世紀の日本の司法を担うべき質の高い裁判官を任用し養成していくことが了解事項となってきたのです。

そして，質の高い裁判官の任用については，弁護士の裁判官任用の制度を積極的に開くことにしました。なお，隣接法律専門職である司法書士，行政書士などについては，弁護士の量的増大を予定しても国民のニーズは残ることを前提に，これらのあり方を見直すことが具体的な課題になったのでした。

3 裁判官はどのように選ばれているか——キャリア・システム

裁判官の任命手続

裁判官には，すべて任命が必要です。

最高裁判所長官は天皇が任命し（憲6条2項），その他の最高裁判所裁判官は，内閣が任命します（憲79条1項）。最高裁判所は，終審裁判所として下級裁判所の裁判を審査し法令解釈を統一する任務があるため，その裁判官の多くは法律の専門家を当てることになっていますが，必ずしも裁判官出身者に限られません。検察官・弁護

士・学者・公務員などの識見に優れ法律の素養がある者もバランスを考慮して選ばれます。そして最高裁判所の裁判官はその裁判内容について国民審査を受けるのです（憲79条2項）。

　高等裁判所の判事や地方裁判所の判事など下級裁判所の裁判官については，最高裁判所の指名した者の名簿によって，内閣が任命します（憲80条1項，裁40条1項）。

　裁判官を任命するには，最高裁判所が人選を行い，任命する裁判官の名簿を作成して，裁判官会議を経て内閣に送付します。内閣はこの名簿に掲げられた者のなかから裁判官を任命します。名簿に掲載されていない者を任命することはできません。任命された裁判官をどこそこの地方裁判所の所長や判事の地位に補職するのは最高裁判所の権限であり（裁47条），最高裁判所はこれを司法行政として行うのです。

裁判官になれる者

　では，裁判官には誰でもなれるのでしょうか。最高裁判所についてはすでに述べたように裁判官でない者もその裁判官になることができます。下級裁判所の裁判官の場合，判事は判事補，簡易裁判所判事，検察官，弁護士，大学の法律学の教授などを通算して10年以上務めた者から任命されます（裁42条。簡易裁判所判事については同44条）。判事補の任命資格は司法修習を終えた者です。

　一般には，司法試験に合格し，修習を経て最終合格を果たした者が，新人の裁判官・判事補として任命され，10年ごとの再任（憲80条）を繰り返して裁判官生活を続けるというのが典型です。なお，2006年の場合，1,477名が修習を終了し，115人が裁判官に任官しました。

　たとえば，30歳で司法修習を終わり，判事補に任命されたとし

ます。判事補は単独では裁判をすることができない裁判官です。合議体の陪席裁判官として5年以上の経験を積み，単独で裁判ができると認められれば，「特例判事補」としていよいよ法廷の主宰者となることができるのです。

　判事補となって10年の期間を経て，再任されれば「補」がとれて判事となります。あとは10年ごとに再任され，地方裁判所，家庭裁判所の支部長や所長となり，高等裁判所の部総括判事となり，高等裁判所長官になることもあります。その間，常に裁判実務の現場を歩む裁判官もいれば，一時期，最高裁判所の調査官として最高裁判所の裁判官を補佐する仕事に従事したり，司法研修所の教官をしたりする者もいます。裁判所と法務省（検察庁）の人事交流が行われ，法務省の民事局や刑事局の高級官僚として行政官の経験をもって再び裁判所に戻るというコースをたどる裁判官もいます。そして，定年になるまで裁判官として勤め上げるのが普通です。これを「キャリア・システム」とよんでいます。

4　元裁判官の法学部生に対する講話「私の裁判官生活」

転勤の問題

　私は，昭和XX年に判事補として裁判官になり，65歳で定年退官するまで，38年間を裁判官として過ごしてまいりました。振り返ってみますと，まことに平々凡々ながら大過なく仕事ができ，適当に余暇も楽しみながら過ごすことのできましたことを感謝しています。

　さて，私が裁判官に任官するに際してもっとも躊躇した点は，転勤の問題であります。当時，裁判官になれば3年ごとに転勤をしな

ければならないことになっていまして、これが嫌で弁護士になろうかとも考えたわけですが、引っ込み思案の性格では弁護士としてやってゆけないのではないかと悩んだ末、任官したわけです。引越しを伴う転勤は12回致しました。転勤は煩わしいもので嫌でありましたが、転勤のおかげで多数の土地に住み、それぞれの異なった優れた文化、人情、習慣に接し、これを学ぶことができたことは幸せでした。

裁判官の生き方は限定される

つぎに、私自身は、その職業柄、非常に、世間を狭く、生きてきたということであります。今も覚えていることですが、任官当時、最高裁判所人事局長から、「君達、裁判官になったら、どんなに金がなくても、屋台店に首を突っ込んで、酒を飲むようなことはするな」といわれました。私は、生来、酒好きではありますが、どんなに金のないときでも、屋台で酒を飲むことだけはしませんでした。さりとて高級バーや料亭で飲む経済的豊かさに恵まれていませんでしたので、安い酒を買って飲み、私が裁判長になってからは同僚の若い裁判官と安い酒で談笑し、それが後輩裁判官を養成することにもなったと思います。

裁判官という職業を意識して世間のありふれた歓楽の場所に出入りすることも控え、交際する人々の範囲も限定し、そのため広い視野から物事をみる識見に乏しく、通常の人ならば誰でも備えているような世間の常識に欠け、いわば「化石」化した人間に陥り、考え方が保守的になって、狭い視野でしか物事をみられない狭量の人間になって終わったのではないか、と恐れている次第です。しかし、その反面、このような限定された生き方は、きわめて地味でかつ清潔な人生であったともいえるのでありまして、「ただ酒」を飲むと

いうこともなく，収賄まがいの危ない生活とは一切無縁でありました。その点ではまったく気楽に生きてこられました。

時間の調整をすることもできる

今，申し上げましたように，世間を狭くして生きてきたのでありますが，裁判官はその仕事の性質上，自分で時間の使用方法を決めることができる面があります。私が勤務していた裁判所では1つの裁判部が毎週3日法廷を開きます。法廷は午前10時から始まることになっていて，昼休みを挟んで大体午後4時頃まで法廷で調べ物をしていました。裁判所に行かない日は，宅調といって，自宅で事件の厚い記録を読んだり，判決を書いたり，朝から晩まで1日10時間以上も仕事をすることが何日も続くということもありますが，たくさんの事件を片づけた後には暇のあるときもあり，教養を深める読書や気晴らしの散歩に遠出をすることもできました。

裁判官という職業について少し理解いただけたでしょうか。ご清聴ありがとうございました。

5 法曹一元への動き

キャリア・システムの評価

キャリア・システムは，法曹資格を取得後ただちに裁判官生活に入り，世俗の汚れた社会と交わらずに廉潔の美徳を備え，公正中立の立場で判断する訓練を受け，安定性のある判断を行う能力を身につけ，国民の信頼と尊敬を得られるという，これまでの日本社会で長期にわたり築きあげられた世界に誇る高品質の制度であるとの評価もあります。

しかし，社会の他の集団から隔絶した司法官僚独特の問題を抱え

ているとの批判も根強くあります（朝日新聞③参照）。たとえば，日本の裁判官は官僚的裁判官とみられ，国民とのつながりがないため国民の同僚が裁判をするという感じを国民は抱かないし，社会の実情を知らないので事案の真相を把握する力を養うことができないということや，上席裁判官等との関係で裁判官としての職務上の独立を十分に維持しがたいこと，訴訟代理人としての経験がないため代理人や当事者の立場がよく理解できないこと，官僚裁判官なので政府の利益や見解に同調しやすいことなどが指摘されてきました。このようなキャリア・システムに対する批判は，これに変わる制度として「法曹一元論」を展開してきたのです。

法曹一元 とは，狭い意味では，多年の弁護士経験を積んだ者から裁判官が任命される制度を意味します。ただし，実際は検察官や弁護士から任用することを原則とする制度や，裁判官・検察官・弁護士の交流を円滑にすること，弁護士を裁判官と検察官の養成の第一段階として統一的に行うこと，裁判官や検察官の給源をもっぱら弁護士の経験がある者に求めることなど，多義的に使われている面もあります。外国に目を向ければ，ドイツやフランスなどのキャリア・システムの任用制度に対し，イギリスやアメリカが法曹一元制を採用しているといわれていますが，法曹一元をとる国ごとにそれぞれ特色があり，細部は異なっているようです（兼子＝竹下④230～239頁，小島編⑤71～77頁，萩原⑥1頁以下，同⑦102頁，司法改革2号⑧25頁以下参照）。

1990年代までの法曹一元の動き

日本では，裁判官の任用は，弁護士からも検察官からも可能なので，制度上は給源の多様性が可能となっていますが，弁護士の経験がなくても裁判官に任用される点で，明らかに狭い意味での法曹一

元ではありません。司法修習は一元化していますが，修了後は別々の道を歩み，一体感も薄れていくので，その意味での三者の協力的な法曹一元も難しくなります。

　キャリア・システムと法曹一元は，それぞれのメリット，デメリットが論じ尽くされ，膠着状態になっていたところ，1988年，最高裁判所は，社会の高度化，紛争の複雑化に対応するために多様な経験を有する裁判官が望ましいと考えて，15年以上の弁護士経験者から毎年20名程度採用する計画を発表し，続いて日弁連は1991年に弁護士任官推進の決議を行い，最高裁判所と協議し，経験5年以上の弁護士を対象として日弁連を通じて任官希望者を募ることにしました。少し，法曹一元制に近づいたといえるでしょう。

6　裁判官任用制度の改革はどこまで進んできたか

司法制度改革審議会意見書の3つの提案

　2001年，審議会は，「司法制度改革審議会意見書」を公表し，裁判官制度の改革について，法曹一元は是か非かという問題の立て方では過去の論争にとらわれ，21世紀の司法を担う高い質の裁判官を獲得する枠組みとして不適当であるとの見解を基本に据えました。既存のキャリア・システムを前提に，どのようにいろいろな裁判官を採用し，どのように養成するかに議論を絞り，裁判官の多様化多元化を図ること，裁判官の任命に何らかの工夫を導入すること，そして人事制度に透明性客観性を付与する工夫を行うこと，の3つの制度改革の方向性を示すことにしました。

　具体的な改革の方策として示されたのは，まず，多様で豊かな経験を備えた判事を確保するために，原則としてすべての判事補に裁

判官以外の多様な法律専門家としての経験を積ませる制度的な仕組みを整備し，特例判事補については判事不足への対応での措置であったことから判事を大幅に増員することで（弁護士からの任官を推進），特例判事補制度を解消すべきことなどの判事補制度の改革でした*2。

つぎに示されたのは，判事の給源の多元性を実質化していくために，弁護士任官等の推進のための継続的で実効的な措置を講じるなど弁護士任官制度の推進です。

また，最高裁判所が下級裁判所裁判官として任命すべき者を指名する過程に国民の意思を反映させるため，最高裁判所にその諮問を受けて指名されるべき適任者を選考し，その結果を意見として述べる機関を設置すべきであることも改革内容として挙げられました。

さらに，裁判官の人事評価については，評価権者，および事件処理能力，法律知識，指導能力，倫理性，柔軟性など評価基準を明確化・透明化し，可能なかぎり透明性・客観性を確保する仕組みを整備すべきことが示されました。

*2 2003年，最高裁は，約400人の特例判事補を段階的に見直し，条件整備が整えば特例判事補が単独訴訟事件を担当する時期を任官7年目ないし8年目へシフトすることを目標とする旨発表しました。

改革①──弁護士任官制度

裁判官の給源の多様化・多元化に関する改革については，弁護士任官の推進，非常勤裁判官制度の創設，判事補の弁護士職務経験制度が発足しました。

裁判官への任官推進は，最高裁判所と日弁連の協力体制を整備することですすめられました。たとえば，日弁連作成の『弁護士任官パンフレットQ＆A』には，「どうして弁護士から判事になること

が必要でしょうか」というQに対し，Aとして「司法制度改革審議会意見書を引用し弁護士は，『信頼しうる正義の担い手』として，通常の職務活動を超え，『公共性の空間』において正義の実現に責任を負うという社会的責任（公共性）をも自覚すべきであると述べており，その具体的内容や実践の態様のひとつとして公務への就任が期待されています。中でも今後一層積極的に裁判官，検察官等の他の法律専門職に就いて国民の期待と信頼に応えうる司法の運営に貢献することが望まれている」と答えています。このように，日弁連は弁護士任官推進運動を積極的に展開し，任官は日弁連を通じて行うというルートを確立しました。

弁護士任官までの流れを簡単に示すと，「裁判官採用選考要領」により通常任官は弁護士として原則10年以上の経験のある者（当面3年でも可）が応募→弁護士会による推薦委員会の審査→日弁連を介して最高裁判所へ申込み→「地域委員会」での資料収集・最高裁判所人事局面接→「下級裁判所裁判官指名諮問委員会」の審査→最高裁判所裁判官会議で内定→閣議決定→内閣による任命という手順を踏みます（下級裁判所裁判官指名諮問委員会および地域委員会については後述します）。

2004年以降2009年（4月期）までの弁護士任官総数は33名で，実際に希望し推薦された者の約4割が下級裁判所裁判官指名諮問委員会で不適または取下げとなっています。

2人の任官裁判官の感想

(1) A弁護士の場合

求められる能力や資質は法曹という点では同じだけれど弁護士と裁判官では最初に気をつける点が違いますね。和解を例にすると，弁護士のときはできるだけ有利で確実に利益を得るところでおしま

いにすればよかったのですが，裁判官になれば合法的な双方代理ですから原告と被告の双方に対していうことが全然違ってしまってはいけない。そこが違ってくるわけですが，弁護士経験があることで分かることがありますね。報酬・着手金をとりすぎていると，和解期日が重ねられても弁護士が本人を連れてこないというケースがあり，これは着手金の取りすぎだと直感が働き，本人を連れてくるようにいって和解で決着することにしています。

弁護士のときは，依頼者の意向や相手方の立場，裁判所の存在など自分のスキル以外で左右されるところがあり，ストレスがたまりましたが，裁判官のストレスは転勤があることと，事件処理のなかで判決を溜めた場合ですね（飯塚ほか⑨ NIBEN Frontier295 号 21 頁以下，296 号 15 頁以下参照）。

(2) B弁護士の場合

研修所では同期で感覚も同じと思っていましたが，その後弁護士としてあるいは裁判官としての道を進むことにより，年月が経過しそれぞれの職業で蓄積されたものを経験し，それを身につけることにより，訴訟についての考え方や事件の扱いについて違いが生じてくることがあります。そして弁護士と裁判官とは，キャリア裁判官制度においては，司法改革で裁判官の他職経験が，また弁護士から裁判官に任官する弁護士任官制度ができて改善されつつあるにしても，その溝は深くて広いところが存在している状況です（島川⑩ 25 頁以下参照）。

改革②──非常勤裁判官制度

非常勤裁判官制度も創設されました。これは，弁護士から常勤裁判官への任官を促進するための環境を整備し，併せて調停手続をより一層充実・活性化することを目的としています。非常勤裁判官は

民事調停または家事調停に関し，裁判官と同等の権限をもって調停手続を主宰します。法律上の名称は，「民事調停官」「家事調停官」です。任期は2年で再任が可能であり，在任中，その意に反して解任されることがなく，職権行使の独立が保障されています。非常勤裁判官は，原則として担当の全調停事件に立ち会って，調停の成立に努めます。多種多様な調停事件を担当しますが，弁護士としての知識・経験を活かすことができるような事件，一般的にいえば，複雑で法的な問題点が多い事件を中心に担当することになります。

非常勤裁判官は，弁護士経験が5年以上あれば希望することができます。弁護士登録を抹消する必要はありません。この制度が，非常勤裁判官が弁護士の身分をもったまま，裁判官と同等の立場で民事調停，家事調停を主宰するものだからです。

勤務先の裁判所と協議のうえ，週1回，丸1日執務する曜日を選択し，午前9時30分頃から午後5時頃まで執務を行います（1日の支給額は3万1,700円とのこと）。執務時間は奇数週と偶数週とで異なる曜日選択もできます。執務時間後は弁護士の仕事をすることも可能です。

これまで165名が任官し，2007年12月1日現在116名の非常勤裁判官が勤務しています（小山＝武藤⑪157頁以下，久保⑫3頁以下，石井⑬80頁以下，自由と正義674号⑭11頁以下参照）。

改革③──下級裁判所裁判官指名諮問委員会制度

裁判官任命手続の改革として，指名過程に国民の意思を反映させる 下級裁判所裁判官指名諮問委員会 制度が発足しました。最高裁判所はすべての任官希望者の適否についてこの委員会に意見を述べずに諮問しなければなりません。最高裁判所に通称，中央委員会とよばれる指名諮問委員会（現在，法曹委員5名，法曹外委員6名の11名

で構成),その下部組織として高等裁判所8ケ所に地域委員会(東京の地域委員会の場合,法曹委員6名,法曹外委員4名の10名で構成)がおかれています。このように中央,地域の委員会に市民委員が加わり,弁護士らの外部の情報が指名に反映される仕組みが導入されたのです。

今後の課題と展望

弁護士任官制度は,多様な経験を有する弁護士が裁判官となる道を拓くものであり,裁判所はその意義を正面から認め,通常の任官のほか,短期任官(5年),非常勤裁判官(地裁簡裁の民事調停官,家裁の家事調停官),専門分野任官(倒産事件,知的財産事件,商事事件,家庭事件等)など多彩なメニューも用意されています。非常勤裁判官の経験を踏まえて常勤裁判官への任官を追求する者も出始めています。

ただ,5年間を経過した下級裁判所裁判官指名諮問委員会制度の機能については,意義を評価しつつ他方で疑問もだされています。たとえば,裁判官の任命過程を透明にし,国民の意見を反映させるという制度自体は画期的であるが,情報の開示が不十分で経過が不透明であるとの批判や,地域委員会の活動の実態は資料を収集して中央委員会に送るだけであり,早くも形骸化しているという指摘もあります(自由と正義729号⑮65頁以下)。とくに,弁護士会の推薦を受けた任官希望者の約40パーセントが不適の判定を受けていることもあり,今後任官希望者が減っていく懸念もあるところです(堀野ほか⑯29頁以下参照)。

7　隣接法律専門職の改革

隣接法律専門職とは何か

　伝統的に司法の担い手として焦点を合わせられてきたのは，法曹三者，すなわち裁判官，検察官，弁護士でした。しかし，司法制度がどのように支えられているかを検討すると，法曹ではないがその周辺で，裁判制度の周辺の法制度に関して働くことを職業とする人々（隣接法律専門職とよばれています）がいます。代表的な職業としては，司法書士を挙げることができるでしょう。司法書士（19,394人）は，市民の身近な法律問題の処理について弁護士と同じような機能を果たしています。このほかに，弁理士（7,789人），税理士（71,177人），行政書士（39,846人），社会保険労務士（33,671人），土地家屋調査士（17,820人）も隣接法律専門職として位置づけられているものです（人数はいずれも2009年3月〜4月現在）。

　これらの隣接法律専門職の業務内容に目を向けると，驚くことに，日本の法的サービスはきわめて細分化されて国民に提供されてきました（慣れてしまっているので不思議に思わない方が普通かもしれませんが）。この細分化されたサービスの提供にかかる日本独特の屈折した司法風土は，日本の法曹そして隣接職の成り立ちにかかわる微妙な問題が生み出したものです。この風土は職域の壁をめぐる政治的運動も背景にしているため，分析は容易ではありません。

　これまでは弁護士の数が少ないという事情があったので，隣接法律専門職の職域の限界をどこに設定するかという問題を常に抱えてはいたものの，弁護士と隣接法律専門職種との一見，平和的な棲み分けが事実上行われてきたと総括してよいでしょう。

7 隣接法律専門職の改革

改革の方向性

はたして今回の司法制度改革は、隣接法律専門職を正当に位置づけることができたのでしょうか。弁護士制度との関係で問題は解決したといえるのでしょうか。

率直にいえば、司法制度改革審議会は、こうした疑問について基本的かつ長期的な道筋を示していません。弁護士人口の大幅な増大の達成を前提として、目標達成までの間、隣接法律専門職を活用する見地から隣接法律専門職の権限を拡大するところまでを明らかにしたにとどまっています。

審議会意見書の具体的な提言内容を要約すると次のとおりです。

司法書士 の主要な業務は登記供託業務や裁判所に提出する書類の作成ですが、簡易裁判所での訴訟代理権について高い能力担保措置を講じたうえでこれを付与すべきとしました。また、簡易裁判所の事物管轄を基準として（140万円を超えない紛争）、調停・即決和解事件の代理権についても同様に付与すべきであるとしました。

弁理士 は主に工業所有権の手続業務を担いますが、特許権等の侵害訴訟（弁護士が訴訟代理人となっている事件に限ります）での代理権について高い能力担保措置を講じたうえでこれを付与すべきとしました。

税理士 は税務の代理や税務書類の作成・相談を行いますが、税務訴訟において、裁判所の許可を得ることなく、補佐人として、弁護士である代理人と共に裁判所に出頭し、陳述する機会を付与すべきとしました。

行政書士・社会保険労務士・土地家屋調査士 などについても、その専門性を訴訟の場で活用する必要性や相応の実績が明らかになった将来において、出廷陳述など一定の範囲・態様の訴訟手続への関与

のあり方を個別的に検討することを今後の課題としました。

また，ADRを含む裁判外の法律事務に関して，隣接法律専門職種の有する専門性の活用を図るべきことも提言されました。

改革の成果と今後の課題

これらの改革提言は実施され，簡裁代理権を有する司法書士（認定司法書士とよばれます）は12,762名に達し，毎年1,000人，10年後には2万人を超える司法書士が簡裁代理権を取得すると予測されています。さらに，司法書士は，家事や法律相談全般にわたる権限獲得をめざしています。行政書士は官公署提出書類，権利義務・事実証明に関する書類作成のほか，官公署提出手続の代理，関係書類の代理作成と相談権限も得た結果，事実上無制限な法律相談権と代理業務が可能であるような主張をしています。なお，2009年3月31日，「規制改革推進のための3ヵ年計画」が閣議決定され，隣接法律専門職の業務範囲の拡大が検討課題となっています。

しかし，今後，弁護士が増えれば弁護士が隣接職種の職域に入っていくと予想され，軋轢が生じることは避けがたいように思います。2000年では弁護士人口は17,126人でしたが，2009年には26,877人に達しています。司法制度改革審議会も指摘したように，弁護士法72条の非弁活動の取締り（弁護士の資格のない者が法律業務を行うことを禁じること）について，隣接法律専門職種の業務内容の変化に対応する見地からその規制内容を明確にすべきですが，国民の求める法的サービスに隣接法律専門職種をどのように位置づけるかは現段階では困難であり，規制の明確化は進んでいません。また，政治パワーも背後にひそんでおり，舵取りを誤ると司法改革を逆行させかねないという懸念もあるところです。

将来的にはある種の専門職について資格の統合，職務範囲の限定

された弁護士としての過渡的な資格統合も考えることができるでしょうが，その実現は決して近いものではないでしょう（司法改革18号⑰21頁以下，自由と正義730号⑱9頁以下参照）。

＜ステップ・アップ＞
① ダニエル・H・フット（溜箭将之訳）『名もない顔もない司法——日本の裁判は変わるのか』（NTT出版，2007）
② 三ケ月章『司法評論Ⅰ』（有斐閣，2005）
③ 朝日新聞「孤高の王国」取材班『孤高の王国　裁判所——司法の現場から』（朝日新聞社，1991）
④ 兼子一＝竹下守夫『裁判法』（有斐閣，第4版補訂版，2006）
⑤ 小島武司編『現代裁判法』（三嶺書房，1987）
⑥ 萩原金美「法曹一元（論）の試論的検討」神奈川大学法学研究所研究年報4号（1983）1頁
⑦ 萩原金美『裁判法の考え方』（信山社，1994）
⑧ 「特集・法曹一元は実現できるのか」司法改革2号（1999）25頁
⑨ 飯塚勝ほか「弁護士任官裁判官・元裁判官弁護士座談会（前）（後）弁護士と裁判官の相互理解促進のために」NIBEN Frontier 295号（2008）21頁，296号（2008）15頁
⑩ 島川勝「民事訴訟のマインド——弁護士と裁判官の立場から」判タ1283号（2009）25頁
⑪ 小山太士＝武藤貴明「民事調停官及び家事調停官の制度の創設について」ケ研280号（2004）157頁
⑫ 久保貢「家事調停官の1年を振り返って」ケ研284号（2005）3頁
⑬ 石井誠一郎「家事調停官を経験して」判タ1185号（2005）80頁
⑭ 「特集・非常勤裁判官」自由と正義674号（2005）11頁
⑮ 「特集2・下級裁判所裁判官指名諮問委員会発足後の3年間を振り返って」自由と正義693号（2006）65頁

⑯　堀野紀ほか「座談会：下級裁判所裁判官指名諮問委員会の6年間──その評価と課題」自由と正義729号（2009）29頁
⑰　「特集・弁護士隣接法律専門職種のポスト司法改革」司法改革18号（2001）21頁
⑱　「特集・隣接士業問題の現況と今後の方向性について」自由と正義730号（2009）9頁

（山城　崇夫）

Bridgebook

第15講義

弁護士の近未来像
―― これから必要とされる弁護士とは？

　さぁ，Y教授のゼミナールが始まります。今日も意欲満々の学生が集まっています。

1　弁護士人口の大幅な増員に賛成か

弁護士人口を医師並にすべきか？

　Y教授：みなさん，こんにちは。今日は，弁護士人口の増員問題を入り口として，弁護士制度全般について考えていきたいと思います。2001年6月の司法制度改革審議会意見書（以下，意見書といいます）は，弁護士を含む法曹人口の拡大を提言しており，それに沿うかたちで法科大学院修了者が受験する新司法試験の合格者数・年間3,000人達成に向けた種々の動きが具体化しているところです。

　しかし，こうした法曹人口の拡大に消極的な意見も多くみられます。そこで，今日のゼミでは，法曹のうち弁護士に焦点をあわせて，その人口増加策の是非について議論してみたいと思います。

　では，口火を切る人はいませんか？　あっ，さっそく手が挙がりましたね！　一番早かったAさん，どうぞ。

　学生A：国民にとって弁護士は，まだまだ遠い存在です。私の身近に弁護士はおりませんし，これまで弁護士という人に会ったこと

もありません。それに比べて、お医者さんの知り合いは何人かいます。

このことは統計に表れています。わが国の医師人口は、およそ27万8,000人で、医師1人あたりの国民数は約500人となりますが（経済協力開発機構［OECD］の国際統計「OECD Health Data 2007」参照）、弁護士人口は約2万3,000人にすぎず、弁護士1人あたりの国民数は約5,600人にもなります。

国民の期待に応える司法制度の構築のためには、在野法曹である弁護士人口を医師並にすべきだと思います。

弁護士の数は適正か？

Y教授：そうそう、ある統計を紹介することを忘れていました（211頁の〔表〕参照）。これは、日本弁護士連合会（以下、日弁連といいます）が発行している『弁護士白書2006年版』によっています。なお、このシミュレーションは2011年以降の司法試験合格者数を毎年3,000人として計算しているそうです。これをみると、Aさんのいうように医師並に弁護士人口を増やすには半世紀もかかってしまいそうですね。

それでは、Aさんの意見について、だれか発言したい人はいますか？

学生B：はい！　医者と弁護士は役割が違いますし、そもそも数だけをみて多いか少ないかを議論するのではなく、弁護士の実態に照らして適正な数であるかが判断されるべきではないでしょうか。

私の仄聞するところによれば、すでに弁護士の飽和状態が都市部でも地方でもみられるとのことです。法律事務所に就職できずに、無給で事務所に名前だけ加えてもらったり、机を置かせてもらったりする弁護士、これを軒先だけを借りる弁護士なのでノキ弁という

らしいですが，これならまだましな方で，弁護士登録を行わず就職浪人する場合さえあるそうです。そうした現状にかんがみれば，これ以上の弁護士増加策は望ましくありません。

〔表〕 弁護士人口の将来予測（シミュレーション）

西暦	法曹三者の総人口	弁護士人口	弁護士1人あたりの国民数
2005年	26,067	22,059	5,789
2006年	27,098	22,966	5,562
2007年	29,107	24,840	5,142
2008年	31,179	26,802	4,764
2009年	33,395	28,882	4,418
2010年	35,734	31,099	4,099
2011年	38,218	33,463	3,804
2012年	40,706	35,832	3,547
2013年	43,200	38,212	3,320
2014年	45,705	40,594	3,118
2015年	48,212	42,963	2,939
2020年	60,679	54,845	2,263
2025年	73,294	66,857	1,812
2030年	86,031	78,925	1,490
2035年	98,552	90,702	1,252
2040年	110,180	101,621	1,076
2045年	120,408	111,110	945
2050年	129,565	119,304	843
2055年	135,165	123,484	779

［日弁連『弁護士白書2006年版』参照］

学生C：でも，意見書には，おおむね2018年頃までに実働法曹人口の5万人規模達成という具体的な数値目標が掲げられています。その背景として，諸外国に比べてわが国の法曹人口が極端に少ないことも指摘されています。

欧米にあって比較的法曹人口の少ないフランス並にまで増やすべきだと私は思います。

学生D：賛成です！　諸外国に比べて弁護士人口がきわめて少ない日本の司法制度は，2割司法 と揶揄されるほど機能不全に陥っていたんですから。法の支配の理念が隅々にまでいきわたり，国民の権利・自由が十分に保障される社会を実現するには，司法の機能強化が絶対に必要です。

そのためには，法曹，とりわけ国民と司法の接点にいる弁護士の数の大幅増加は不可欠です。それはまた，意見書のめざす「事後監視・救済型社会への転換」にとって避けては通ることの許されない道です。

事後監視・救済型社会への転換

Y教授：ここで議論を整理するために，私の方から司法制度改革の流れを簡単にお話しておきます。

Dさんのいうような，わが国の司法の機能不全を指摘する声は従来からありました。しかし，談合や密室での取り決めと思しき慣行は変わらず，護送船団方式とよばれる強力でインフォーマルな行政指導が民間企業から自由競争の機会を奪ったり，民間企業の側でもそうした行政指導に依存したりといった馴れ合いが散見される不透明な社会が続きました。

ところが，1990年代に入っていろいろなことが起きましたね。みなさんもご存知のバブル経済の崩壊，IT化，そして，グローバ

1 弁護士人口の大幅増員に賛成か

リズムの波が押し寄せました。コンプライアンス などという言葉も流行りました（コンプライアンスについては，**第16講義**参照）。また，法と正義による秩序と権利の実現を掲げる市民運動が弁護士を中心として繰り広げられたりもしました。そうした流れのなかで，世紀の変わり目を通じて司法制度改革審議会の議論が進められ，その結果，簡単にいうと，これまでの事前規制・調整型社会をやめて，これからは事後監視・救済型社会をめざしましょうということになったわけです。

これはつまり，規制を緩和して，その結果，企業間の利害対立などの問題が生じたら，その都度，公正かつ透明な法的ルールに従って司法的解決を図りましょうということです。そうすると司法の担い手である法曹，とりわけ，国民や企業の身近にあって法的助言や法的処理を気軽に依頼することのできる弁護士に対する需要が増大することになるので，法曹人口，とりわけ弁護士人口の拡大という流れになったわけです。

学生C：そうすると，自由競争や規制緩和を実現するために，弁護士自身が自由競争すべきであって，そもそも新規参入規制自体が問題なのではないでしょうか？

学生D：賛成です！　国民にとっても，新規参入規制は不利益になると思います。大量の弁護士の間で自由競争が繰り広げられ，自然淘汰の末に有能な弁護士が生き残るといった環境こそが国民にとって望ましいわけですから。

弁護士の質の確保のために新規参入制限は必要か？

学生B：でも，国民の権利を実現する担い手である弁護士が粗製濫造されて，弁護士層の質が低下しまったのでは，結局，国民の利益に反することになります。法曹の質の担保は，法科大学院 の教育

第15講義 弁護士の近未来像──これから必要とされる弁護士とは？

の問題でもありますが（法科大学院等については，**第13講義**参照），新規参入に歯止めをかけることによっても確保すべきだと思います。

　学生E：私も，弁護士人口をこれ以上増やすことには反対です。弁護士増加策を唱える人は，弁護士人口を増やすだけで大司法システムに自然に移行するとでも思っているのでしょうか？　私も，意見書のめざす司法制度改革を推進すべきだと思っていますが，そのためには司法制度全体の統一的かつ調和のとれた実現が何よりも重要です。

　たとえば，司法アクセスが不十分なままで（司法アクセスについては，**第17講義**参照），社会に潜在する法的需要を顕在化させることは，弁護士人口を増加するだけではできるわけありません。法曹の質の問題，法的需要や司法アクセスを確保するための各種の基盤整備などの諸条件を置き去りにして，法曹人口だけを増加させても，司法制度改革は結局うまくいかないことになってしまうと思います（日本弁護士連合会①参照）。

　学生F：そういえば，最近，弁護士が不在ないし1人しかいないゼロワン地域とよばれる弁護士過疎の問題は解消されつつあるにもかかわらず，その地域に弁護士が存在しても，事件が弁護士のところまでやってこない「事件過疎」という現象が問題となっているそうです。これは，弁護士を増員して全国にくまなく配置しただけでは，うまくいかないことを示す好例ではないでしょうか？

　学生D：一見正論のようですが，はたしてそうでしょうか！？　よく考えてください！　弁護士になるには，法科大学院での教育を修了（法務博士号取得）して司法試験に合格し，1年間の司法修習を経る必要があるんですよ！　私は，当初の構想どおりに司法試験の合格率を7割程度にしても，この一連のプロセスによって法曹の質

を十分に保つことができると思います。

そもそも、制度的に確保すべき法曹の質とはその程度で十分なはずです。試験によるふるい分けは、最低限度にしないと、独創的な発想力の持ち主や個性あふれる人材を取り込めず、法曹全体が紋切り型の思考しかできない創造力の乏しい人間の集まりとなってしまいます。とりわけ、弁護士は、国内のみならず、国際社会においても、自由競争による相互の切磋琢磨や創意工夫によってみずから弁護士需要を掘り起こしていく積極的な役割が期待されています。

もし、弁護士自身が、弁護士の質を盾にしたり、制度的基盤の整備を口実にしたりして、弁護士の増員に反対するのであれば、それは既得権益にしがみつくという本音にもまして、自らの創造性や力量のないことを自白しているようなものですよ。

即独弁護士は問題か？

学生B：それは極論だなぁ！　実際に、新規登録弁護士の増大に伴う就職難にあって、さきほどいったノキ弁や就職浪人のほかにも、新規登録と同時にいきなり独立開業すること、つまり 即独 を強いられる弁護士も珍しくないらしいよ！　そうした即独弁護士には、ボス弁や先輩弁護士から弁護士業務についてのいろいろなノウハウを吸収する機会がないわけだから、創造性の欠如を云々する以前の問題で、国民の権利擁護に支障を来たすおそれは否定できないよ。

学生D：どうして、そういう方向からしか物事をみることができないのかなぁ？　即独弁護士は、弁護士業界の因習に染まらずに、各自が独自の発想で主体的に仕事をすることができるじゃないか。

そうしたいろいろな弁護士が出てくることで、さまざまな弁護士需要が顕在化し、弁護士業務の多様性が花開くということは、国民にとっても、弁護士界にとっても望ましいことだと、そんなふうに

考えられないかなぁ……。

弁護士業務は市場原理になじむか？

学生Ｅ：たしかに，社会に埋もれている法的需要を掘り起こし，弁護士業務が多様化することには賛成ですが，その場合にも適正な弁護士人口というものを意識する必要はあるんじゃないでしょうか？

ある統計によると，2008年における弁護士の平均年収が2005年のそれに比べて半分以下に落ち込んでいます（厚生労働省「賃金構造基本統計調査」）。弁護士の増員をこのまま続けるならば，弁護士の年収は低下の一途をたどるでしょう。そうなったら，優秀な人材が弁護士をめざそうとしなくなり，弁護士の質的低下は避けられず，結果的に国民の利益にはならないと思います。

弁護士には，やはり特権は必要です。そのためには，何もかも自由化すればよいということにはなりませんし，とくに人数制限は不可欠ではないでしょうか？

学生Ｂ：すでに法科大学院の受験者数は年々減少しており，各法科大学院は入学定員の見直しを迫られています。そして，こんなこともささやかれ始めています……就職できなかった司法修習生はサラ金に手を出して，結局，悪徳商法業者などの手先として働かされる弁護士になってしまう……そんな弁護士が増えるだろう……って!?

学生Ｆ：弁護士に自由競争の論理を当てはめて，市場原理による淘汰に委ねればよいというＤさんの考え方だと，弁護士の多様化というよりは二極化，つまり，一部の富裕層と大多数の貧困層という階層分化に進むかもしれませんね。ワーキングプアの弁護士も出てくるかもしれません。

1 弁護士人口の大幅増員に賛成か

プロフェッションゆえの競争制限は必要か？

　学生F（続き）：ちなみに，訴訟社会アメリカでは，一方で映画『レインメーカー』に出てくるような札束を雨のように降らせる，つまり，莫大な収益を法律事務所にもたらす凄腕の弁護士がいて，他方で映画『評決』の主人公のように秘書も雇えない貧乏弁護士もいます。

　しかし，日本の弁護士は，そもそも弁護士法1条にあるように，基本的人権の擁護と社会正義の実現という崇高な公共的使命を担うプロフェッションなわけですから，ビジネスの論理をそのまま当てはめるべきではありません。貧困者やマイノリティーのためにときに手弁当（無報酬）で尽力しなければならないわけですから。

　学生D：もちろん，弁護士が一定の プロボノ活動（公共奉仕活動）を行うことなどは当然です。ただ，固定化された1つの弁護士モデルを想定して，そこからすべての結論を導くような発想はすべきではありません。弁護士人口が大幅に増加すれば，さまざまな弁護士を1つのモデルに押し込めることはできなくなるでしょう。その一端を即独弁護士に見出すのは私だけでしょうか？

　学生C：どの弁護士もプロフェッションであることに変わりはないと思いますし，プロフェッションゆえの自己規律による競争制限の伝統は英米でも広くみられるところですが，そのような英米にあっても，弁護士人口にかぎっては，基本的に市場原理に委ねられており，国家による規制などは行われていないそうです。

隣接士業の拡大と弁護士需要

　学生E：司法制度全体を視野に入れて議論すべきことはさきほどもいいましたが，弁護士や法曹という枠組みにとらわれている気がしてなりません。司法書士や弁理士等の隣接士業の職域拡大によっ

て，これまでの弁護士需要が小さくなることは誰の目にも明らかですし，そのうえ弁護士人口が急増すれば，それだけパイの奪いあいが熾烈になることはいうまでもありません。

　学生C：それは，創造性のかけらもない考え方ですね。パイを大きくすること，この場合，隣接士業との協働のあり方を利用者の視点からいろいろ模索して新たな需要を開拓するという発想は出てこないのでしょうか？　そうした協働の一例として，総合法律事務所による ワンストップ・サービス の実現が挙げられます。これからの弁護士には，ウィンウィンの発想で，弁護士需要を自ら作り出そうとする意欲が必要だと思います。

　学生E：アメリカの弁護士のように，日本の弁護士も，救急車の後を追いかけろというんですか!?

　学生D：そうです!!　「救急車の追っかけ屋（ambulance chaser）」という表現に，その風刺の裏にある弁護士の気迫といいますか，そういった見習うべき精神を読み取ることはできないのですか？　これからの日本の弁護士に必要なのは，開拓精神です！

弁護士人口の問題で意識すべきこと

　Y教授：ここで議論を終えたいと思います。おつかれさまでした。興味深く聞かせていただきました。最後のところは，弁護士モデルの話としても面白いと思います。これまで，プロフェッション・モデル，ビジネス・モデル，リーガル・プロフェッション・モデル，関係志向的モデルなどが構想されてきましたが，D君はアンビシャス・モデルという新説を披露してくれたようですね。今度，レポートにまとめて提出してください。

　ここまでみなさんに議論してもらって，すでに気づいた人も多いと思いますが，弁護士人口の問題は，弁護士とは何か，どのような

役割を担うべきかといったこととの関係で考えなければならないテーマです。

そこで,ここから,弁護士のK先生に弁護士業務の現状とその変革の動向についてお話していただくことにしたいと思います。K先生は,みなさんの先輩で,10年前にこのゼミを履修していました。

2　弁護士をめぐる最近の動向

K弁護士：みなさん,こんにちは！　白熱した議論をきかせていただいて,ありがとうございました。異なる意見をぶつけあうことでより深い気づきを得たり,創造的発見をしたりするものですね。私も熱い人間なので議論に参戦したいところですが,ぐっとこらえて,「弁護士業務の現状とその新たな展開の可能性」というテーマでできるだけ私情を交えずにお話をさせていただきます。みなさんの考えを深めるうえで何らかの参考になればと思います。

これからお話します弁護士業務の新展開というテーマの基盤には,意見書の示した指針があります。意見書は,弁護士の役割について,「法廷の内と外とを問わず,国民にとって『頼もしい権利の護り手』であるとともに『信頼しうる正義の担い手』として,高い質の法的サービスを提供すること」であるという理念を掲げたうえで,検討項目として,①弁護士の社会的責任（公益性）の実践,②弁護士の活動領域の拡大,③弁護士へのアクセス拡充,④弁護士の執務態勢の強化・専門性の強化,⑤弁護士の国際化,外国法事務弁護士等との提携・協働,⑥弁護士会のあり方,⑦隣接法律専門職種の活用等,そして,⑧企業法務等の位置づけという8項目を挙げています。これからのお話は,この意見書の8項目を参考にしながらも,それに

とどまらない独自の奥行きと広がりをもって展開することを付け加えておきます。

3 弁護士へのアクセスの拡充

　弁護士は国民と司法の接点ですから，国民の司法アクセス拡充のためには（司法アクセスについては，**第17講義**参照），弁護士へのアクセス拡充が当然必要となります。そのための方策として，弁護士情報の公開，弁護士報酬の透明化・合理化，司法の利用相談窓口の拡充を取り上げます。

弁護士情報の公開──弁護士広告など

　それでは，弁護士情報の公開ですが，どこにどんな弁護士がいて，どのように相談すればよいかといった弁護士情報が公開され，広く国民一般に行き渡ることになれば，弁護士へのアクセスは促進されると考えられます。

　そこで，情報の公開といったら，まず広告が考えられますね。広告といっても，弁護士情報の場合には，弁護士個人（弁護士法人を含む）による **弁護士広告** と弁護士会による **弁護士会広報(PR)** があります。弁護士広告について，日弁連は，長い間，原則として禁止してきました。伝統的に，顧客誘引のための広告は弁護士の品位を損ない，そもそもプロフェッションたる弁護士の崇高な公共的使命とは相容れないなどと考えられていたのです。

　ちなみに，海の向こうアメリカ合衆国でも当初，弁護士広告は禁止されていましたが，1977年の **ベイツ事件連邦最高裁判決** が，広告禁止は表現の自由を定める合衆国憲法修正第1条に違反すると判示してからは（Bates v.State of Arizona,97 S.Ct.2691），虚偽・誤解を

招くような広告を除いて自由化されています。

　わが国でも，1987年に日弁連は一部解禁に踏み切りましたが，電話帳やDM（ダイレクトメール）などが媒体となる程度で，情報アクセス障害の克服にはほど遠い状況でした。その後，規制緩和の動きやインターネットの普及を背景としながら，司法制度改革論議の一環として，2000年3月に，とうとう日弁連は弁護士広告の原則自由化に踏み切りました（「弁護士の業務広告に関する規程［会規第44号］」の採択，同年10月施行）。ですから，現在，弁護士広告を身近で目にする機会が多いと思いますが，みなさん，ご覧になったことありますか？

　学生A：電車内で弁護士広告をみたことがあります。

　学生C：昨日，弁護士法人のテレビCMをやっていました！

　学生D：ラジオCMを聞いたことがあります。

　K弁護士：ありがとうございます。着実に浸透しているようですね。そのほか，インターネット上の広告もありますね。弁護士個人や弁護士事務所のHP（ホームページ）をみたことのある人もいるのではないでしょうか？（─数人挙手─）。私の弁護士仲間にはブログをやっている人も結構います。

弁護士会の広報の取り組み

　学生E：先生！（─携帯電話を差し出しながら─）携帯HPにも弁護士広告がありました！

　Y教授：授業中ですよ！

　K弁護士：私は構いません…（─学生Eの携帯電話を眺めながら─）フムフム…それは弁護士会の広報ですね。それでは，弁護士会広報についてお話しましょうか。

　日弁連や各単位弁護士会などの弁護士会が弁護士情報を提供する

場合には，弁護士会報，リーフレット，書籍，そして，HPを利用することが一般的です。また，弁護士マップなどの試みもユニークですが，弁護士会のHPにおいて弁護士の氏名，事務所，取扱い業務等の情報を開示する 弁護士情報提供サービス の実施は特筆に値します（たとえば，日弁連の弁護士情報提供サービス「ひまわりサーチ」http://www.bengoshikai.jp/search_area.html）。

ユビキタス・アクセスを実現するインターネットの普及を背景として，利用者サイドから弁護士情報を検索するシステムが構築されることはきわめて自然の流れでしょうが，弁護士アクセスの拡充という点では特段の威力を発揮するものと期待されます。

弁護士広告の信用性を確保するための試み

このように弁護士情報の公開は，利用者たる国民側からの弁護士アクセスという観点からはとても大切なわけですが，そのためにも一定の規制に服する必要があります。怪しい広告ばかり増えても困るということですが，そのため，日弁連の広告規程は広告類型，広告事項および広告方法の諸項目ごとに，広告内容が事実に合致していなかったり，誤導・誤認のおそれがあるなど一定の要件に該当するものを禁止して，弁護士広告の信用性を担保しています。

弁護士へのアクセス促進にとってさらに重要な弁護士情報として，弁護士報酬がいくらかを利用者に明確に伝えることが挙げられます。つまり，弁護士報酬の問題です。

弁護士報酬の透明化・合理化にむけて

日弁連や各単位弁護士会は，これまで弁護士報酬の基準を示した「報酬会規」を定めていました（平成15〔2003〕年改正前の弁護士法33条2項8号参照）。しかし，誰もが手ごろな価格で弁護士の良質な法的サービスを受けることができるようにするには，弁護士報酬

の額が自由で公正な競争によって決定される必要があります。そこで，平成15（2003）年7月に成立した「司法制度改革のための裁判所法等の一部を改正する法律（平成15年法律第128号）」によって弁護士法が改正され，弁護士会の会則記載事項から報酬規定が削除されるに伴い，2004年3月末をもって弁護士会の「報酬会規」は廃止されるに至りました。

このようにして，2004年4月より，一方で個々の弁護士が自由に報酬額を決められるようになったわけですが，それは他方で，利用者にとって報酬の目安を奪って不安を醸成する面も否定できず，その結果，弁護士へのアクセス障害の要因ともなりかねません。そこで，弁護士報酬の透明化・合理化を図るために，個々の弁護士の報酬情報の開示や提供を強化したり，報酬契約書作成を義務化したり，依頼者に対する報酬説明義務等を徹底したりするなどの手当てが必要となります。

このような認識を前提として，日弁連は，2004年2月に「弁護士の報酬に関する規程」（会規第68号）および「外国法事務弁護士の報酬に関する規程」（会規第69号）を制定し，個々の弁護士（外国法事務弁護士を含む）に対して，報酬基準の作成・備置き，報酬見積書の作成・交付，報酬に関する説明・契約書作成，報酬に関する自己情報の開示・提供を求めています。また，日弁連は，2005年2月に全国の弁護士に対して実施したアンケート調査の結果を公表することで（「アンケート結果に基づく市民のための弁護士報酬の目安［2005年アンケート結果版］」やリーフレット「市民のための弁護士報酬ガイド［2005年アンケート結果版］」），利用者が弁護士報酬のおよその目安を得られるようにしています。

司法の利用相談窓口（アクセスポイント）の拡充

つぎに，司法の利用相談窓口の拡充に移ります。みなさんが弁護士にアクセスしやすくするためには，実際に弁護士と向きあえる場所や機会，すなわち，司法の利用相談窓口，これをアクセスポイントといいますが，これをできるだけみなさんの身近なところに設置するなど，アクセスポイントの拡充がきわめて重要となります。弁護士過疎問題への対応とも重なりますが，法律問題を抱えた国民がそれを弁護士に相談することができるよう，全国各地に法律相談の窓口を設け，そこに弁護士が常駐しているという体制作りが要請されるわけです。そこで，日弁連，各単位弁護士会，そして，日本司法支援センター（通称，法テラス）は，相互に連携・協力して，法律相談センターへの資金援助，公設事務所の設置，弁護士の定着支援などの方策を展開しています。

なお，全国253ヶ所の地方裁判所の本庁および支部の管轄地域内に弁護士が1人以下のいわゆるゼロワン地域は，日弁連のひまわり基金法律事務所や法テラスの司法過疎地域事務所の開設によって消えつつあります。残されたゼロワン地域では，利益相反の問題を解消するために複数の法律事務所を実現することが目標とされています。

そういえば，みなさんの議論にもありましたが，弁護士過疎が解消されても事件過疎という問題が残されるという傾向がとりわけ地方でみられるので，地域社会等と手を携えながら需要を掘り起こしていくことの必要性が認識されています。形式的アクセス障害を取り除いて，いよいよ実質的アクセス障害の克服に取り組む段階に入ったといってよいのかもしれません。

そこで，つぎに，弁護士の執務態勢を実質的に強化するための新

たな動きについてみていきたいと思います。

4 弁護士の執務態勢の強化

　弁護士需要を開拓していくには，弁護士が複雑・多様化，国際化する社会のニーズに十分に対応しうるよう，その執務態勢を強化する必要があります。ここでは，その一環として，弁護士法人制度，総合法律経済関係事務所，そして，パラリーガルを取り上げます。

弁護士法人制度と法律事務所の複数化

　弁護士法人制度は，平成13（2001）年の弁護士法改正によって導入されました（30条の2以下）。その際，複数事務所の設置禁止（弁護20条3項）の例外を弁護士法人について容認する（同30条の9）などの立法措置が講じられました。弁護士法人制度の立法化により，弁護士業務の共同化，専門化，総合化等により，複雑多様化する弁護士需要への的確な対応が可能となるでしょう。

　さらに，法人化していない弁護士事務所にもこの方向性を推し進めるべく，複数事務所の設置禁止規定（弁護20条3項）を改めて，法律事務所の複数化 を一般的に認めるべきであるとの意見があります。これは，法律事務所の複数設置によって，弁護士間における適度な競争関係が加速される結果，弁護士業務の質的向上がもたらされるとともに，弁護士へのアクセスポイントの量的増加によって弁護士過疎・偏在が解消されることを狙いとするものです。非弁護士の温床などの弊害が生じないよう手立てを講じながら（たとえば，後にみるパラリーガルなど），利用者の利便性を第一に考えた前向きな議論を期待したいところです。

隣接業種との協働のあり方——総合的法律・経済関係事務所など

　弁護士を熾烈な競争に追い込む要因は，弁護士の増加だけではありません。隣接法律専門職種がその職域を拡大して従来弁護士の職域であった分野に進出することにより，弁護士は他士業との競争にもさらされています。たとえば，司法書士や弁理士は一定の場合に訴訟代理人となることが認められていますし（司法書士3条1項6号イ，弁理士6条・6条の2），司法書士会などでは独自に認証ADR機関を設置して，弁護士会の認証ADR機関と紛争解決サービスを競い合っています。

　しかしながら，弁護士と他士業は常に競争関係にあるわけではありません。それぞれの専門性に応じて役割を分担しながら協調関係にたつことも多いです。たとえば，弁理士や税理士は，裁判所の許可を得ずに訴訟代理人である弁護士とともに出廷して陳述する補佐人として認められることになっています（弁理士5条，税理士2条の2）。これは知的財産権訴訟や税務訴訟などの専門的知見を要する事件において弁護士と他士業がスクラムを組んでより充実した訴訟追行を可能にする協働の枠組みの好例といえます。

　そのほか注目に値するものとして，弁護士と他士業の所属する総合的法律・経済関係事務所におけるワンストップ・サービス構想があります。これについては，総合的法律・経済関係事務所を経費共同事務所にとどまらせず，収入共同事務所まで認めるべきかなどが議論されています。また，弁護士会が他士業団体のADR事業に協力したり（たとえば，土地家屋調査士会のADR事業に協力した岩手弁護士会や岡山弁護士会など），他士業団体と協働してADR機関を立ち上げたりすること（たとえば，日弁連と日本弁理士会が共同で設立した「日本知的財産仲裁センター〔旧工業所有権仲裁センター〕」，大阪

弁護士会が大阪司法書士会，大阪土地家屋調査士会などと協働して設立した「総合紛争解決センター」など）も，最近増えており，これも他士業との連携により法的需要を広く掘り起こす動きといえるでしょう。

こうした隣接法律専門職種との協働をめぐっては，そのルール作りが問題となりますが（とりわけ，弁護72条の問題），利用者たる国民の視点にたった議論がなされないかぎり，弁護士がニーズ拡大による利益を享受することは難しいかもしれません。

パラリーガル（弁護士補助職）

国民の弁護士需要が多様化し，それに応じて弁護士の職域が広がると，弁護士はそれだけ多忙になるので，弁護士業務の効率化をめざすのは自然の成り行きです。そこで，アメリカの法律事務所にならって，弁護士業務のアシストを認められた法律事務所職員，すなわち，パラリーガル（弁護士補助職）を制度化すべきであるとの意見があります。日弁連も，事務職員に対して研修および能力判定試験を実施し，合格者を雇用弁護士の所属弁護士会の弁護士補助職認定名簿に登録するというシステムを構想中です。ちなみに，大きな渉外事務所では，英文契約書の作成・確認の領域において弁護士の右腕として高い能力を発揮する事務職員の存在が一般的となっていますが，パラリーガルの先駆け的存在であるといえるでしょう。

たしかに，非弁活動の助長のおそれや人材流出の懸念などの問題は可能性として存在しますが，今後の議論は，法律事務の効率化やコスト低減により，ますます多様化する弁護士へのニーズに応答的であろうとするところに弁護士補助職制度の狙いがあるという大局観のなかで展開されることが望まれます。

5 弁護士の専門性の強化

弁護士の専門性とは何か？

つぎに，弁護士の専門性を強化すべきであるとして，さまざまな動きがあります。ところで，弁護士の専門性って何でしょうか？

とりあえず，弁護士は法律の専門家であることに疑いはないですよね。だから弁護士である以上は，基本的な法律の知識と法情報の検索能力，訴訟を含む法的処理のスキル，そして，これがもっとも大切だと思いますが，法的思考能力やリーガルマインドを備えています。このあたりが弁護士としてミニマムの専門性ですが，弁護士需要の開拓に応じて，弁護士には専門性のさらなる強化が求められるというのですが，それはどういうことでしょうか？

まず，現在の弁護士増員によって生じている弁護士間の競争を背景に，弁護士各人が自分の得意分野をもつべきであるという意味で専門性が語られることがあります。たとえば，離婚事件専門や倒産関係専門といった具合です。

さらに，得意分野が法専門性を超えて他の専門領域に及ぶことも，その弁護士のセールスポイントになります。たとえば，税理士資格や弁理士資格，まれに医師の資格という場合もありますが，何らかの専門資格を有していたり，法学以外の分野の学位を取得していたり，あるいは，外国語に秀でていたりする場合です。

ご存知のように法科大学院には法学既修者コースと法学未修者コースがありますが，後者の狙いのひとつに，法学以外の専門家に法専門性を習得してもらう，いわゆる ハイブリッド法曹 の養成ということがあります。こうしたハイブリッド法曹の需要は，とりわけ民事訴訟における専門的知見を要する事件への対応強化策の実施

(たとえば，知的財産高等裁判所の設置や東京地裁と大阪地裁への専属管轄化等による知的財産権訴訟の処理体制の強化など）ともあいまって，今後ますます高まるでしょう。

また，これまで弁護士業務に付随するといった程度の認識しかなかったリーガル・カウンセリング，交渉，ミディエーション等のADR（裁判外紛争解決方法），そして，企業法務などにおけるスキルを磨くことも，弁護士本来の専門性の強化といいますか，専門性の拡充につながると思います。

弁護士会の研修等による継続教育（OJT）

こうした弁護士の専門性強化のために，弁護士会の研修等による弁護士の継続教育（On the Job Training；OJT）を充実・実効化させて，欧米諸国でみられるような 弁護士専門認定制度（具体的には専門研修受講認定制度や専門登録制度など）を立ち上げると同時に，弁護士会広報に取扱業務や得意分野等の弁護士情報を掲載することなどが検討されています。なお，OJT という言葉は，これまで弁護士事務所における先輩弁護士による実務を通じての指導・教育という意味で用いられるのが通常でしたが，最近は，それに限らず，弁護士の職域拡大に応じて OJT の内容と方法も多様化しています。

話を元に戻しますと，これからの弁護士には，既存の専門性にとらわれずに，利用者のニーズを見極めて新たな専門分野を開拓することも大いに期待されます。そして，そのことに加えて，弁護士が自らの専門性を多様な方向に高める一方で，それぞれの専門分野をもつ他士業との協働関係を築き上げることも，利用者のニーズに応答的であるうえでとりわけ重要であることを申し添えておきます。

6 弁護士と ADR（裁判外紛争解決方法）

ADR サービスの拡大

　社会の複雑化・多様化・国際化は，訴訟以外の紛争解決方法，つまり ADR の拡充を要請することにもなります（ADR については，**第 10 講義**参照）。ADR が拡充すれば，それだけ弁護士の職域もほぼ拡充するとみられます。たとえば，国際仲裁の分野においては，仲裁パネルとして，あるいは，仲裁代理人としての弁護士ニーズがあるわけです。

　これまでも，単位弁護士会ごとに 紛争解決センター（「仲裁センター」や「あっせん・仲裁センター」など名称はさまざま）が立ち上げられ（2008 年 9 月時点で，全国 25 弁護士会において 29 センターが設置），仲裁やあっせん・調停などの ADR サービスを提供してきました。

　これからは，新しい「仲裁法（平成 15 年法律第 138 号）」のもとで，仲裁制度のメリットを広く国民に PR するとともに，より多くの紛争解決センターが積極的に仲裁サービスの提供に取り組むことが期待されます。わが国では仲裁は従来あまり活用されていないので，とくに仲裁に適した事件，たとえば，知財事件など専門的知見を要する事件やビジネス紛争などに特化したかたちで展開して，その後の浸透の呼び水とするなどの工夫が必要と思われますが，そのためにも，一層多くの弁護士が企業法務などに携わっているという環境にしなければならないでしょう。

ADR で求められる弁護士の役割

　また，和解の仲介を行う民間紛争解決手続を実施する民間 ADR 機関について，その認証等を定めた「裁判外紛争解決手続の利用の促進に関する法律（平成 16 年法律第 151 号）」（ADR 法）によると，

非弁護士の主宰する民間紛争解決手続も認証を得ることが可能ですが，その場合の認証の基準として，法令の解釈適用に関し専門的知識を要するときに「弁護士の助言」を受けるための措置を定めていることが要求されています（6条5号）。そうすると，弁護士は，少なくとも法的助言をする役割をもって認証ADR機関にコミットすることになりますが，さらに，個々の弁護士が特定の認証ADR機関の設立や運営（調停等）に関与したり（たとえば，「日本スポーツ仲裁機構」や「家電製品PLセンター」など），あるいは，弁護士会の紛争解決センターが新たに認証を受けたり（大阪弁護士会の「民事紛争処理センター」や京都弁護士会の「京都弁護士会紛争解決センター」など）することが考えられます。

今後，弁護士は，法専門家という共通の基盤のうえに，各自がさまざまな専門的知見（たとえば，知的財産権や医学に関する知見など）やスキル（たとえば，カウンセリングやミディエーションのスキルなど）をもって，ADRの拡充にとって先駆的役割を担うことが期待されます。

7　弁護士と企業法務

高まる企業の弁護士ニーズ

つぎに，弁護士のクライアントとして，個人のほかに，企業が挙げられますが，企業の弁護士ニーズは，従来，訴訟でも抱えないかぎり，そう高いものではありませんでした。それがバブル経済の崩壊，トランスナショナルな取引の増大によるグローバリズムの浸透，そして司法制度改革論議を経て，企業の弁護士ニーズは確実に高まっています。

第15講義　弁護士の近未来像——これから必要とされる弁護士とは？

　みなさんは，企業法務 ないし 会社法務 という言葉を聞いたことがありますか？　その内容は調査活動，文書管理，契約法務，予防法務，そして，訴訟関連業務から，とりわけ会社法（平成17年法律第86号）の制定を機にコンプライアンス法務，戦略法務，M&A（とくに買収防衛策），ファイナンス関連，知財，クロスライセンス，不祥事等対応，そして，広くコンサルティング・サービスへと拡がりつつあり，中小企業における独自の展開も注目されるところです。これを弁護士業務という観点から眺めると，弁護士は，オン・ゴーイングのビジネスにもその職域を拡大しつつあるといえます。よって，弁護士には新たなビジネスモデルの構築の一翼を担う創造力が求められているわけです。

企業法務への弁護士のかかわり

　日本でビジネスローヤーとよばれる弁護士は全体の1割ともいわれていますが，今後，たとえば，社内各部署をクライアントとする企業内ローファームとしての位置づけを獲得するなど，企業の法務部門のプレゼンスが増すにつれて，ますます高まりゆく企業社会の弁護士需要をにらんで，より多くの弁護士が多種多様なかたちで企業法務に積極的に関与していくことになるでしょう。

　とくに，企業内弁護士（インハウスローヤー）として企業に就職する弁護士の増加を望む声が大きくなっています。企業内にあって現場感覚をもちながらも，社会正義の観点から，他の部署や経営陣の暴走を止めることができる稀有な存在として，企業内弁護士の役割には大きな期待が寄せられています。

　ところで，これと関連しますが，企業の社会的責任やCSR（Corporate Social Responsibility）という言葉を聞いたことがある人はいますか？　これは，コンプライアンスを前提に企業が社会的役割を

果たしてその企業価値を高めることが企業自身の持続可能性につながるという考え方のことをいいますが，その内容は環境問題や人権問題などとの関わりが深く，本来，弁護士の本領が発揮できる分野です。企業のCSR推進は，弁護士の職域拡大という観点からとらえられることも可能です。

このように，社会正義の実現を担う弁護士がビジネスの世界に進出することの意味は，コンプライアンスの見地からするビジネスのサポートと牽制を通じて，企業価値を高め，ひいては企業社会全体の健全で活力のある調和的発展にとって必須の役割を果たすということであり，弁護士による企業法務は今後の日本社会および国際社会のあり様にとってきわめて重要な鍵を握っているのではないでしょうか。

8 国際化社会における弁護士

弁護士需要の開拓は，国際化の時代にあって，国境を越えて展開されます。国家権力の一翼を担う他の法曹と弁護士との違いのひとつに，弁護士の職域は国境を越える広がりをもつことが挙げられます。そこで，つぎに，グローバルな発展を遂げているリーガル・マーケット，国際司法支援活動，そして，国際機関における弁護士の役割の順にみていきたいと思います。

国境を越えたリーガル・マーケットへの進出

弁護士業務の国際化を求める声は，一方でトランスナショナルなビジネス活動を展開する企業の側から，他方で日本における弁護士業務を含むサービス関連業の自由化を求める諸外国から，聞こえてきます。

第15講義　弁護士の近未来像——これから必要とされる弁護士とは？

　前者の企業のニーズは日本の弁護士資格をもつ者（以下，日本弁護士といいます）に対して国際法務を担当してもらうことが中心であるのに対して，後者の外圧は外国の弁護士が日本国内で弁護士業務を行うことができるようにという国際的規制の緩和ないし撤廃の要求ですから，両者は一見異なる問題のようですが，いずれも日本弁護士の国際競争力を強化すべきであることにつながります。なぜなら，企業法務とも密接に関連しますが，企業のニーズとして重要なことは，日本弁護士か外国弁護士かではなく語学力を含む国際法務担当能力を有していることに加えて，M&A，ファイナンス，知財などの得意分野をもつことですが，弁護士業務の自由化が進めば，日本弁護士と外国弁護士はそれだけ対等にリーガル・サービスを競いあうことになるからです。その結果として，国際的なリーガル・マーケットのなかで，日本弁護士が一層のプレゼンスを示すことが期待されます。

　ちなみに，日本の大学（法学部など）を卒業した後に，ニューヨーク州等で法曹資格を取得した日本人が日本における外国法事務弁護士として活躍するケースも増えているそうです。

弁護士業務の門戸開放の動き

　では，現在，弁護士業務の門戸開放はどの程度進んでいるのでしょうか？　規制緩和を求める外圧は，1986年のGATTウルグアイ・ラウンド開始を皮切りとして，1995年以降の世界貿易機構（WTO）体制下において一層強まっています。具体的には，外国の弁護士が日本国内において一定の法律事務を行うことを許容する「外国弁護士による法律事務の取扱いに関する特別措置法（昭和61年法律第66号）」（以下，外弁法といいます）が昭和61（1986）年に成立しましたが，順次その改正によって規制緩和が進められてきま

した。主要な改正としては，①WTO協定加盟国の弁護士に対して相互主義を適用しないとする相互主義の緩和や特定共同事業の許容などを内容とする平成6（1994）年改正，②国際仲裁手続代理の自由化を認める平成8（1996）年改正，そして，③特定共同事業制度の廃止，弁護士と外国法事務弁護士との共同事業の許容，外国法事務弁護士による日本の弁護士の雇用禁止の廃止などを内容とする平成15（2003）年改正などがあります。

　こうした外弁法の改正をめぐる動きは，たしかに外圧を契機としていますが，日本国内の議論は決して受動的なものではなく，日弁連や法務省を中心に利用者である企業や市民をも巻き込んだ国民的広がりのなかで主体的に展開されてきたことを付言しておきます。

弁護士に求められる役割

　こうした動きを日本の弁護士業務を国際的に高水準の域に押し上げるチャンスであるととらえて，情報化・国際化のなかで高まりゆく法的ニーズに適正に応答しうる態勢を早急に整える必要があります。日本の弁護士が，たとえば，「クリフォード・チャンス」（ロンドンに本拠をおき，世界21ケ国に支店展開をする巨大ローファーム）のようなグローバル・メガファームなどとリーガル・サービス・マーケットのなかで競争することができるようになることが期待されます。

　ちなみに，諸外国において弁護士のクロス・ボーダー・プラクティスを推進する弁護士制度改革やリーガル・サービスの規制緩和に向けた動きがみられますので（川村②721頁以下），こうした国際競争力の強化は重要な政策であって，軽視することは許されません。世界のリーガル・マーケットにおける日本の弁護士のプレゼンスを高めるために，日本の弁護士や弁護士会がIBA（International Bar

第15講義　弁護士の近未来像——これから必要とされる弁護士とは？

Association［国際法曹協会］)，LAWASIA（ローエイシア），ABA（American Bar Association［アメリカ法曹協会］)，CCBE（［欧州弁護士会評議会］)などの組織と連携を深めてゆくことも重要です。

　そのほか，外国における日本の弁護士や弁護士会のあり方を検討するなど，国際社会や諸外国の状況等をにらみながら日本の弁護士がその国際競争力に一層の磨きをかけて，国内外における普遍的な正義へのアクセスの担い手として期待される役割を十分に果たしうるための基盤条件を整備することが急務でしょうね。

弁護士による国際司法支援活動

　それでは，つぎに移りますが，みなさんは，国際司法支援活動，あるいは，法整備支援活動って何か分かりますか？　これは発展途上国を中心とする外国の法整備，たとえば，民法や民事訴訟法といった基本法の起草や法曹養成などを支援する活動のことです。

　意見書もアジア諸国に対する法整備支援に言及しておりますし，最近は，日弁連および弁護士による積極的な国際司法支援活動が展開されています。これまで，国際協力機構（JICA）の事業の一環として，カンボジア，ベトナム，モンゴル，ラオス，インドネシアなどにおける法整備支援活動が実施されており，現在，中国の民事訴訟法・仲裁法の改正の支援活動等を準備しているそうです。

　今後も，さまざまな国や地域において，弁護士が国境の垣根を越えたプロフェッションとして多様な支援活動が展開するという方向性のなかで国際協力のあり方を模索していくことになるでしょう。

国際機関における弁護士の役割

　さらに，弁護士に公職の兼職が許されるようになったこと（弁護士法30条の改正）を契機に，わが国の外務省などの公的機関はもちろん，WTOや国連の各機関（ユニセフ，世界銀行など）といった国

際機関において，弁護士が法専門家としてその活躍の場を広げてゆくことが期待されています。

9 弁護士倫理，そして，再び弁護士人口の問題

新たな弁護士像・弁護士倫理

最後に，これまでみてきた弁護士ニーズの多様化による弁護士の業務体制の変化や職域拡大といった近時の傾向は，新たな弁護士像を問いかけること，そして，新たな弁護士倫理のあり方を模索することにつながります。とりわけ，弁護士広告の自由化，報酬規程の撤廃，そして，弁護士人口の増加といった趨勢のなかで，弁護士に対する国民の目は，今後，期待と厳しさを増すものと思われます。

2004年11月，日弁連は，それまでの「弁護士倫理」を廃止するとともに，新たな弁護士倫理および基本的行為規範として「弁護士職務基本規程」（会規第70号）を制定したのですが（弁護士倫理については，**第16講義**も参照），これもそうした文脈から理解することができます。弁護士に対する懲戒権と規範制定権をもつ弁護士会が，弁護士の職務の公正と透明性および質の向上を担保するために，国民に対する自律的な公約として，弁護士の倫理と基本的行為規範を会規として示そうとしたわけです。その実をあげるには，綱紀・懲戒手続の透明化や迅速化，実効化が課題となりますし，法曹養成段階での倫理教育やOJTでの倫理研修を強化することも必要です。

さらに，弁護士会の苦情処理制度を整備して，綱紀・懲戒手続等との連携強化等を行うことや，弁護士賠償責任保険の普及等を図り，弁護過誤に対する救済を強化することも，利用者の利益保護の観点からは重要です。最近，弁護士会に対する御意見番として「市民会

議」を設けるといった特筆すべき動きもあります。そのほか，官公庁や企業，NPO法人・NGO法人などの組織内で活躍する弁護士に関する規律のあり方など，検討を要する課題は，ますます膨らむばかりです。

　国民の弁護士，弁護士会，さらには司法全体に対する信頼を築くことで，国民の享受しうる法的サービスをより充実したものにするという利用者たる国民の視点からの議論が何よりも期待されています。

弁護士の職域拡大の2つの方向性

　さて，このように弁護士の職域は拡大の一途を辿るものと期待されますが，その方向性としては，従来の業務をより充実させるという深化の方向と，新しい分野へ進出するという拡大の方向という2つがあります。

　たとえば，多重債務相談体制の整備，裁判員裁判への対応，被疑者国選弁護事件拡大への対応などが前者で，弁護士が災害復興支援，または，ワーキングプアなどの新たな社会問題や人権問題に取り組むことが後者です。それに，弁護士は，法科大学院での法学教育だけでなく，一般市民や小中高生向けの法教育にも取り組んでいますね。そのほかにも，弁護士任官制度や法曹一元にも触れたかったですが，時間がありません（弁護士任官制度については，**第14講義**参照）。このような職域の拡充にとって，弁護士人口の増員は追い風となるのでしょうか，それとも足かせとなるのでしょうか？　みなさん，考えてみてください。

これからの弁護士像：段階・ステップモデル

　蛇足となりますが，これからの弁護士像に関する私の個人的予測を一言だけ申し上げます。弁護士人口の点はおくとして，これから

の弁護士は，弁護士資格の取得にとどまらず，それをステップとして，たとえば，国や地方での政策立案に携わるなど，さまざまな分野における人権擁護と社会正義の担い手として独自の成長を遂げて，活躍していくのではないかと思います。ご清聴ありがとうございました。

　Y教授：お疲れさまでした。最後のところは，弁護士の段階モデルないしステップ・モデルという新たな考え方でしょうか？Kさん，近いうちに論文にまとめてみてください。それでは，みなさん，お礼をいいましょう！

　学生一同：ありがとうございました！

　Y教授：では，課題を出します。さきほどの議論とK弁護士のお話を踏まえて，弁護士人口問題に関するレポートを8,000字以内で作成して提出してください。今後，どのような弁護士が必要とされるのかという視点を入れて欲しいと思います。

　それでは，今日のゼミはこれで終わります。

＜ステップアップ＞
① 日本弁護士会「当面の法曹人口のあり方に関する提言［2009年3月18日］」
  (http://www.nichibenren.or.jp/ja/opinion/report/data/090318.pdf)
② 川村明「欧米における弁護士改革とポスト工業社会」小島武司先生古稀祝賀『民事司法の法理と政策（下）』（商事法務，2008）〔以下，小島古稀下と引用〕721頁
③ E・E・チーサム著（渥美東洋ほか訳）『必要とされるときの弁護士』（中央大学出版部，1974）
④ 小島武司『弁護士報酬制度の現代的課題』（鳳舎，1974）

⑤　棚瀬孝雄『現代社会と弁護士』（日本評論社，1987）
⑥　小島武司『弁護士――その新たな可能性』（学陽書房，新装補訂版，1994）
⑦　那須弘平『民事訴訟と弁護士』（信山社，2001）
⑧　和田仁孝＝佐藤彰一編『弁護士活動を問い直す』（商事法務，2004）
⑨　日本弁護士連合会弁護士業務改革委員会 21 世紀の弁護士像研究プロジェクトチーム編『弁護士改革論――これからの弁護士と事務所経営』（ぎょうせい，2008）
⑩　鈴木正貢「国際法律事務所論」小島古稀下 747 頁以下
⑪　堤淳一「リーガルサーヴィス伝達の構図――日弁連弁護士業務改革委員会の取り組みを中心として」小島古稀下 765 頁以下
⑫　宮澤節生「日本におけるコーズ・ローヤリング型公益弁護専門組織の可能性――試論」小島古稀下 885 頁以下

（小島　武司）

（小林　　学）

Bridgebook

第16講義

法律家の倫理とコンプライアンス

1　本講義のねらい

　司法制度改革を機に，法律の担い手である法律家の倫理も大きく変わりました。とくに，弁護士などの 法曹 とよばれる，裁判等の紛争を法的に解決することを業とするための有資格者ばかりでなく，ADR（Alternative Dispute Resolution）といわれる裁判外の紛争処理に関わるプロフェッショナルとしての仲裁人や調停人，さらには，企業等の組織内で法令遵守，いわゆるコンプライアンスを監督したり，契約や紛争処理のための法的交渉を担う組織内の弁護士や企業法務部の専門職等にも，一定の守るべき行動規範としての倫理が規定されることにもなりました。本講義では，その概要を理解し，残された課題を展望してみたいと思います。

2　司法制度改革による法律家の役割と倫理の変容

紛争当事者のよき助言者としての法曹

　司法制度改革は，迫り来るグローバル市場経済の波に日本社会が対応するため，法曹人口の増加による正義へのアクセスの拡大をめ

ざしました。これは，これまでの官僚によるいわゆる護送船団方式の経済運営が国際競争力を持てないことから，より開かれた競争原理による市場経済へ転換するために必要な構造改革の1つでした。つまり，事前に紛争を予防する官による保護・調整型の社会システムから，紛争を事後的に公正に処理する自律的社会システムへ切り替えるため，より大きな司法が求められるようになったのです。同時に，自律の裏返しとしての紛争当事者の自己責任を問うための手続保障の強化，そのための司法を担う法律家の役割の変容に対応する質の向上が求められました。

とりわけ，法廷活動など紛争を法的に解決することを業とする法曹とよばれる人々の役割の変化が求められました。これまでは法曹の人口も少なく，その業務はきわめて厳しい独占によって守られていたため，ともするとエリート主義的で，いわゆる「よらしむべし，知らしめるべからず」的な権威を振りかざすことで妥協を強いるような調整型の役割が主流でした。市場経済のグローバル化による自律的社会では，むしろ，紛争当事者の良き助言者として十分に説明してその理解を得たうえでの同意（患者に対する医師の医療行為に対する，いわゆる「インフォームド・コンセント」に対応）による代理が求められるのです。

法的訓練を受けていない者でも理解できるような法廷活動

裁判も訴訟法の改正などで対審構造が強化され，また刑事訴訟では被害者参加や裁判員制度の導入など，これまでの司法の常識を覆す革命的な試みも行われているのです。このように，市民や当事者が直接裁判に参加する場合もあるため，法的訓練を受けていない素人でも理解できるような法廷活動や代理，助言などを心がけなければなりません。人々の権利意識が高くなるにつれて，民事裁判にお

いても，足して2で割るような妥協的な和解には納得いかないとして，権利義務を確定して判決を求めたり，社会的不正義を是正するために社会運動として裁判を提起したりするということも増えるでしょう。依頼者から弁護士としての能力を問われ，検察官や裁判官の判断などにも厳しい目が注がれることにもなります。弁護過誤訴訟等を依頼者から提起されることすらあるのです。このような能力が依頼者に評価されることで法曹自らもよりよいサービスを提供するための競争をすることになるのです。とくに依頼者にもっとも近い弁護士の業務は近年大きく変わろうとしています。つまり，米英流の手続保障の厳格化とともに依頼者の利益のための守秘義務などもこれまで以上に求められています。

弁護士に求められる社会的責任の実践

　反面，弁護士の社会的責任の実践も求められています。これは，弁護士が依頼者の代理人という立場だけでなく，もともと司法という国家権力の一端である公益を担う資格を免許された職業（プロフェッション）として，それ相当の社会的な役割を期待されているからです。とくに米英的な法律実務ではビジネス志向が強いわけですが，高収入を得る見返りとして，反面，プロボノ活動とよばれる，無料奉仕的な業務を一定程度こなすことなどが定着しています。日本の弁護士も，とくに大企業を依頼者にもつ大手法律事務所などは単に弁護士会の会務活動ばかりでなく，環境や人権といったそれ自体高額の報酬を期待できない公共性をもった業務も率先してこなすことが求められているといえるでしょう。

3　弁護士倫理の内容とその改革

　弁護士の倫理についての規定は，弁護士法に定める倫理規定，日本弁護士連合会が定めた「弁護士職務基本規程」（以下，弁護規程とします），さらに単位弁護士会の規定，裁判所法，各訴訟法，民法，憲法などの実定法，さらには弁護士の職務をめぐる判例法などがあります。

弁護士法に求められる弁護士倫理

　弁護士法1条には弁護士の使命，2条にはその努力義務が規定され，22条以下により具体的な規定があります。

　とくに重要なものとして，弁護士法23条の「職務上知りえた秘密を保持する義務」があります。この守秘義務は，弁護士が依頼者から信頼を得てその権利を擁護するために不可欠な義務であると同時に，開示を求められてもこれを拒める特権でもあります。これは同じプロフェッションといわれる聖職者や医師などにも共通する，基本的な倫理といえるでしょう。

　弁護士法24条では公共への奉仕義務，25条では依頼者との信頼関係を保持するための利益相反に関する職務の受任を回避する義務が具体的な事件の類型として規定されています。弁護士法26条は汚職禁止，27条は非弁護士との提携の禁止，28条は係争権利の譲受の禁止，29条は事件を受けないときは速やかに依頼者に通知する義務をそれぞれ規定します。弁護士法30条は営利業務についての所属弁護士会への届出義務を規定しています。これは平成16（2004）年の弁護士法の改正で規制緩和の一環として弁護士の兼職・営業等の制限を廃して届出制にして自由化したものです。

　弁護士法22条以下の違反は懲戒を受ける可能性があります。そ

の意味で法的拘束力がある規定といえるでしょう。

日弁連による「弁護士職務基本規程」の実施

日弁連は，司法改革の流れを踏まえて会則を改正し，従来の「弁護士倫理」を廃止して，新たに会規として2005年4月1日から「弁護士職務基本規程」を施行しました。

従前の「弁護士倫理」は総会の宣明決議という形式であったため，その違反の程度と内容いかんで弁護士法55条の「品位を失うべき非行」のあったと懲戒委員会が判断されたときのみ懲戒されました。このため判断のさじ加減が不透明であるという手続上の問題もありました。また法廷中心の弁護士活動を前提としていたため，裁判を中心とした倫理規定となっていました。弁護士の活動が裁判外にまで拡大し，多様化してきている現状にあわせることも必要となり改正されたものです。

「弁護士職務基本規程」では，倫理を宣明した「行動指針と努力規定」と法的拘束力をもつ「行為規範・義務規定」の両者を前文から13章までに詳細に規定して，ルールの明確化とその違反を罰することによる実効化を図っています。

真実義務と依頼者の代理人としての立場の相克

本講義ではその詳細を説明する余裕はありませんので，訴訟法などに規定された義務もあわせて，原理的な義務とその課題を簡単に説明するにとどめます。弁護士には，一方では独立したプロフェッションとして高い公益性（基本的人権の擁護と社会正義の実現という使命）に由来する，弁護規程5条にもある真実義務が求められます。他方，弁護士は依頼者のための代理人・弁護人という立場で当事者として相手方と対抗する立場をもちます。とくに対審構造が強化された最近の法廷ではこのような党派性が期待され，依頼人への誠実

義務に基づく守秘義務・秘密保持義務が強調されます。

しばしばこの真実義務と守秘義務・秘密保持義務は相克します。真実ではないと思うことをあえて主張することは許されないでしょうが，裁判官ではない以上，自らの判断もまた正しいとは言い切れない場合もあります。真実は実は誰にもわからないということを前提とする対審構造では，裁判は真実を明らかにするという 実体的正義 を実現する場というよりは，当事者に武器対等の原則による手続保障が貫徹されているかぎり勝者に正義があるという 手続的正義 による勝敗を決着する過程ということになるのです。ですから弁護規程82条1項2文は，刑事弁護人に検察官のような真実の解明まで求めるような，いわゆる積極的真実義務を負わせるものではなく，職務の行動指針または努力目標とされているにすぎません（同条2項）。

4 仲裁人に求められる倫理

仲裁 は，当事者があらかじめあるいは紛争後に，当該紛争の解決手段として第三者を仲裁人としてその（仲裁）判断に従うことを合意する，仲裁合意に基づいて行われる裁判外の紛争処理手続です。仲裁人の倫理については，日本仲裁人協会が2008年2月4日に 仲裁人倫理規程（以下，仲裁規程とします）を制定しています。

仲裁人に求められる公正性と独立性の程度

仲裁規程2条では，「仲裁人は常に公正でかつ独立してその職務を行わなければならない」とされます。これは，仲裁判断という裁判所の判決にも匹敵する，判決同様の執行力をもつ判断を示して紛争を法的，強制的に解決する役割からして当然のことといえましょ

う。

ただ，3名以上の奇数の仲裁人により仲裁人パネルを構成する場合，1名以上を紛争各当事者が選任して，残りの1名を各当事者によって選任された仲裁人が，当事者双方から中立な第三者仲裁人を選ぶという場合もあります。このような場合には，第三者仲裁人以外の仲裁人はそれぞれを選任した各当事者と，従来からの信頼関係を含む何らかの関係をもつ場合も少なくないのが一般の実務といわれます。したがって，仲裁人には中立性はとくに求められず，ここでいう独立性も厳格なものでなく公正さを疑われない程度のことでよいものと思われます。この点，仲裁規程8条の利害関係開示義務にあるとおり，「仲裁人は当事者に対し，自己の公正性および独立性に疑いを生じさせるような状況および事実を書面により開示しなければならない」とされていることが参照されるべきでしょう。これによって当事者は，仲裁人の公正性と独立性を担保することができるでしょう。

ただし，あくまでこれは外観であって，仲裁人の内心まではうかがい知ることはできないことは明らかです。裁判と違って，当事者が自ら信じるものの判断に従うという私的自治の本旨である自己責任原則が貫徹されることになります。本規定は仲裁人候補者の利害関係についての説明責任を明確にして当事者がより確実にこれを検証可能とするために書面による開示を求めています。

仲裁人に課される2つの義務

仲裁人は公務員でも，また特別な資格保持者である必要もありませんが，担当案件を審理して仲裁判断を下すという職責からして，弁護士や裁判官，検察官などの法曹と同様の守秘義務が課されます（仲裁規程5条）。

仲裁人の利害関係開示義務は先に述べたとおりですが，やはり公正さを担保するために一方当事者のみとの交渉や通信は仲裁規程3条にあるとおり，相手方に開示することが原則とされています。この点，当事者が仲裁人に和解のための調停を求めた場合の対処に関して問題になります。仲裁規程7条は，「当事者双方より予めの承諾を得た場合には和解を試みることができる」とします。この和解調停のため，双方合意のうえ，各別に相手方に内密に話を聞いた場合，その後調停が不調となって仲裁手続を再開するときの，内密情報の扱いがこの相手への開示義務と抵触する恐れがあります。この場合の扱いに関する規定はありませんが，相手方の反論権を保障できないために公正な審理ができず，その結果公正な判断に至らないと仲裁人が思う場合には辞任すべきでしょう。

5 調停人に求められる倫理

調停人の倫理に関する一般的基準はない

紛争を和解で終結させるための調停をする 調停人 の倫理については，仲裁人同様の倫理が求められるでしょう。仲裁人協会の倫理規定に相当するような一般的な基準はいまだ見当たりません。

日本の調停では，各当事者別に面接して事情を聞き取る手法が通常ですが，そのような密室でのやりとりにおいては，調停をまとめるために調停人が，説得のために脅したりあるいは騙したりして強引にいわゆる落としどころで妥協させるという手法が用いられることもありえます。このような手法はひと昔前は，調停人の権威によらしめるべしということで容認されたかもしれません。しかし昨今の 当事者自治 という裁判外紛争処理（ADR）の理念からも許されず，

やはり倫理違反といえるでしょう。自由な意思による和解ということでなければ，民法上も錯誤無効とされる場合すらあるでしょう。

「二流の正義」と批判されないために

調停は必ずしも法的な紛争処理とはいえず，私的自治が認められる範囲で権利義務にこだわらず柔軟にかつ（法的な解決が過去の清算というのに対し）未来志向的建設的な解決をもたらす可能性があります。他方，ともすると訴訟費用や弁護士費用の負担ができない力の弱い者にとっての次善の策ということで，いわゆる「二流の正義」と批判される余地もありますので，当事者の力関係や立場の違いを吟味して，公正な解決をもたらすべく誠実に努力する義務が，少なくとも職務の行動指針または努力目標として見出されるでしょう。もっとも不公正さが明らかであったり，強行規定に反したりするような場合には当然，その合意は公序良俗違反としても無効ということになり，調停人にも何らかの民事上の制裁が求められることになるものと思われます。

同様のことは，交渉をする紛争当事者とその代理人の倫理にも当てはまることです。とくに法律家として交渉に携わる以上，違法性のある詐欺や脅迫を弄することはもちろん，騙す意思がなくても前言を翻して相手の信頼を裏切ったり，脅す意図はなくても優越的な地位を濫用するような交渉手法はやはり倫理に反するものといえましょう。党派的な立場にたっても法律家は，常に法のもつ公共性の観点からプロフェッショナルとして独立していなければなりません。そこに法律家としての信頼の根拠があるからです。

6　企業法務部とコンプライアンス

組織内弁護士に求められる役割

　企業法務部などの組織内の弁護士の倫理上の問題は，その所属する組織への忠誠・忠実義務との関係です。弁護士であるかぎり，弁護士職務基本規程上の倫理規定が適用されます。この規程には第5章「組織内弁護士における規律」として，50条（自由と独立），50条（違法行為に対する処置）の2ケ条が規定されています。つまり弁護規程50条は，企業などの組織内にいる弁護士も「弁護士の使命及び弁護士の本質である自由と独立を自覚し，良心に従って職務を行うように努める」として，改めて弁護士の独自性を確認しています。これを受けて弁護規程51条は，「組織内弁護士は，その担当する職務に関し，その組織に属する者が業務上法令に違反する行為を行い，又は行おうとしていることを知ったときは，その者，自らが所属する部署の長又はその組織の長，取締役会若しくは理事会その他の上級機関に対する説明又は勧告その他のその組織内における適切な措置をとらなければならない」と規定しています。企業の法務部は通常，組織内の法令遵守（コンプライアンス）をその職責としています。ですから，企業内弁護士はその専門家としてその維持向上に貢献し，企業の法令違反を予防，矯正することが期待されているといえるでしょう。

守秘義務と外部への通報義務の相克

　違反を知ったとき，弁護士でない者であれば外部への告発・通報も公益通報者保護法3条などで保護される場合もありますが，弁護士であればむしろ「職務上知りえた」秘密を守るという弁護士としての 守秘義務 があります（弁護規程23条）。ですから組織内弁護士

の報告義務は組織内として外部への通報は義務とされていません。組織内で報告，勧告したにもかかわらず何らの対応もとられなかったり，同様の違反が繰り返されたりするような場合の対処について弁護士職務基本規程は沈黙しています。だからといって黙認していれば専門家としてかえってその違法を助長することにもなりかねず，弁護規程50条の趣旨に従って企業を退職すべき場合もあるでしょう。いずれにせよ，平成18（2006）年に改正された会社法では，コンプライアンスの体制を含む内部統制システム構築の決定，財務報告の信頼性確保のための内部統制報告書の提出も義務づけられ，弁護士がますます企業の内部から法の支配を拡大，実質化していくことへの期待が大きくなっているものといえるでしょう。

7　CSRと法律家

企業に求められる社会貢献の姿勢

　企業活動に関わる弁護士の倫理として企業の社会的責任（Corporate Social Responsibility—CSR）との関係も最近注目されています。CSRと企業のコンプライアンスの関係にはさまざまな見方があるものの，企業が法令を遵守するだけでなく，企業倫理を守り，さらに株主のためだけの利潤追求だけでなく積極的に社会に貢献するという姿勢が国際的にも問われてきています。コンプライアンスが米国発であるのに対し，CSRはもともと社会民主主義を素地とする社会性を重視してきた企業をモデルとする欧州，EU発ともいわれます。

　国連も1999年の通称ダボス会議における当時のアナン事務総長の提唱により，グローバルな企業の行動規範として，国連グローバ

ル・コンパクトといわれる原則を発表し，人権，労働基準，環境，汚職防止に関する10原則を掲げ，2009年6月30日時点で世界の130ケ国，5,200社（日本は93社で世界で20位程度にすぎません）が加盟しています。

環境ビジネスに投資するいわゆるエコ・ファンドの発展など，CSRは最近より積極的に社会責任投資（SRI）というかたちで株主行動にすら影響を与えつつあります。

このように企業イメージアップばかりではなく，むしろ昨今の金融危機を背景とした持続可能な市場経済への経営戦略や企業価値，さらには，いわゆる社会企業ともいわれる企業理念そのものの変容へと発展しつつあります。

CSRガイドラインと弁護士への期待

日本経済団体連合会は2007年に企業行動憲章・実効の手引き〔第5版〕を発表し，CSRの規格化と普及に努めています。日弁連はこれを受けてCSRガイドライン2007年度版を2008年3月に公開しました。弁護士会によるこのようなガイドラインは世界的にみてもごくまれだと思われます。2000年の国連ミレニアム開発目標（MDGs）の2015年の目標達成が絶望視されるなかで，2008年9月には「ビジネスからの行動要請」が国連で採択されMDGsの実現を企業が誓ったということです。このように，各国政府を名宛人とし，国際規範としても確立してきている人権などの公共益を，グローバル化のなかで企業が当事者として，いわばソフト・ローとして，受け入れていく過程が観測されます。

このような企業の私的利益と国際的な公益をつないでいく主体，アクターとして，公共性と党派性をあわせもつ弁護士の役割への期待は高まっているといえましょう。弁護士ばかりでなく，法律家と

いわれる人々が，プロフェッションとしての国際連帯を高めていくことで，よりよい国際社会を作っていくことが期待されているのです。

8 グローバル社会の法律家をめざして

　法律家は，現在，グローバル化する市場経済の番人として，また国際法や人権，開発，平和などの地球規模の課題に取り組む担い手としても期待されています。同時に新たな世界秩序へ貢献することは自らの市場の開拓でもあるのです。現在，ベトナムなどのアジアの新興国へオーストラリア等の英米法の弁護士がどんどん進出を始めています。弁護士自身もまた苛酷なグローバル競争にさらされているといえましょう。しかしながら，日本の弁護士は中国以外でアジアの諸国に本格的にビジネスを展開している法律事務所は皆無といってよいでしょう。それどころか国内での弁護士の雇用が確保できないとして，弁護士増員の当初予定を凍結することにすらなりそうです。

　この間，アジアに進出するも，法的なサービスを受けられず，現地の公務員にスピード・マネーと称して贈賄をすることが日常化している実態もあります。日本政府や日弁連は，ODAによる法制度整備支援や司法制度支援もしていますが，現地の日系企業が汚職にまみれ，その摘発を怖れながらもビジネスを展開しようとしている実情をみてみぬふりをするのでしょうか。倫理とは，すべからず，という消極的な面ばかりでなく，プロフェッショナルとしての使命に仕えるという，より積極的な面もあるように思います。そうでなければやがて見捨てられてしまう日が来るかもしれません。

<ステップ・アップ>
① 小島武司ほか編『テキストブック現代の法曹倫理』（法律文化社，2007）
② 飯村佳夫ほか『弁護士倫理』（慈学社，2006）
③ 江橋崇編著『企業の社会的責任経営：CSRとグローバル・コンパクトの可能性』（法政大学出版局，2009）
④ 浜辺陽一郎「コンプライアンスとCSRとの関係——その実現における企業内外の弁護士の役割」企業と法創造4号（2005）87頁
⑤ 太田勝造＝野村美明編『交渉ケースブック』（商事法務，2005）

（佐藤　安信）

第4編　司法の利用方法

Bridgebook

第17講義

司法アクセス
―― 法的サービスの享受を促進するための努力

1　なぜ司法アクセスが問題となるのか

充実した日本の司法制度

　裁判所における裁判，民間紛争解決機関での紛争解決，あるいは，弁護士や司法書士等に対する法律相談など，広い意味での法的サービスを受けるためのプロセスを 司法アクセス といいます。本講義では，この司法アクセスについて，民事司法における問題を中心に取り上げていきます。

　日本では，憲法32条で裁判を受ける権利が規定され，31条では適正手続の保障が定められ，さらに76条以下では司法制度に関する規定がおかれ，それを受けて，裁判所制度および裁判手続が整備されています。また，裁判手続を中心として，裁判外紛争処理制度，法曹制度など相互に関連する諸制度が整備されています。そのうえ，今次の司法改革では，「国民に利用しやすい司法」を目的として，諸制度および諸手続の改革が行われました。日本は，近年，アジア諸国における司法制度の整備に関する立法支援も行っており，世界的にみても模範となりうるほどに整備された司法制度を有しているといえるでしょう。

第17講義　司法アクセス——法的サービスの享受を促進するための努力

🔖 司法アクセスは司法利用者が最初に直面する問題

　にもかかわらず，この司法アクセスが問題とされるのは，これが，裁判を受ける権利の保障にとって，もっとも根本的な問題であるからです。

　少し前に，国の道路整備事業に関して，「いくら立派な病院を造っても，そこに至る道路がなければどうしようもない」という主張がなされましたが，個別ケースにおける当否は別として，司法においても同様の論理は当てはまるものということができるでしょう。入り口に到達することができて，初めて中はどうなっているかということについて考えることができるのです。どんなに素晴らしい司法関連施設を造っても，また，どんなに優れた司法手続を作っても，利用する人が，どうすればそれらを利用できるのかわからない，あるいは利用したくても利用できないというのでは，絵に描いた餅と変わりません。

　司法制度について考える場合，どうしても，裁判等の手続やその担い手のあり方に目が行きがちなわけですが，この一見すると地味な問題のように思われる司法アクセスの問題は，利用者にとって，最初に直面することになるきわめて重要な問題なのです。

2　21世紀の司法をめぐる提言

　司法アクセスの問題は，かつては，主として貧困のため法律相談や裁判にかかる費用を支払うことのできない者に，費用面での援助を行うという問題としてとらえられていました。その後，環境問題や消費者問題のような拡散的利益を保護するためにどのような手続を構築するべきかという問題としても検討が行われるようになりま

した。

そして，現在は，年齢，心理，性別，場所などのあらゆる障害を克服して「正義へのユビキタス・アクセス」をめざすアプローチにおいて，この問題を捉えるべきだとされています。すなわち，たとえば，利用者が自己の抱える問題に応じて裁判や裁判外紛争処理の手続を選択できるような，大きな観点で司法システムを構築すること，弁護士や司法書士のような法律専門家の提供する法的サービスが，利用者にとってより利用しやすいものとすること，いつでもどこでも，誰でも，必要な法的情報を容易に入手できるようにすること，など多様で奥深い問題として検討されているのです。

2001年6月に公表された司法制度審議会における意見書でも，21世紀の司法のあり方について，国民がより利用しやすく，分かりやすく，頼りがいのある司法とするために，「民事司法については，国民が利用者として容易に司法へアクセスすることができ，多様なニーズに応じた適正・迅速かつ実効的な救済が得られるような制度の改革が必要である」としたうえで，「司法へのアクセスを拡充するため，利用者の費用負担の軽減，民事法律扶助の拡充，司法に関する総合的な情報提供を行うアクセス・ポイントの充実等を図る。さらに，国民が，訴訟手続以外にも，それぞれのニーズに応じて多様な紛争解決手段を選択できるよう，裁判外紛争解決手段の拡充・活性化を図る」べきであるとして，多様な問題の存在が指摘され，その改革が求められました。

以下では，こうした指摘を受けて行われた改革の動きのいくつかを紹介しましょう。

3 日本司法支援センター（法テラス）の設立

法テラス立上げまでの流れ

　司法制度改革審議会の意見書における司法アクセスに関する具体的な提言の1つに，「司法の利用相談窓口（アクセス・ポイント）を裁判所，弁護士会，地方公共団体等において充実させ，ホームページ等を活用したネットワーク化の促進により，各種の裁判外紛争解決手段（ADR），法律相談，法律扶助制度を含む司法に関する総合的な情報提供を強化すべきである」というものがありました。これは，従来，法的情報を入手する方法として，裁判所の広報，弁護士会や司法書士会等の広報，弁護士会や司法書士会における法律相談，地方自治体における法律相談，行政官庁における情報提供，民間団体における情報提供など多様なものが存在したのですが，それらが相互に連携しているとはいいがたい状況にあったため，結果として，利用者がどこへ行けばどのような情報を入手できるか分からないという問題への対策として提案されたものです。

　そこで，この提言を受けて司法制度改革推進本部に設置された司法アクセス検討会においては，いわゆる「司法ネット構想」として，法に関するワン・ストップ・サービスを受けるためのアクセス・ポイントをどのようにして構築するかが議論されました。そして，平成16（2004）年4月に，「民事，刑事を問わずあまねく全国において，法による紛争の解決に必要な情報やサービスの提供が受けられる社会」の実現を基本理念とする，「総合法律支援法」（平成16年法律第74号）が制定され，同年10月に独立行政法人日本司法支援センター（愛称は法テラス）が設立されました。

3 日本司法支援センター（法テラス）の設立

法テラスの6つの柱

　日本司法支援センターは，2009年10月現在において，全国で，地方事務所（原則として都道府県単位）38ケ所，同支部7ケ所，地域事務所（主として司法過疎地域を対象とします）26ケ所の，合計71ケ所設置され，サービスの提供を行っています。サービスの提供のあり方については，一般に，ジュディケア制とスタッフ制とがあります。前者は，開業している弁護士などの法律家が法律扶助事件を一般の事件と同様に受任し，サービスを提供する方式です。この制度には，利用者に弁護士を選択する自由を認め，専門的な知識・経験に基づくサービスの享受を可能とするメリットがあるとされます。これに対して，後者は，公費で運営主体に雇用された弁護士などの法律家が，専門的に法律扶助のサービスを提供する方式です。この制度には，多数の事件を効率的に処理でき，また，担当者が低所得者の事件に固有の問題に習熟するメリットがあるとされます。日本司法支援センターでは両者を併用することで，多様なニーズに応じたサービスの提供を可能とする体制をとっています。とくにスタッフ制との関係ではスタッフ弁護士の確保が大きな課題とされていましたが，最近はスタッフ弁護士への応募も増加しつつあり，サービスの充実が図られています。

　日本司法支援センターの事業には，①情報提供業務，②民事法律扶助業務，③国選弁護等関連業務，④犯罪被害者支援業務，⑤司法過疎対策業務，⑥受託業務，の6つの柱があります。

(1) 情報提供業務：法制度と相談窓口の情報の提供

　これは，法的紛争の解決に役立つ法制度に関する情報と，法律サービスを提供する弁護士会・司法書士会等士業団体，国，地方公共団体等の相談窓口等に関する情報を利用者に無料で提供するサー

ビスです。情報提供の方法は，コールセンターにおける電話および電子メールによる情報提供が中心です。2008年度には，28万7,897件の問い合わせが行われています。

(2) 民事法律扶助業務：金銭的な相談者の支援

これは，経済的な理由により弁護士や司法書士のサービスを受けることのできない者に対して必要な経済的支援を行うものです。具体的には，一定の資力基準に該当する者に対して，法律相談援助(無料法律相談)，代理援助（代理人報酬等の立替え），および書類作成援助（書類作成報酬等の立替え）を実施しています。2008年度には，法律相談援助17万9,546件，代理援助8万442件，書類作成援助5万4,101件を行っています。

(3) 国選弁護等関連業務：被疑者・被告人の法律的な支援

これは，刑事事件で勾留された被疑者や起訴された被告人が，貧困等の理由で，自分に弁護人を選任できない場合に，本人の請求または裁判官の職権により裁判所が弁護人を選任する国選弁護制度に関して，その弁護士契約の締結業務，裁判所からの要請に応じて国選弁護人候補を指名・通知する業務，国選弁護人に支払うべき報酬・費用を算定し，支払う業務です。2008年度は，被疑者の国選弁護事件につき7,415件，被告の国選弁護事件につき6万9,756件が受理されています。

(4) 犯罪被害者支援業務：犯罪の被害者への情報提供

これは，犯罪被害者等が必要とする援助に関する情報の提供を行うサービスです。具体的には，犯罪被害者支援に関する法制度の紹介，犯罪被害者支援を行っている機関・団体の案内，犯罪被害者支援の理解や経験ある弁護士の紹介を実施しています。2008年度に犯罪被害者支援ダイヤルで受電した件数は8,541件にのぼっていま

す。
　(5)　司法過疎対策業務：法の専門家がいない地域への弁護士の派遣

　これは，弁護士や司法書士等がいない地域や，その他の事情により，これらの者に対して法律事務の取扱いを依頼することに困難がある地域において，その依頼に応じ，相当の対価を得て，適当な契約弁護士等に法律事務を取り扱わせるものです。具体的には，いわゆる司法過疎地域において上述の地域事務所をおき，スタッフ弁護士を赴任させ，司法サービスの提供を行っています。

　(6)　受託業務：国などからの業務委託

　これは，上述した日本司法支援センターの本来行うべき業務の遂行に支障のない範囲で，国，地方公共団体，非営利法人等から委託を受けた業務です。2009 年現在，中国・サハリン残留日本人国籍取得支援業務と，日本弁護士連合会の委託による少年保護事件における付添いや難民認定等の援助活動を実施しており，2008 年度には，1 万 8,816 件の申込みが受理されています。

　このように，日本司法支援センターでは，多様な法的サービスの提供を行い，国民の利用しやすい司法の実現に向けた努力を行っています。今後は，利用者である国民への周知に努め，また，設立当初の理念に照らし，その業務内容を一層充実させていくことが期待されます。

4　民事司法にかかる費用と司法アクセス

金銭的に豊かでなくとも司法制度を利用できるようにする

　このように，司法アクセスという問題は広く，深く，多岐にわ

第17講義 司法アクセス──法的サービスの享受を促進するための努力

たっています。そこで，司法アクセスの問題をすべて詳しく論じるのは，困難です。そこで，以下では，筆者が民事司法を専門とするところから，わけても民事司法における費用とアクセスという問題を取り上げることにします。この問題は，日本司法支援センターの業務の1つである 法律扶助業務 とも関係しますので，その点についても論じることにします。

さて，民事司法においては，裁判有償の原則が採用されています。すなわち，裁判手続において判決が下されるということは，国民全体にも間接的に利益を与える面もありますが，だからといって，国がそのすべての費用を負担することは適当とはいえないため，受益者負担の概念により，裁判の利用者に一定の費用負担を求めるものとされています。もっとも，十分な資力のない当事者にとっては，費用を支払わなければならないことが，司法アクセス障害，すなわち司法制度の利用を躊躇させる要因となりかねません。そこで，費用面での司法アクセス障害の克服について方策を講じる必要があるのです。

訴訟費用のうちわけ

ところで，裁判にかかる費用，すなわち広義の訴訟費用は，大きく 裁判費用（狭義の訴訟費用）と 裁判外費用（当事者費用）とに分けることができます。このうち，裁判費用とは，法律ならびに規則により範囲および額が定められた当事者が負担すべき費用をさします。

裁判費用は，さらに 手数料（司法手数料）と 手数料以外の裁判費用（立替金）に分けられます。手数料とは，当事者等が裁判所に対して訴えその他の申立てをして一定の活動を求めることに対して，国庫（裁判所）宛てに一種の受益者負担として支出するものです。これには，裁判所の裁判（判断）を求める当事者の申立てについての

ものや、裁判所書記官が保管する記録の閲覧謄写・書類の交付等（裁判所の判断以外の行為）を求める当事者等の申立てについてのものなどがあります。また、立替金とは、裁判所が証拠調べ等の手続を進めるにあたり必要となる費用です。これには、たとえば、裁判所が証拠調べ・書類の送達その他の民事訴訟等における手続上の行為をするため必要な、証人・鑑定人・通事（通訳）・説明者等の旅費・日当・宿泊料・鑑定料・通訳料などや、証拠調べ、民事・行政事件（調停事件を除く）における事実の調査その他の行為を裁判所外でする場合に必要な裁判官・裁判所書記官の旅費・宿泊費等が含まれます。

これに対して、裁判外費用とは、当該訴訟の追行のために当事者が裁判所以外の者に自ら支払いまたは支払うべき（負担すべき）訴訟費用で、裁判費用以外のものがこれに当たります。

提訴手数料の負担軽減の試み

これらの訴訟費用のうち、手数料、わけても提訴手数料は、訴額が高くなるにつれて高額となるが、高額となる割合が徐々に低くなるという 訴額スライド方式 が採用されています。比較法的にみると、提訴手数料を定額制にしているアメリカ合衆国のような国もありますが、わが国が訴額スライド方式を採用したのは、訴額が高額な事件は複雑で解決が難しい事件である蓋然性が高いことや、訴権の濫用を防止することを理由とするものとされています。

もっとも、提訴手数料は20年近く改正されておらず、経済指標の動向を考慮すべきことや、高額の案件については提訴手数料がアクセス障害となる可能性のあることが問題とされてきました。

司法制度改革審議会においても、「現行のスライド制の下における提訴手数料は、案件によってはかなり高額になることもあること

から、利用者の費用負担の軽減を図るため、提訴手数料については、スライド制を維持しつつ、必要な範囲でその低額化を行うべきである」との指摘がなされました。その結果、平成15（2003）年に、司法制度改革のための裁判所法等の一部を改正する法律（平成15年法律第128号）において、手数料の額の見直しが行われ、訴額がおおむね200万円を超えるものについては低額化が図られました。また、その納付方法も、従来は、申立書等に収入印紙を貼付する方法に限定されていましたが、納付する手数料が100万円を超える場合には、日本銀行に納付し、その領収証を裁判所に提出する方法によることが可能となりました。

このようにして、そもそも手数料が高いため訴えを提起すること自体ができないというアクセス障害については、その軽減が図られています。この点については、今後とも、社会経済の動向にあわせて定期的な見直しを行っていくことが必要であろうと思われます。

なお、一定範囲の提訴手数料の引下げは行われましたが、たとえば、生活保護の対象となっているような人の場合、その引き下げられた手数料を工面することすら難しいという問題があります。そこで、経済的な事情で手数料等を用意できない場合に、裁判所が手数料等の納付を猶予する 訴訟救助 の制度もおかれています。

5 弁護士報酬をめぐる問題

弁護士報酬に関するかつての規定

弁護士と依頼者との関係は、委任ないし準委任契約であるとされています。もっとも、委任契約は無報酬であるとする民法648条の定めと異なり、原則として弁護士と依頼者との間の契約は有償契約

であるとされています。これは，弁護士が業として法律事務の受任を行うことから，報酬を支払う旨の黙示の合意がなされていることによるものです。

弁護士に訴訟事件を委任した場合に支払うべき報酬としては，着手金，（成功）報酬金のほか，民事保全の保証供託金があります。

平成15（2003）年までは，弁護士法において，各弁護士会が「弁護士の報酬に関する標準を示す規定」を定めるべき旨が規定されており（旧33条2項8号），日本弁護士連合会も，各弁護士会が規定することになる弁護士報酬に関して，その標準となるべきものを，その規則で定めるべきものと規定されていました（旧46条2項1号）。そこで，日本弁護士連合会では，報酬等基準規程を定め，標準的な報酬基準を提示していました。

しかしながら，司法制度改革審議会の意見書において，「弁護士報酬については，利用者に目安が付きやすくする等の見地から，透明化・合理化を図ることとし，具体的には，個々の弁護士の報酬情報の開示・提供の強化，報酬契約書の作成の義務化，依頼者に対する報酬説明義務等の徹底を行うべきである。弁護士法第33条において『弁護士の報酬に関する標準を示す規定』を必ず会則として定めなければならないとされていることについては，規制改革推進3か年計画（2001年3月30日閣議決定）において『報酬規定を会則記載事項から削除する』と定められていることを踏まえ，適切な対応がなされるべきである。なお，報酬に関し，弁護士会が何らかの規定を策定する場合には，その策定過程を透明化すべきである」との提言がなされました。

弁護士が自由に報酬額を定められるようになった

そこで，これを受けて，司法制度改革推進本部に設置された法曹

制度検討会において，具体的な法案の検討が行われた結果，弁護士報酬の額の決定を公正で自由な競争のもとにおき，利用者に対して良質なサービスを相当な対価で提供できるようにし，利用者の多様なニーズに応えようとするために，平成15 (2003) 年7月に「司法制度改革のための裁判所法等の一部を改正する法律」において，弁護士会や日本弁護士連合会に報酬基準を規則で定めるべきことを求めていた弁護士法の規定を削除する改正が行われました（平成16年3月31日法律第9号）。

そして，日本弁護士連合会は，2003年11月の臨時総会において報酬等基準規程を廃止し，翌2004年2月の臨時総会において，各弁護士が自らの報酬基準を作成し，これを事務所に備えおく義務等を定める「弁護士の報酬に関する規程」を制定しました。これにより，弁護士は，依頼者との契約によって，自由にその報酬を定めることができることとなりました。

弁護士費用は誰が負担すべきか？

また，日本においては本人訴訟が認められており，原則として，弁護士報酬は民事訴訟法に定める訴訟費用として扱われません。これは，本人訴訟が認められていることから，弁護士に訴訟を依頼することは必要経費ではないとの考え方によるものとされています。これに対しては，当事者が勝訴しても，原則として，相手方から弁護士費用の償還を受けることはできないため負担の公平という点で問題があるとして，以前から，立法論として，弁護士報酬を訴訟費用と同じように扱い，敗訴者負担とすべきであるとの主張がなされていました。

1995年には，法務大臣官房司法法制調査部が「民訴費用制度等研究会」を発足させ，そこでの検討課題のひとつとしてこの問題が

取り上げられました。議論においては、弁護士費用の一部を敗訴者負担とすることが望ましいとする意見が多数を占めたものの、将来の重要課題として今後も検討を進めるべきものとされ、結論を得ることはできませんでした。また、平成8（1996）年民事訴訟法の改正作業においても、法務省に設置されている法制審議会が、訴訟費用に関する問題のひとつとしてこの問題を取り上げることを検討したものの、最終的に法案化は見送られました。

司法制度改革での議論の経過

このような状況を踏まえて、司法制度改革審議会の意見書では、「弁護士報酬の一部を敗訴当事者に負担させることが訴訟の活用を促す場合もあれば、逆に不当にこれを萎縮させる場合もある。弁護士報酬の敗訴者負担制度は、一律に導入すべきではない。このような基本的認識に基づき、勝訴しても弁護士報酬を相手方から回収できないため訴訟を回避せざるを得なかった当事者にも、その負担の公平化を図って訴訟を利用しやすくする見地から、一定の要件の下に弁護士報酬の一部を訴訟に必要な費用と認めて敗訴者に負担させることができる制度を導入すべきである」との提言がなされ、司法制度改革推進本部に設置された司法アクセス検討会において、敗訴者負担制度導入の妥当性について検討が行われました。

敗訴者負担制度の導入については、訴訟類型、法人か個人か、事業者か消費者か、訴額、当事者の意思などの観点からその是非が議論されました。そして、上述したように、利用者に対して訴訟提起を躊躇させる効果が大きいとの批判が弁護士会や消費者団体から寄せられていたことにかんがみ、当事者が簡易な方法によって自己の支払った弁護士報酬の償還を受けることができる仕組みが考案され、その案に基づいて、「民事訴訟費用等の一部を改正する法律案」が

作成され，平成16（2004）年4月に国会に提出されました。しかし，同年12月に衆議院の法務委員会において廃案となりました。そのため，この問題については，従来通り，各当事者が自らの委任した弁護士にその報酬を支払うこととなっています。

対立する両意見にはそれぞれ一理あり，また，弁護士報酬が自由化された現在，その負担のあり方の問題だけを考えるのでは，妥当な結論を導き出すことはとても困難であろうと思われます。成功報酬制度の問題なども含めて，弁護士報酬制度全体を俯瞰しつつ，訴訟の実効性の最大化とアクセス障害の最小化を図る方向で検討するべきでしょう。

訴訟費用を立て替える——法律扶助制度の内容

民事訴訟に関して無資力者あるいは低所得者を保護するための制度として訴訟救助の制度が存在することは上述したとおりです。もっとも，この制度によって救済を受けることができるのは，いわゆる裁判所費用に限られています。そのため，この制度による救済を受けることができても，弁護士報酬や訴訟準備費用を支払わなければならず，制度として十分でない現実があるとの指摘があります。

そこで，この点をカバーするため，1952年に日本弁護士連合会，自由人権協会などが共同して，法務省を主務官庁とする財団法人法律扶助協会 が設立されました。法律扶助協会における扶助事業の仕組みの概略は，以下のとおりです。

まず，民事紛争を抱えた者が法律扶助協会の各支部に申込みを行い，当該支部が資力に乏しい者であると認めた場合には，弁護士による無料相談を行います。また，裁判により解決を図るべきものについては，弁護士等によって構成される審査委員会で勝訴の見込みに関する要件等の審査を行い，扶助を行うとの決定が下される場合

には，弁護士会から推薦された受任弁護士と利用者と協会との三者間で法律扶助に関する契約が締結されることになります。そして，受任弁護士が事件の処理を終えると，審査委員会で終結決定が下され，利用者は立替金の償還を行うことになります。

法律扶助の拡大の動き

当初，法律扶助協会は弁護士会や有志の寄付をその財政的基礎としており，法律扶助対象者を絞らざるをえなかったなど，十分な活動はできませんでした。そこで，1957年から法務省人権擁護局に訴訟援助費の予算が認められ，法律扶助協会にその管理を委託するというかたちをとり，各地の支部を通じて，全国的に法律扶助事業を行えるようになりました。法律扶助事業は，こうした国による財政面での援助のほか，日本弁護士連合会，各弁護士会，および個別の弁護士の活動に大きく依存してきました。

もっとも，司法による解決を要する民事紛争の増加に直面して，数度にわたり補助金の増額がなされたにもかかわらず，資金面では活動を行うのに十分とはいえない事態が頻発し，これを国の事業として位置づけるべきであるとの意見も各方面から寄せられるようになりました。そこで，法務省が1994年11月に設置した「法律扶助制度研究会」では，1998年3月に，わが国に民事法律扶助に関する法制度がないこと等を指摘し，法律扶助事業を国の事業として位置づけるとともに，弁護士の積極的な関与を期待する内容の最終報告書が提出されました。

法律の制定と今後の課題

その後，平成11（1999）年の司法制度改革審議会設置法案の審議に際して，衆議院および参議院の法務委員会において，法律扶助制度に関する法の制定を含む制度の充実を図るべき旨の附帯決議もな

されていたことを踏まえて，平成12（2000）年4月に「民事法律扶助法」（平成12年法律第55号）が制定され，民事法律扶助事業の制度的基盤が整備されました。そして，その年の10月には，財団法人法律扶助協会が指定法人に指定され，国庫補助金も大幅に増額されました。それでも，補助金の増額を上回るペースで扶助の申込みが増加したため，深刻な資金不足から抜け出ることは困難なままでした。

こうした状況も考慮して，司法制度改革審議会では，「民事法律扶助事業の対象事件の範囲，対象者の範囲等は限定的であり，予算規模も小さく，憲法第32条の『裁判を受ける権利』の実質的保障という観点からは，なお不十分と考えられる。……このような視点から，民事法律扶助制度については，対象事件・対象者の範囲，利用者負担の在り方，運営主体の在り方等について更に総合的・体系的な検討を加えた上で，一層充実すべきである」との提言がなされました。そこで，上述のように，日本司法支援センターが設立され，法律扶助協会からその事業を継承するかたちで法律扶助事業を実施しています。また，契約弁護士・司法書士制度に加えてスタッフ弁護士の導入による受任者等の迅速な確保，審査の効率化，情報提供業務等との連動などの運用面における改善が図られています。

6 司法アクセスを考えるときに留意すべきこと

司法アクセスの問題については，全面的解決というゴールを観念することは困難でしょう。そこで，この問題を考えるにあたっては，固定観念にとらわれず，現実を直視し，柔軟に対応するという姿勢がきわめて重要であるといえます。そうしたなかから，司法をより

利用しやすくするにはどうすればよいかというアイデアが生まれてくるのではないでしょうか。

最後に、小島武司教授の言葉をもって、本講義の結びに代えたいと思います。「正義のシステムがそのアクセスにおいて普遍性を獲得し、また、当事者の期待に応える豊穣さを獲得するときにはじめて、人びとは、法と法律家を日常生活にとって必要な1つの道具ないしパートナーとして認識することになるだろう」。

＜ステップアップ＞
① M. カペレッテ＝B. ガース著（小島武司訳）『正義へのアクセス』（有斐閣、1981）
② M. カペレッティ編（谷口安平＝小島武司編訳）『正義へのアクセスと福祉国家』（中央大学出版部、1987）
③ 長谷部由紀子「民事司法アクセスの充実に対する評価と課題」法時80巻2号（2008）26頁
④ 山本和彦「民事司法における法テラスの役割――ADRの視点を中心に」ジュリ1360号（2008）60頁
⑤ 伊藤眞「司法による消費者被害の救済と支援の在り方――消費者問題と法テラスをめぐる一試論」ジュリ1360号（2008）63頁
⑥ 山城崇夫「法律扶助の魂、理論、そして政策」小島武司先生古稀祝賀（続）『権利実行化のための法政策と司法改革』（商事法務、2009）160頁

（清水　宏）

Bridgebook

第18講義

国際化時代の民事訴訟の将来課題

1　国際民事訴訟の増加と対応の難しさ

　国際取引の活発化に伴って，その陰の部分として，国際民事訴訟の件数も増加の一途を辿っています。しかし，現状では，その解決策は不十分といわざるをえません。国境を越える経済活動は，複数の国の当事者が関係する民事事件（渉外事件）の増大をまねいていますが，国際的な民事紛争を解決するルールや手続については十分な手当てが施されていません。すなわち，複数の国にまたがる当事者に対して統一的な紛争解決機関が予定されていないため，それぞれの当事者は自己に有利な国の裁判所において紛争解決を求めようとするのです。その場合に，渉外事件に対して適用されるべき実体法については，常に法廷地国の法を適用するというのではなく，抵触法の問題として準拠法の選択が行われ，これは国際私法の問題として取り扱われます（わが国では『法の適用に関する通則法』〔平成18年法律第78号〕によって規律されています）。

　他方，国際民事訴訟に対する解決手続およびその準則については，それぞれの国によって異なっているという意味で，手続法の相互抵触が存在しています。そこで，訴訟法の領域においては，手続自

体の準拠法として,「手続は法廷地法に従う (forum regit prosessum)」との原則が一般的に承認されてきました。しかしながら,それぞれの当事者は自己に有利な法廷地法 (lex fori) の適用を求めようとするため,つぎに示すようなさまざまな手続問題が生じており,国際民事訴訟への対応の難しさは,一見しただけで明らかです(国際民事訴訟をめぐっては,本間ほか①および小林 = 村上②参照)。

2 アメリカ法人が日本法人を訴えるときの問題点

どの国の裁判所に訴えを提起すればよいか？

たとえば,アメリカ法人 X が,日本法人 Y に対して,特許権侵害を理由に損害賠償を求める訴えを提起しようとしていると想定してみましょう。この場合に,日・米いずれの国の裁判所で審判を行うかという裁判権の規律(たとえば条約)が整備されていない以上,X は,まず,どの国の裁判所において解決を求めるべきかという選択に迫られます。これが「国際裁判管轄」の問題ですが,当事者は,日・米の訴訟手続上の相違があるため,いずれの国の裁判所における手続が自分にとって有利かどうかを考慮して管轄裁判所を選択することになります(なお,これに先だって,民事裁判権の免除や外国人の当事者能力の問題もあります。後述 3 参照)。

そこで,国際裁判管轄の決定に際して考慮される訴訟手続の相違として,たとえば「公判前証拠開示 (pre-trial discovery)」の問題が存在します。すなわち,X は,特許権侵害の事実の立証に必要な情報の入手のためには,相手方の手持ち証拠の包括的な開示制度を有するアメリカの手続を用いる方が,訴訟を有利に展開することができると考えるでしょう。他方,Y にとっては,こうした公判前証拠

第 18 講義　国際化時代の民事訴訟の将来課題

開示の存しない日本の訴訟手続による方が，証拠開示の範囲が狭く，また，企業秘密をカバーしている証拠提出の拒絶権（民訴 197 条 1 項 3 号参照）との関係においても，応訴し，防御するのに適していると考えるでしょう。

また，これとの関連で，Ｘ側のアメリカの裁判所での損害賠償訴訟に対抗して，Ｙも日本の裁判所に損害賠償義務の不存在確認訴訟を提起した場合には，「 国際訴訟競合 」の問題を生じます。この場合には，2 国間で同一の紛争をめぐって 2 つの訴訟が併行的に係属し，判決も矛盾する内容となる可能性があり，その調整が不可欠となります。

外国判決の効力が自国に及ぶための条件

さらに，国際裁判管轄権を有する裁判所の審理を経て言い渡された判決が確定したとしても，その判決の効力を自国の裁判権の及ばない域外において貫くためには，国際間でさらにそのためのシステムが必要であり，これが，「 外国判決の承認・執行 」制度といわれるものです。これは，各国が，相手国の裁判所が言い渡した判決の効力を相互に尊重し，その実効性を確保するために，一定の要件がみたされている外国判決については，自国においてもその通用力を認めるとするものです。

したがって，外国判決の実体的な内容の当否について再審査することを禁止し（実質的再審査〔revision au fond〕の禁止），主として手続問題に限定して審査したうえでこの外国判決を承認することとしています。

これに関連しては，懲罰的損害賠償（punitive damages）を認めたアメリカの判決をわが国で承認・執行することが，わが国の「 公序 (public policy) 」（民訴 118 条 3 号）に反しないかどうかという問題

が顕在化しています。なぜなら、わが国においては、刑事制裁的な懲罰的損害賠償は認められていないからです。

これ以外に、訴状の送達等について、わが国が職権送達によるのに対して、アメリカが当事者による直接送達を原則としているという点においても、手続上の相違が存在します（また、言語の違いや費用の問題も無視できません）。

国際民事紛争の現状

このように、国際民事訴訟のさまざまな局面において手続法の相互抵触が現存しており、後に述べるように、これを解消するための方策も模索されています。しかしながら、実際的にも理論的にも、現状では必ずしも十分であるとはいえず、国際民事紛争の当事者は、何よりもまず自己に有利な法廷地を選択しようと試みます（極端な場合には「法廷地漁り」といいます）。

3 民事裁判権の免除と外国人の当事者能力

すでに述べたように、どこの国の裁判所が渉外事件の国際裁判管轄権を有するかという問題に先だって、そもそも、一国の裁判権を行使することができるか否かという問題が存しています。

裁判権は国家主権に由来しているため、自国の領土内では、あらゆる人、物に対して及ぶのを原則としていますが、たとえば、外国国家、外交使節・領事等および国際機関については、外国の国家主権を尊重し、あるいは国際機関の円滑な活動を保障するために、「民事裁判権の免除（jurisdictional immunity）」という措置がとられています。しかし、最近では、外国国家に対する私人の訴えについて、世界の趨勢は 絶対免除主義 から 制限免除主義 へと転換しており、

わが国でも最高裁平成18年7月21日判決（判例①）が後者を採用したことを踏まえて，その後『外国等に対する我が国の民事裁判権に関する法律』（平成21年法律第24号）が成立しています（村上③69頁以下参照）。

　また，関連して，外国人の当事者能力，訴訟能力および当事者適格の問題もあり，最高裁平成19年3月27日判決（判例②）は，光華寮事件において政府承認の切替えによって誰が当事者となるべきかという問題について判断をしており，国際民事訴訟法の学習には欠かせない重要な問題です。

4　どこの国の裁判所において審判すべきか

マレーシア航空事件最高裁判決

　具体例において素描したように，当事者間の国際裁判管轄をめぐる争いが国際民事訴訟の発端であり，この点が「主戦場」になるといっても過言ではないでしょう。

　この国際裁判管轄とは，渉外事件についてどこの国の裁判所が実体審理をすることができるかという問題であり，各国が国内法によって定めるのが原則です（もっとも，後述するように，国際裁判管轄については，国際条約や国内法によって規律しようとする試みがなされています）。そして，その基準の中心を国内の裁判管轄の原則である被告住所地原則に求め，こうした国内管轄に関する規定を手掛かりにして国際裁判管轄を決定しようとするのが伝統的な考え方でした（逆推知説）。これに対しては，逆推知説と同様に国際裁判管轄について明文の規定がないことを前提としつつ，適正・公平な裁判運営の期待可能性を考慮して国内土地管轄の規定を条理によって

修正したうえで決定すべきであるという考え方（管轄配分説または修正類推説）が従来から存在していました。

こうした考え方を背景として、マレーシア航空事件の最高裁昭和56年10月16日判決（判例③）は、「国際裁判管轄を直接規定する法規もなく、又、よるべき条約も一般に承認された明確な国際法上の原則もいまだ確立していない現状のもとにおいては、当事者間の公平、裁判の適正・迅速を期するという理念により条理にしたがって決定するのが相当であり、……わが民訴法の国内土地管轄に関する規定、たとえば、被告の居所（民訴法4条2項）、法人その他の団体の事務所又は営業所（同4項・5項）、義務履行地（同5条1号）、被告の財産所在地（同5条4号）、不法行為地（同5条9号・10号）、その他民訴法の規定する裁判籍のいずれかがわが国内にあるときは、これらに関する訴訟事件につき、被告をわが国の裁判権に服させるのが右条理に適うものというべきである」としました。

この最高裁判決に対してはさまざまな評価がなされていますが、一般的には、原則として民事訴訟法の土地管轄の規定を用いながらも、その結果として手続法上条理に反する結果を招来するような「特段の事情」があるか否かを検討して国際裁判管轄を決定するという方向を示したものと理解されています。

国際裁判管轄をめぐるその後の判決

このマレーシア航空事件最高裁判決を契機として、その後は、利益考量説や新類型説などの有力学説も主張されています。前者は、国内土地管轄規定を斟酌せずに、利益考量のみに従って国際裁判管轄を決定しようとする考え方であり、後者は、国際裁判管轄規則独自説（プラス特段の事情）の立場から、民事訴訟法の規定を国際裁判管轄に関する条理を形成する一参考材料とし、国際条約を参考に

したり，類型的な利益考量の結果をルール化したりするという考え方です。また，その後の最高裁判決による「特段の事情」の類型化に示唆を受け，これまでの学説について総合的な止揚を試みる新「特段の事情」説も積極的に主張されています。

この問題をめぐって検討する必要のある具体的な判例としては，国際裁判管轄の決定の際に「特段の事情」を考慮した最高裁平成9年11月11日判決（判例④），不法行為地管轄を取り扱った最高裁平成13年6月8日判決（判例⑤），離婚事件の国際裁判管轄を扱った最高裁平成8年6月24日判決（判例⑥）などがあります。

国際裁判管轄の立法化への動き

こうした経緯のなかで，平成8 (1996) 年の民事訴訟法の改正過程において国際裁判管轄の規定の立法化が問題とされましたが，最終的には具体化しませんでした（法務省民事局参事官室編④48頁）。

しかしながら，他方で，国際裁判管轄の統一基準の必要性は，この問題をめぐる各国間の公平や法的安定性・予測可能性という観点からみて不可欠であり，国際条約による統一的規律の方向へと傾斜の度合いを強めていきました。その具体的な試みが，ハーグ国際私法会議において1999年に作成された「民事及び商事に関する国際裁判管轄及び外国判決に関する条約」でした（道垣内⑤82頁以下）。

もともとはアメリカの提案を契機として条約作成が行われましたが，大陸法系よりも広範な国際裁判管轄を認めているアメリカとの間でコンセンサスを得られない部分（とくに直接管轄の内容）があり，多くの紆余曲折がありました。その結果，最終的な条約としては，2005年6月のハーグ国際私法会議第20回外交会期において「管轄合意に関する条約」が採択されましたが，内容的には後退したものにとどまることとなりました（全体について，道垣内編著⑥参照）。

その後，わが国においては，2001年から再び国際裁判管轄に関して法整備および立法化への動きが強まり，2008年4月の「国際裁判管轄研究会報告書」の公表に続いて，同年10月からは法制審議会国際裁判管轄法制部会において「国際裁判管轄法制に関する検討事項」の審議が進められており，その後の「国際裁判管轄法制に関する中間試案」の公表により，立法への動きが加速しています（ジュリ1386号⑦4頁以下参照）。そして，2010年3月，第174回国会において法案が提出されました。これにより，国際裁判管轄の規定が民事訴訟法および民事保全法の一部改正というかたちで新しく設けられることが予定されています。

国際訴訟競合とその処理

国際訴訟競合の問題は，後述する外国判決の承認・執行の問題と密接に関連しています。すなわち，わが国の裁判所と外国の裁判所の双方で同一事件が審理されている場合に，民訴法118条3号によりわが国において訴訟係属があることまたはわが国の判決が存在することを「公の秩序」に該当すると解し，競合する外国判決の承認・執行を拒絶することができるかどうかという問題として具体化してきます。

そこで，わが国の判決を外国の判決に常に優先させるべきであると考えるならば，双方の提訴の先後を問わずに，外国判決の承認・執行を拒絶することになりますが，これでは，対抗訴訟の掛合いを助長するにすぎなくなるでしょう。考え方としては，①先に係属した訴訟を優先させるというもの，②先に係属した外国裁判所の判決がわが国で承認されると予測可能な場合には，これと抵触するわが国での訴えを却下すべきであるというもの（承認予測説），③国際裁判管轄の判断において，内・外いずれの訴えが適切な法廷地におけ

るものであるかを比較考量して、適切な法廷地への訴えのみを適法とするもの、④考え方③を前提にしつつ、外国の訴訟に不確定な要素がある場合には、審理の再開の余地を残しながら「期日を追って指定する」との考え方などがあり、今後解決しなければならない重要な問題です（ごく最近の例として、東京地裁平成19年3月20日中間判決〔判例⑦〕）。

5　外国判決の国内での執行が認められる条件

外国判決の承認・執行要件

　ある国でなされた原告の勝訴判決が他の国でもその効力を認められるかどうか、また当該判決が給付判決である場合に、他の国に存在する被告の財産に対して強制執行をすることができるかどうか、というのが外国判決の承認・執行の問題です。マレーシア航空事件において述べたように、自国の裁判所が国際裁判管轄権を行使するかどうかの問題が、国際民事訴訟の入口の問題であるとするならば、外国判決の承認・執行の問題は、最後の出口の問題であるとの比喩が当てはまります。

　この外国判決の承認・執行は、他国の判決の効力を自国において認めることによって、当該判決の国際的通用性を高めるシステムであるため、当該判決について、判決効を正当化するに足る手続権の保障が当事者に与えられていなければならず、承認国が要求する最低限の質的な基準をみたしているかどうかの審査を経る必要があります。わが国では、民訴法118条が、外国裁判所の確定判決について、①当該外国裁判所に国際裁判管轄が存在したこと、②被告に適法な送達がなされたこと、③当該外国判決の内容および訴訟手続が

わが国の公序良俗に反しないこと，④相互の保証があること，の4つを承認要件として規定しています。また，こうした外国判決に基づいてわが国で強制執行しようとするときには，執行判決を求める訴えを提起しなければなりません（民執24条）。もっとも，外国判決について前記4つの要件が備わるものについては，前述のように，その実体的内容の当否について再審査することは禁止されています（民執24条2項）。

外国判決の承認・執行をめぐる裁判所の判断

こうした外国判決の承認・執行の要件に関しては，承認要件の②（被告への適法な送達）をめぐって，最高裁平成10年4月28日判決（判例⑧），東京地裁八王子支部平成9年12月8日判決（判例⑨）があります。また，とくに，英米法系諸国で原則的な方法である直接送達（受送達者への直接交付や直接郵送）が国際司法共助を介しないものであるため，これを不適法として，こうした送達に基づいて下された外国判決は承認要件を欠くとして，承認・執行を拒否すべきかどうかも問題となります（前掲判例⑨参照）。「民事訴訟手続に関する条約」（1954年）と「民事又は商事に関する裁判上及び裁判外の文書の外国における送達及び告知に関する条約（ハーグ送達条約）」（1965年）が，名宛国が拒否の宣言をしないかぎり，直接送達を有効としていること（10条）と関連して問題となっています。わが国が拒否宣言をしていない以上，直接送達も原則として適法ですが，被告に対して実質的な手続保障が奪われている場合には不適法とすべきではないかと考えます。さらに，承認要件③の「公序」については，萬世工業事件判決（後述判例⑩参照）などの重要判例があります。

懲罰的な損害賠償判決を承認・執行することはできるか？

2において示したように，承認要件のうちでもっとも問題となるのは，前記③の「公序」の要件です。この要件は，外国判決の内容がわが国の法秩序の基本原則に反するものであってはならないという趣旨で規定されており，たとえば賭博の賭金の支払いを命ずる判決など公序に反するものは承認されません。問題となるのは，アメリカの懲罰的損害賠償を認めた判決が，これを認めていないわが国の公序に反し，承認適格がないとすべきであるかどうかです。懲罰的損害賠償とは，主に不法行為において加害行為の悪性が高い場合に，加害者に対する懲罰および一般的抑止効果を目的として，通常の填補賠償のほかに認められる損害賠償をいいますが，これを命じた外国判決の承認・執行について，萬世工業事件の最高裁平成9年7月11日判決（判例⑩）はつぎのように述べています。すなわち，「本件外国判決のうち，補償的損害賠償及び訴訟費用に加えて，見せしめと制裁のために被告上告会社に対し懲罰的損害賠償としての金員の支払を命じた部分は，我が国の公序に反するから，その効力を有しないものとしなければならない」とし，懲罰部分についてはわが国での承認・執行を認めませんでした。

「公序」要件に関する判例としては，身分関係事件をめぐるものも多々存しており，最高裁平成19年3月23日判決（判例⑪），最高裁昭和60年2月26日判決（判例⑫）があります。

このほかに，承認要件④の「相互の保証」については，最高裁昭和58年6月7日判決（判例⑬）を検討すべきです。

6　国際仲裁制度の役割分担

当事者の自主的な紛争解決の事前選択

　国際民事訴訟は，国際的な民事紛争が発生した後に解決を試みる方法であり，いわば事後的な紛争解決手段です。しかし，国際取引社会は，取引に際して当事者間で事前に紛争が生じた場合の解決策を合意しておくという法文化を培ってきているのです。そのひとつは，国際裁判管轄の合意であり，国際取引契約の諸条項のひとつとして，「本契約から生ずる紛争についてはＸ国の裁判所の管轄に服する」という内容の合意をあらかじめしておくものです。これは，国際取引紛争に対して裁判管轄の問題にかぎって部分的にとられる予防的な措置ですが，さらにこれにとどまらず，紛争全体の解決を当事者が合意した仲裁機関に委ねるという国際仲裁の制度も存在しており，これを積極的に利用しようという傾向にあります。これは国際取引紛争について事前に包括的な紛争解決を準備しておく方法であり，そのための常設の機関として，たとえば国際商業会議所（ICC）仲裁裁判所，ロンドン国際仲裁裁判所（LCIA），アメリカ仲裁協会（AAA）などが存在しています。

　また，当事者が個別的に仲裁手続を取り決めるアド・ホックな国際仲裁については，国連国際商取引法委員会によって作成された「アンシトラル（UNCITRAL）仲裁規定」(1976年)がしばしば利用されており，その後に作成された「アンシトラル国際商事仲裁モデル法」(1985年)は，各国の国内立法において採用されることを通じて商事仲裁の国際的な調和を図ろうとしています（ドイツは1998年にアンシトラル国際商事仲裁モデル法をほとんど受容し，これを民事訴訟法中に規定することにより，国内法化を終えています。また，わが国

も，平成 16〔2004〕年に，このアンシトラルモデル法にならった新しい「仲裁法」〔平成16年法律第138号〕を制定・施行しています）。

国際仲裁のメリット

訴訟は，紛争を国家の裁判所により強制的に解決するものですが，他方，仲裁は，当事者の合意によって，訴訟に代えて，当事者があらかじめ定めた仲裁人に紛争解決の判断を委ねるものです。

古くから，国際的な商事取引の当事者は，予見しうる紛争の解決を，法廷地法の適用を原則とする国家の裁判所による訴訟手続によらずに，私人による仲裁手続に委ねるという知恵をもっていました。なぜなら，国境を越えた事件をめぐり，異なる法圏に属する当事者のいずれか一方の国の裁判所が訴訟手続を行うことは，他方の当事者にとって自国の裁判所による手続と比較して，より大きな負担やリスクを強いられるおそれがあるからです。他方で，仲裁手続については，当事者の合意に基づいて公平な手続を形成する可能性が開かれており，とくに中立的な共通の手続を備えたフォーラムにおける柔軟な紛争解決は不可欠なものであるからです。

具体的には，①相手国の裁判所による紛争解決を避けて，当事者が求める紛争解決機関による中立的な解決を期待できる，②合意に即して仲裁人による柔軟な手続運用が可能であり，迅速な紛争解決も望める，③紛争の特殊性に応じた専門家や準拠法所属国の法律家を仲裁人とし，その仲裁判断をあおぐことができる，④手続が非公開のため，紛争をめぐる秘密が保持される，⑤仲裁判断の承認・執行についても，外国判決の承認・執行に比較して容易かつ確実である，などの諸点がメリットとして指摘されています。もっとも，一審制であり，原則として不服申立てができないことや，裁判官と比べて仲裁人に紛争解決能力や経験が乏しい，といったマイナス面の

指摘もあり，これらのデメリットを克服する必要性も否めません。

わが国では，仲裁合意の有効な成立や合意があるにもかかわらず訴えが提起された場合の処理をめぐって，最高裁平成9年9月4日判決（判例⑭）があります。

なお，国際仲裁判断については，外国判決の承認・執行と同じように，その承認・執行が可能です。仲裁判断は，仲裁地が日本国内にあるかどうかを問わず，確定判決と同一の効力を有しており（仲裁45条1項），多国間条約である「外国仲裁判断の承認及び執行に関する条約（ニューヨーク条約）」(1958年)や「外国仲裁判断の執行に関する条約（ジュネーブ条約）」(1927年)などに基づいて行われます。

7 手続法の国際的調和の試み

世界的に統一的なルールの可能性

国際的な物品移動や人的交流に伴って生ずるさまざまな民事紛争について，多国間条約や二国間条約により解決することは1つの方法ではありますが，利害の対立が先鋭化している領域において，こうした合意を形成することは必ずしも容易ではありません。とりわけ，手続法の領域においては各国の裁判制度の歴史や伝統が背景に存しており，世界的に統一的なルールを形成することは困難な状況にあるといわざるをえません。

しかしながら，他方で，社会・経済のグローバル化は，これに伴って生ずる紛争解決をどの国においても公平かつ迅速に行うことを強く要請しています。民事訴訟手続については，とくに英米法系と大陸法系との間で，さまざまな問題について手続法の相互抵触が顕著であることは，すでに述べた通りです。にもかかわらず，相互

の譲歩によって手続法の国際調和を図る努力をしなければならないこともたしかです。国際間の民事紛争を放置しておくことは、国境を越えた人的・物的交流を阻害するばかりでなく、法文化をも含む広い文化的発展を停滞に導くでしょう。かつて、ローマ法がヨーロッパ諸国に継受され、大陸法文化が形成されていったように、現代では世界的な規模での法的調和が求められています。もっとも、世界的規模での手続法の統一は彼岸であって、現実的なものとはいえないという現状においては、むしろ可能な領域から徐々に手続法の国際調和を試みる方が妥当であり、また実効性を伴うでしょう（春日⑧1頁以下参照）。

手続法の国際調和に向けた具体的な取組み

こうした努力のひとつとして、アメリカ法律協会 は、ユニドゥロア（UNIDROIT〔私法統一国際協会〕）と協同して、国際民事訴訟のための「渉外民事訴訟ルール草案」（1999年）を作成し（アメリカ法律協会編⑨513頁以下）、世界の主要国にその採択の是非を問うこととしました。これは、アメリカのジェフェリー・ハザード教授とイタリアのミケーレ・タルッフォ教授が主宰して、国際民事訴訟手続の基礎としてできるだけ多くの国々によって承認されうるような原則規定を作成しようとする企画であり、将来の国際民事訴訟のルール作りの重要な契機となるであろうと思われます。

これに対しては、ヨーロッパでもドイツのロルフ・シュテュルナー教授の「フィージビリティー・スタディー（Feasibility Study）」（春日⑩際商28巻3号281頁以下、4号407頁以下参照）やスイスのゲルハルト・ヴァルター教授の論文が公表されましたし、その後もドイツのハイデルベルクなどで検討会が開催され、積極的な評価がなされていました。その結果、2004年5月に、私法統一国際協会お

よびアメリカ法律協会は「国際民事訴訟原則」を全会一致で採択することとなりました（名古屋裁判所国際関係法研究会⑪3頁以下およびロルフ・シュテルナー⑫115頁以下参照）。今後のさらなる展開に注目しなければならないでしょう。

　手続法の国際調和は，もはや将来の課題ではなく，喫緊の要請であるといえます。先にみた，国連国際商取引委員会の「アンシトラル国際商事仲裁モデル法」やハーグ国際私法会議の「管轄合意に関する条約」のほか，国際倒産の領域での「アンシトラル国際倒産モデル法」（1997年。これを踏まえて，わが国では平成12〔2000〕年に「外国倒産処理手続の承認援助に関する法律」が制定されています）はその先駆けであり，「国際民事訴訟原則」が提示した重要な機能を担うように，各国はさらに法的調和へ向けて緊密な連携を図る必要があると考えます。

＜ステップアップ＞
① 本間靖規ほか『国際民事手続法』（有斐閣，2005）
② 小林秀之＝村上正子『国際民事訴訟法』（弘文堂，2009）
③ 村上正子「外国等に対する我が国の民事裁判権に関する法律（対外国民事裁判権法）」ジュリ1385号（2009）69頁
④ 法務省民事局参事官室編『別冊NBL27号・民事訴訟手続に関する改正試案』（1994）48頁
⑤ 道垣内正人「『民事及び商事に関する裁判管轄権及び外国判決に関する条約準備草案』について」ジュリ1172号（2000）82頁
⑥ 道垣内正人編著『ハーグ国際裁判管轄条約』（商事法務，2009）
⑦ 「特集・国際裁判管轄法制のあり方」ジュリ1386号（2009）4頁
⑧ 春日偉知郎「証拠法の国際調和」民訴55号（2009）1頁
⑨ アメリカ法律協会編（三木浩一訳）「渉外民事訴訟ルール――討

議用草案No.1」際商27巻5号（1999）513頁
⑩　春日偉知郎「『渉外民事訴訟ルール草案』に対するヨーロッパ側の反応(上)(下)」際商28巻3号（2000）281頁，4号（2000）407頁
⑪　名古屋裁判所国際関係法研究会「アメリカ法律協会・私法統一国際協会『国際民事訴訟原則』」判時1998号（2008）3頁
⑫　ロルフ・シュテュルナー（春日偉知郎訳）「国際民事訴訟原則（Principles of Civil Procedure）」法研82巻4号115頁

＜判　例＞
①　最二小判平成18・7・21民集60巻6号2542頁
②　最三小判平成19・3・27民集61巻2号711頁
③　最二小判昭和56・10・16民集35巻7号1224頁〔マレーシア航空事件〕
④　最三小判平成9・11・11民集51巻10号4055頁
⑤　最二小判平成13・6・8民集55巻4号727頁
⑥　最二小判平成8・6・24民集50巻7号1451頁
⑦　東京地裁平成19・3・20中間判決・判時1974号156頁
⑧　最三小判平成10・4・28民集52巻3号853頁
⑨　東京地八王子支判平成9・12・8判タ976号235頁
⑩　最二小判平成9・7・11民集51巻6号2573頁〔萬世工業事件〕
⑪　最二小決平成19・3・23民集61巻2号619頁
⑫　最三小判昭和60・2・26家月37巻6号25頁
⑬　最三小判昭和58・6・7民集37巻5号611頁
⑭　最一小判平成9・9・4民集51巻8号3657頁

（春日　偉知郎）

Bridgebook

第 *19* 講義

刑事司法の国際化

1 刑事司法の国際化の意義・背景

　刑事司法の国際化 という場合，大きく分けると2つの場合があります。

　1つは，刑事法について従来の各国の主権を基礎に，国境を越えて行われる犯罪に対し，各国が，単独でまたは多くの場合には連携・協働して対処する場合であり，もう1つは，ジェノサイドなどの国際的に非難度の高い犯罪に対して，多国間の条約を基礎に設置された「国際法廷」でその犯罪を処罰するべく，捜査，訴追，裁判，裁判の執行が行われる場合です。本講義では，前者に中心をおいて考察します。

　前者についてみると，犯罪が，国境を越えて行われる場合が増加している実態があります。国外で，日本人または外国人より，日本人もしくは日本国を被害者として行われる場合，日本で犯罪を行った後に国外に逃亡する場合，複数の国の犯罪組織が連携して犯罪を行う場合など——たとえば，薬物の密輸入，人の密輸入，銃器の密輸入，通貨偽造等々，さまざまな場合があります。異なる国の組織犯罪間の提携による犯罪への対処は各国の重大な関心事項であり，

このような事態に対処するために，麻薬条約や組織犯罪条約等，いくつかの国連条約が締結されてきています。——また，従来の国境がほとんど意味をなさずバーチャル空間として一体化している状況下で犯罪が行われる場合（サイバー犯罪），海賊やハイジャックなど，領土外での犯罪に各国が共通の課題として連携して対処しなければならない場合など，様々な場合があり，このような国境を越えた犯罪活動に対処するために，各国は，自己の主権を基礎に，単独で，多くの場合には連携してこれらの国境を越える犯罪に対処しようとしてきています。

　以下では，国境を越える犯罪への対処を，実体法と手続法の両面から考察することにしましょう。

2　国外犯の処罰に関する実体法上の法原則

属地主義（犯罪が自国内で行われた場合）

　刑法の適用に関する適用範囲について，わが国の場合には，刑法典に原則的規定がおかれています（1条～4条の2）。

　第一に，一般に領土内（国内）で行われる行為を，自国民および外国人を含め，犯罪として定め処罰する規定が設けられています。各国は自国の領土について，自国民の安全と安寧を確保する役割と職責を有するので，自国内で行われる行為について，自国民であると外国人であるとを問わず，犯罪行為について定め（刑1条参照），その犯罪の捜査，訴追，裁判，裁判の執行を行うことができます[*1]。

　各国とも，従来の自国の領土内で犯罪を定める権限を有するのは当然として，自国外で行われた犯罪行為についても領土主権の立場を基礎に自国の権限のもとに犯罪行為と認定することができるとす

る立場がとられる場合があります。米国は，long arm jurisdiction という考え方をとり，自国外で行われた犯罪行為の場合であっても，アメリカ合衆国の利益に重大な影響（substantial impact）を与える場合には，アメリカ合衆国の主権に基づき，その行為をアメリカ合衆国の法律に違反する犯罪と認定することができるという立場をとっています（たとえば，独禁法違反の共謀。失敗犯〔thwarted offense〕の場合でもこの考え方により合衆国法違反としています）。このような long arm jurisdiction の考え方には，ヨーロッパ各国を含め，批判的な見解が多いといえるでしょう。

*1 日本の領土であっても，在日米軍地位協定により，在日米軍基地内および公務中の構成員・軍属の場合に，米軍が優先的捜査権を有するとされる場合や日本国と競合的に裁判権を有する場合があります。

属人主義（自国民が犯罪の加害者・被害者となる場合）

つぎに，領土外で行われる自国民の犯罪行為と自国民が被害者である場合に自国の刑罰法規を適用する場合があります。

領土外で行われる行為であっても，自国民が行う犯罪行為が自国の秩序を害するとともに，国家間での，相互の他国の利益に対する尊重を欠くことになるので，自国民の犯罪行為については，一定限度で，国外で行われた場合であっても，処罰の対象として定められています（刑3条）。日本人が国外で殺人を行うなどがその例です。

他方，外国人が自国民に対し，外国で犯罪を行う場合，外国がその犯罪の捜査，処罰を行わない場合があり，このような場合，自国民を保護する立場から自国の刑法が適用されないとすると，自国民の利益の保護がまったくなされないことになってしまいかねません。そこで，自国民の利益を保護するためには，自国民が海外で被害者となった場合にも自国の刑法が適用されるよう定める必要がありま

す。フランスは従来からこのような被害者主義による規定をもっており、わが国でもかつて定められたことがありましたが、その後、そのような規定がおかれないままとなっていました。しかし、外国船籍の船で外国人による自国民に対する殺人が起こり、その外国人の所属する国でも船籍国（船籍国が領土国となります）でも、犯罪者に対する捜査・訴追・裁判をまったく行わない事態が発生し、自国民の保護を図る必要が自覚されて刑法が改正され、被害者が自国民である場合に、一定の場合に、日本国の刑法が適用されるとの立場がとられることとなりました（刑3条の2）[2]。

[2] 英語では自国民が犯罪者である場合に自国の主権を及ぼす場合を active personality principle といい、自国民が被害者である場合に自国の主権を及ぼす場合を passive personality principle といいます。

保護主義（国家の利益を保護する場合）

つぎに、さらに、国家の利益が害される場合、外国で行われた場合でも、外国人によって行われた場合でも、それを犯罪として定めて処罰する場合があります。内乱、外患、通貨偽造等、国民の利益の集積である国家の利益を害する犯罪行為の場合です。このような著しく秩序を害する行為を処罰できなければ、自国の利益の確保はおぼつかないので、とくに重大な場合とみて、処罰するのです（刑2条）。保護主義 の場合といわれています。

普遍主義（普遍的に非難を受けるべき犯罪の場合）

以上のような場合とは別に、国際的に非難度の高い行為についてどの国でも犯罪として認識されるべし、との立場から、犯罪として定められる場合があります。多くの場合、国際条約でこれらの行為が犯罪として定められ国際的合意が形成されるか、歴史的に国際的に非難度の高い行為として認められてきている行為を基礎に、自国

の主権に基づいて、その行為を犯罪として定める場合がこれに当たります。国外で行われた外国人を対象とする外国人による犯罪行為の場合であっても、自国の主権を及ぼして犯罪の対象として定めることができます。たとえば、海賊行為は歴史的に国際的犯罪とされてきた行為です。ハイジャックについては、ハーグ条約を基礎に、わが国において、「航空機の強取等の処罰に関する法律」が定められています[*3]。

*3 具体的事例としては、中国民航機奪取事件（判例①）を考えることができます。これは、中国人による中国民航機を対象とするハイジャックが行われ、燃料切れ寸前になって福岡空港に着陸した事例です。この航空機は、中華人民共和国の領土です。この事例では、最終的には、中国側への犯罪人引渡しが行われましたが、わが国の「航空機の強取等の処罰に関する法律」（5条を参照）を適用して、わが国の主権に基づいて処罰することが可能な場合でした（渥美①70頁）。

双罰性の要件

以上のように、議会の立法権限の観点からみると、日本の領土外の行為であっても、日本国の主権に基づいて、犯罪とすることができる場合があります。国外犯の処罰には、他国においても同様の処罰規定を設けることが必須の条件となるかというと、執行面では双罰性が要件となりますが、立法上の国家主権の及ぶ範囲との関係でも必ずそうでなければならないかは疑問なしとしません。「双罰性」の要件は、執行面に深く関係します。もっとも、執行面を考慮して議会が双罰性を意識して立法することは当然あるでしょう。

わが国で実体法上犯罪が成立することが、他国に捜査・司法共助を依頼するための条件となり、他国からの捜査・司法共助を受けるための要件となります。各国での実体法の規定の定め方はさまざまであり、まったく同じ構成要件が定められていない場合に捜査・司法共助が必要となる場合があり、捜査・司法共助を不可能としない

ためには，双罰性の要件についての柔軟な解釈が必要となります。

3 国境を越える犯罪に対処するための法の執行と共助

国境を越える犯罪捜査・訴追・裁判と他国への協力要請の必要性

　実体法の観点から，日本の領土外の行為についても，日本の主権に基づいて，処罰することを定めても，その行為を捜査・訴追し，裁判に付し，有罪を認定して処罰するには，領土外での法の執行が関係し，この場合には他国の協力を得なければなりません。たとえば，日本国の刑罰法規に違反する行為をした外国人が国外にいる場合には，滞在国や関係国に協力を求め，犯罪人の引渡しを求めるなどの措置が必要となります。執行面で考えると，他国の領土での活動を自国の領土内での活動と同じに行うことはできません。そこには他国の領土主権に対する尊重・礼譲が当然に働かなければならないからです。その観点で，国際的な対処が必要な犯罪については，他国との協力が不可欠となります。

　強制力を用いる捜査については他国の承認のもとに行わなければならないというのが通常の理解ですが，強制力を働かせない任意の捜査活動については，他国の承認が必要だという理解と，必要ではないという理解とに立場が分かれます。わが国の場合には慎重を期して前者の立場をとるようですが，原理的にそうすることが必須不可欠という訳ではありません。

捜査共助のルート

　強制力を用いた身柄の拘束や捜索押収は，通常，他国に協力を依頼するかたちで行われます。捜査共助とよばれるものがこれです。これには，自国が外国に捜査の共助を依頼する場合と，外国から捜

査の共助の要請を受ける場合があります。2国間の協議による場合に，それぞれの国の外交機関，外務大臣を通して，さらに法務省，実際の執行担当者に捜査共助の依頼（請求）がなされ，また同じルートを通って共助の依頼国（請求国・要請国）に戻されるというルートをたどる場合（この処理には，多大の時間を要し，処理に数ケ月を要する場合もまれではありません），2国間または多国間での条約が捜査共助に関して締結され，それに従って，捜査共助が処理される場合（ルートとしては同じルートをたどる場合もあります。ただ，この場合には，すでに条約により相互間の協力に関する合意が形成されているので，共助要請の処理はよりスムーズであり，他国への協力要請それ自体が拒否されるおそれは，条約がない場合に比しはるかに少なくなります），より簡易な協力関係が樹立され，相互の実務レベルの担当機関相互間の連絡によって（たとえば国際捜査課間の連絡によって）捜査共助要請が処理されるという場合（日韓での捜査共助はこのようなレベルです）など，いくつかの場合があります。

条約を締結していない国との捜査共助

　他国との協力関係が常に条約によらなければならないわけではありません。各国は，その時々の状況に応じて臨機応変に対処する必要があり，条約が締結されていない国への捜査共助要請やそのような国からの捜査共助要請にも対処する必要があります。このときに，他国からの要請をそのまま鵜のみにするのではなく，当然のことながら，自国の捜査に関する強制力の発動に関する憲法上および法律上の規律に従った処理がなされなければならないので，たとえば，逮捕の請求がなされた場合には，相当理由の有無について審査されることになります。つまり，自国の捜査について定められた憲法および刑事訴訟法の基本的要件を充足することが求められます。

条約を締結して法執行の迅速化を図る方法をとることも必要な場合がありますが，国家間の協力関係は，基本的には，正義の実現と自由の保障に関する，基本権の保障を基礎になされなければなりませんので，その原理を踏まえた処理がなされる必要があります。他国との協力関係について，外国の法状況を事前に調査して，信頼するに足りる国か否かを検討し，そのような国のリストを作成・改訂する作業を随時更新して，信頼できる国と認定されればその国からの捜査共助や司法共助の要請に応える立場をとる国もあります（オーストラリア）。国際間の協力を考える場合には，相互の礼譲と，基本権保障を基礎に据えなければなりません。国家によっては，基本権の保障が十分でない国もあり，対処には慎重さを要するとともに，国家間の力の差から不合理な要求が通ってしまうことがないように，注意することが必要です。

また，他国との協力関係の樹立に際しては，「相互主義」が基本となります。

条約に基づく国内法制定の必要性

犯罪が国際的規模で行われ犯罪者間の連携がみられるところで，各国が主権に縛られて国外での活動を効果的に行えないということになれば，自国民および自国の利益の確保はおぼつきません。犯罪の国際化，国際的規模での犯罪者間の連携とそれが各国の安全に及ぼす影響の甚大さ，重大さにかんがみて，近時，わが国も加盟した，麻薬条約，組織犯罪条約，サイバー条約などにおいて，各国間の捜査での連携が強調され，これらの条約をもとに，国内法の整備もなされてきているところです[*4]。

*4 近時のわが国の国内の刑事法では，国際条約批准に伴い国内法を整備するというかたちでの法改正が数多く行われ，また検討されています。麻薬新法（国際的な

協力の下に規制薬物に係る不正行為を助長する行為等の防止を図るための麻薬及び向精神薬取締法等の特例等に関する法律，組織犯罪処罰法（組処法）（組織的な犯罪の処罰及び犯罪収益の規制等に関する法律），サイバー条約を受けた刑法改正，現在審議中の，コンピュータの捜索押収規定，コンスピラシー等々がそれに当たります（とくに刑事法に関しては，国際条約を締結しただけでは国内法としての効力が生じず，国内で執行するには，法律を制定することが必要です）。麻薬新法，組処法等の法律で，捜査共助，司法共助に関する定めがおかれています。国外から共助の要請を受けたときの処理に関しては，「国際捜査共助等に関する法律」が定められています。

逃亡犯罪人引渡し

捜査，訴追，裁判，裁判の執行に関わる問題として，逃亡犯罪人引渡法があります。わが国の場合，逃亡犯罪人引渡しに関する条約を締結しているのは，アメリカ合衆国，韓国などの少数の国にとどまります。犯罪人引渡条約がない場合，日本国内で犯罪を行った者が犯罪人引渡条約がない国に移動してしまうとその犯罪人の引渡しを求めるうえで大きな障害に直面することになります。このような2国間での交渉の余地があれば，自国民の利益の保護に資する引渡しを，個別具体的事例について外交ルートを通じ，相互性を基礎に求めることが考えられますが，相手国が非協力的である場合には，自国の秩序を維持し自国民の利益を保護するべく，捜査し，裁判に付すのに必要な身柄の引渡しを求める請求は頓挫してしまうことになります*5。自国民保護のための周到な準備と活動が求められるといえるでしょう。

逃亡犯罪人引渡しにあっては，引渡対象者が犯罪を行ったと疑うに足りる相当の理由，逃亡犯罪人引渡しが，政治犯の例外などの例外事由には当たらないこと（金融犯罪の例外もありましたが，このような犯罪を理由に引渡しを拒む理由に乏しく，また引渡しを求める根拠もあり，金融犯罪の処罰と抑制は各国の共通課題でもあり，金融犯罪を

理由とする引渡しの例外は、現時点では、認められていません)、自国民ではないこと*6などが、逃亡犯罪人引渡法には定められています。政治犯の例外は基本権保障の趣旨によりますが、亡命希望者がその目的を実現するためにハイジャックなどの犯罪を行った場合には、「例外の例外」として引渡しの対象となるという議論がなされましたが、ハイジャック犯罪の場合には、各国で共通に非難の対象となる国際的に合意された犯罪であり、わが国の裁判権もあるところから、相手国が基本権保障の点で危惧される場合には、引き渡さずに自国で処罰することも可能です*7。法の趣旨を踏まえた個別具体的事例での関連する利益と権利に十分に配慮した対処が求められているといえるでしょう。

*5 逃亡犯罪人引渡条約が締結されておらず、かつ、相手国が自国民不引渡しの立場をとる場合には、日本国内で犯罪を犯した者がその自国に逃げ帰ってしまった場合に、引渡しや処罰に関して困難な問題が生じます。
*6 「日本国とアメリカ合衆国との間の犯罪人引渡しに関する条約」(昭和55年3月5日条約第3号)では、その5条で、被請求国は自国民の引渡義務は負わないが、裁量で自国民を引き渡せる旨定められています。「逃亡犯罪人引渡しに関する日本国と大韓民国との間の条約」6条も同様に、自国民引渡しの義務は負わないが、裁量で引き渡せるとしています。このように、個別の条約により、「逃亡犯罪人引渡法」の自国民不引渡しの原則(2条9号)とは異なる立場がとられている場合があります。
*7 航空機の強取等の処罰に関する法律 (5条を参照)。

司法共助(裁判における外国との協力) ── 刑事免責

裁判を行ううえでは、証人尋問の他国への要請などの、司法共助が関係します。ロッキード事件では、米国に対して証人尋問請求がなされました。この場合、国家間の制度の違いがあり、証拠法上の取扱いの差が問題となることがあります。たとえば、ロッキード事件では、嘱託尋問調書の証拠能力が問題とされ、最終的には、刑事免責*8の制度が定められていないことを理由に、わが国の刑事訴

訟法のもとでその嘱託尋問調書の証拠能力は認められないとする判断が最高裁判所により示されました（判例②）。

*8 現在，米国においては，刑事免責の手法として，使用免責（use immunity）が用いられており，ロッキード事件では，この手続により得られた証言調書の証拠能力が問題となりました。使用免責とは，証言およびその証言に由来して，判明した事実の範囲で訴追しないとの約束のもとに証言を得る制度です。米国の場合には第5修正の定める，日本の場合には日本国憲法38条1項の定める自己負罪拒否特権を侵害しないかたちで証言を義務づけるためには，この免責が必要となります。この免責が与えられれば，自己負罪のおそれはなくなり，一般の証人と同様に証言を義務づけられ，偽証の制裁のもとに真実を述べなければならないこととなります。米国においては，検察官が刑事免責を申請し，裁判官が審査して，刑事免責を与える決定が行われた場合に，証言が義務づけられることになります（28 U.S.C. §6002条以下）。わが国では，まだ，この制度は法律に定められていません。

わが国の場合には，たしかに，刑事免責を定める明文規定は設けられていません。刑事免責を与えることが公平感にかなうのかどうかは議会によって判断されるべき事柄である，という理由が最高裁判所による判断の理由ですが，個別具体的事例で明文規定を欠く場合に，具体的処理が憲法上の原理を侵害していないのか，個別具体的事例での公平感を害していないのか，より大きな悪を訴追するためにより小さな悪への訴追を放棄することが公正といえるのか，正義にかなうといえるのかは，個別具体的な事例を前提とした判断であり，刑訴法248条による個別具体的事情を斟酌した訴追裁量に関する判断です。具体的な事件での刑事免責の付与が公平感にかなうのか否かは，一般的に規定を定める議会の役割というよりもむしろ，裁判所の本来の職責といえるでしょう。

犯罪が国際的規模で行われることが珍しくはなく，多国間で，麻薬条約，組織犯罪取締に関する条約などが国連条約として締結され，これらの犯罪への対処が共通の目標とされているところで，各国の間で実体法，手続法上の様々の違いを踏まえて，犯罪者を処罰する

ための訴追や裁判をどのように効果的に行うべきかは、今後の重要な課題として残されています[*9]。

*9 わが国が捜査共助の要請を受けた場合について、国際捜査共助等に関する法律において、共助の提供の要件が定められ、受刑者の証言が必要とされる場合の受刑者証人の移送についても定められています。

外国で刑の執行を受けた者の日本での処罰の可否（二重危険、一事不再理）

外国判決の執行について、外国ですでに刑の執行を受けた場合には、憲法39条の「二重危険禁止」との関係で、日本での刑の執行が禁止されるという立場が主張される場合がありますが、二重危険禁止は、すでに主権による訴追がなされたことを前提とします。自国が一度も主権を行使していないのに、外国で処罰されたからというだけで、日本国での裁判が禁止されるとする根拠はありません。外国によっては、やっかい払いのために軽い刑を言い渡して国外追放処分にする場合もあります。このような場合に、その者が行った犯罪行為が実際に処罰されたとはいえないでしょう。

ちなみに、二重危険の考え方による米国の場合、州での訴追が、後の連邦での訴追を自動的に禁止する関係にはありません。連邦と州では主権が異なるというのがその理由です。州での訴追が連邦法で確保しようとする利益を十分に実現しているという場合には、実務上、連邦訴追機関の裁量によって訴追がなされない場合があります。

「一事不再理」の観点から再度の裁判は禁止されると主張されることもありますが、自国の主権を行使できない場合にまで拡張できる議論ではないでしょう。相互に信頼関係があるか、一体性の強い地域や国家間では、異なる国での処罰が「一事不再理」として、自

国での裁判を阻止する根拠となる場合もあります（たとえばEU）。他国での裁判とそれに基づく刑の執行を，自国での裁判および刑の執行と同等のものとして尊重するには，両国間または多国間での相互承認があるか，一体性が強いことが前提となるでしょう。

受刑者の国外移送

人の移動が活発化し犯罪者も国境を越えて活動し，自国外で犯罪を犯し処罰される場合がありますが，言語や生活習慣の違いから行刑上その者の自国での刑の執行をする方がより効果的な刑の執行を期待できるので，受刑者を移送して，受刑者の自国での行刑が行われるようにする受刑者移送条約が締結され，それに伴い，国際受刑者移送法も制定されました（ただし，受入および送出に関しては，受入受刑者および送出受刑者の同意などの要件をみたすことが必要です〔5条，28条〕）。

今後の課題

以上のように，国境を越えて行われる犯罪に有効に対処するためには，国家間の連携が不可欠です。犯罪者は国境にとらわれることなく，異なる国の犯罪組織が結びつき犯罪を国際的規模で展開するなど，相互の結びつきを強めて，犯罪をより効果的に行う動向をみせてきていますが，他方で，国家の側は，主権の枠に縛られ，他国での活動が自由に行えないなどの制約があるため，こうした国境を越えて行われる犯罪行為に効果的に対処できない場合が生じています。主権による対処の限界を犯罪者に利用されることがないように，こうした場合を国家間相互の連携の強化によって対処する必要があります。このような国境を越えて行われる犯罪に効果的に対処できる国際機関は，まだ十分に発達していません[*10]。

*10　Interpolは，犯罪や犯罪者に関する情報の提供を目的とする機関であって，強

制力のある捜査権限を行使することができる機関ではありません。国際刑事裁判所の管轄は以下でみるように限定されています。テロや民族対立の危険をはらむ地域で，国家の機能が十分でない場合に，国連軍や，多国籍軍の協働による治安維持活動などが行われてきていますが，国境を越える犯罪との関係での対処は限られたものにとどまります。

4 国際刑事裁判所

　最後に，国際機関による捜査・訴追・処罰が行われる場合について若干言及しましょう。民族浄化などのための大量虐殺などについて，ローマ条約（Rome Statute of the International Criminal Court, opened for signature on July, 17, 1998. 発効2002年7月1日）により，国際刑事裁判所（ICC：International Criminal Court）が設立されました[*11]。同裁判所での訴追がミロシェビッチ元大統領などに対し行われたことは記憶に新しいところです（裁判中に死亡）。こうした人間の生存を脅かす著しく犯罪性の強い行為について，処罰されるべき重大な違反行為であるとの国際的合意が形成され，それを裁判するための国際刑事裁判所が設立されるに至りました。しかし，国際刑事裁判所が刑事裁判権を行使するには，被告発者の所属国もしくは犯罪発生地国が，ローマ条約加盟国であるか，国際刑事裁判所の裁判権に同意するか，または国連安全保障理事会が，被告発者の国籍もしくは犯罪発生地国を問わず，検察官に事件を付託したときなどの条件があり，限界があります。

　また，実際上の懸念としては，刑事裁判で有罪を宣告できたとしても，その被告人が軍隊などを有する場合に，刑の執行に服せず軍事力により反撃し，さらに内戦が長引き，さらに多くの死者が出るという場合が予想されています（アフリカでの紛争など）。すでに行

われた犯罪行為の処罰のための裁判により正義が実現されるとしても，その執行に伴い，抗戦などによりさらに多くの死者が出て，内戦が長引き，収集がつかなくなるおそれがあるなどの事態が想定される場合もあり，困難な問題を抱えています。内戦で国内が二分された国家の場合の，相互の和解と壊れた関係の修復が大きな課題といえるでしょう。

*11　国際刑事裁判所について，http://www.icc-cpi.int/Menus/ICC/About+the+Court/ を参照。ジェノサイド（大量虐殺），人道に反する罪，戦争犯罪，侵略犯罪等についての裁判権を有します。定義は同条約を参照。わが国を含め，加盟国は現在108ケ国です。

5　発展過程にある国際刑事法

以上，若干垣間みたように，国際刑事法に関わる領域は，国内法の執行とは異なる側面をもっています。自国民，自国の利益が十分に保護されることに配慮し，関係各国間の利害の調整を図りつつ，協調・協働して，障害を乗り越えて，各国に影響を及ぼす犯罪に効果的に対処する必要があり，この分野は発展過程にあり，今後もその推移を注視する必要があります。

＜ステップアップ＞
① 渥美東洋「判批」判タ726号（1990）70頁
② 山本草二『国際刑事法』（三省堂，1991）
③ 森下忠『新しい国際刑法』（信山社，2002）
④ 村瀬信也＝洪恵子編著『国際刑事裁判所』（東信堂，2008）

＜判　例＞
① 最一小決平成2・4・24刑集44巻3号301頁
② 最大判平成7・2・22民集49巻2号1頁

（中野目　善則）

〔事項索引〕

あ 行

青写真判決 …………………… 158
アメリカ法律協会 ……………… 286
Allen Report …………………… 28
アンシトラル（UNCITRAL）
　……………………… 135, 137, 283
　——国際商事仲裁モデル法 … 283
　——国際倒産モデル法 ……… 287
意思決定の自由 ………………… 173
萎縮効果（chilling effect）……… 32
一時不再理 ………………… 22, 300
一件記録 ………………………… 21
疑わしきは被告人の利益に …… 22
訴えの取下げ …………………… 12
訴えの利益 ……………………… 153
　狭義の—— ……………… 38-39
　広義の—— ……………… 38
ADR（裁判外紛争解決方法）
　……………………………… 229, 241
　裁断型—— ……………… 129
　事業再生—— …………… 142
　調整型—— ……………… 127
　調整・裁断連結型—— … 131
ADR 法 ………………………… 135
M&A …………………………… 232
オールエレメントルール ……… 71
小田急高架化事業認可処分取
　消請求訴訟大法廷判決 ……… 153

か 行

外国人の当事者能力 …………… 276
外国仲裁判断の執行に関する
　条約（ジュネーブ条約）……… 285
外国仲裁判断の承認及び執行
　に関する条約（ニューヨーク
　条約）………………………… 285
外国倒産処理手続の承認援助
　に関する法律 ………………… 287
外国等に対する我が国の民事
　裁判権に関する法律 ………… 276
外国判決の承認・執行 ………… 274
　——要件 ………………… 280
会社更生手続 …………………… 121
会社法務（企業法務）…………… 232
外弁法 …………………………… 234
下級裁判所裁判官指名諮問委
　員会 …………………………… 202
確認の訴え（確認訴訟）……… 5, 149
家事審判 ………………………… 96
家事調停→調停
家庭裁判所 …………………… 3, 95
仮の救済 ………………………… 150
仮の義務付け …………………… 150
仮の差止め ……………………… 150
簡易裁判所 ……………………… 64
管轄合意に関する条約 ………… 278
間接強制 ………………………… 111
鑑　定 …………………………… 61
鑑定人 …………………………… 61

願　書	68
機関訴訟	35
企業内弁護士（インハウスローヤー）	232
企業の社会的責任（Corporate Social Responsibility—CSR）	251
企業法務（会社法務）	232
起訴状	21
起訴状一本主義	23
既判力	13,16,22
——の相対性	14
——の標準時（基準時）	14
——の本質	13
義務付け訴訟	37,149,155
客観訴訟	34
キャリア・システム	192,196
旧訴訟物理論	4
給付の訴え	5
糺問主義	18-19
教示義務規定	150
行　政	
——の行為型式	36
——の第一次判断権	155
行政計画	157
強制執行手続	108
行政指導	157
行政書士	205
強制処分	20
行政訴訟検討会	149
行政庁	150
行政統制	34
行政立法	157
競争原理による市場経済	242
共同訴訟	2
挙証責任	24
キルビー事件	75
均等論	72
苦情処理	128
計画審理	7,45,50
形式的確定力	13
刑事司法の国際化	289
刑事免責	298
形成の訴え	5
形成力	14
原　告	1
——適格	38,39,149,153
検索エンジン	80
検察官請求証拠の開示	169
現代モデル	152
顕著な事実	9
権利救済	34
権利根拠規定	11
権利障害規定	11
権利消滅規定	11
公開主義	7
公開の法廷	26
抗告訴訟	35
公序（public policy）	274
公正な裁判	7
公設事務所	224
控　訴	15
——審	15
公訴提起（起訴）	18
公定力	37
口頭主義	8
口頭弁論の一体性	7
公　判	18

事項索引

公判前証拠開示（pre-trial discovery） 273
公判前整理手続 30,167
公表権 77
公法上の法律関係に関する確認の訴え 149
合理的な疑いを容れない程度に証明する責任 25
国際刑事裁判所 302
国際裁判管轄 273
国際訴訟 127
 ――競合 274
国際仲裁 284
国際民事訴訟 272
 ――原則 287
国選弁護等関連業務 260
告知・聴聞を受ける権利 29
告知を受ける権利 26
告発 23
 ――制度 22
護送船団方式 242
国家賠償法 43
古典モデル 152
個別労働紛争 82
コンプライアンス 213

さ　行

裁決の取消訴訟 37
再建型手続 120
財産開示手続 114
再審 16
 ――の訴え 16
裁断型 ADR → ADR
裁判員裁判 165

裁判員制度 164
裁判外費用 262
裁判外紛争処理手段 1
裁判管轄 150
裁判官任用制度の改革 198
裁判上の自白 7
裁判費用 262
差止訴訟 37,149,155
三審制度 15,22
三面訴訟 2
参与員 100
事業再生 ADR → ADR
自己負罪拒否特権 24
事実問題 22
執行停止 150
執行不停止原則 38
執行力 14
実施行為 70
実体裁判 22
実体的正義 246
自白の拘束力 9
自白法則 22
事物管轄 64
支分権 77
司法アクセス 214,255
司法改革 177
司法過疎
 ――地域事務所 224
 ――対策業務 261
司法共助 298
司法書士 205
司法制度改革推進本部 149
司法調停 → 調停
司法ネット構想 258

307

氏名表示権	77	——収集処分	49
社会契約説	23	——調べ請求	169
社会保険労務士	205	——調べ手続	10,58
釈明権	6	——資料	10
釈明処分の特則	40	——(証明)の優越	25
宗教裁判	20	——法	22
終局判決	12	——方法	10
終身雇用制度	82	上　告	15
集団的労働関係	93	——受理の申立て	16
集中証拠調べ	9	——審	15
集中審理主義（継続審理主義）	9	——理由	15
自由心証主義	10	上　訴	13,15
主観訴訟	34	証人喚問権	26
主尋問	29	情報提供業務	259
受託業務	261	証　明	10
主張関連証拠の開示	170	——(証拠)の優越	25
主張制限	39	——責任	11
主張責任	6	——予定事実の提示	169
主張の明示	169	除斥・忌避	3
出願審査請求	68	職権主義	18,20
出訴期間	150	職権証拠調べ	40
守秘義務	250	職権進行主義	7
主要事実	6,11	職権探知主義	7,101
渉外事件	272	処分権主義	4
渉外民事訴訟ルール草案	286	処分性	35,153
少額訴訟	65	処分の取消訴訟	37
——債権執行	115	書面主義	9
証　拠	10	ジョン・ロック	23
——開示	170	新規性の要件	69
——開示制度	29-30	信義誠実義務	2
——開示命令	170	人事訴訟	3,97
——価値	10	——事件	99
——共通の原則	10	人事訴訟法	98
——禁止	22	新司法試験	177

事項索引

新訴訟物理論	5
迅速な裁判	26
進歩性の要件	69
尋 問	19
スポーツ仲裁裁判所	138
請求の認諾	12
請求の放棄	12
制限免除主義	2,275
清算型手続	120
精密司法	164
税理士	205
接 見	27
接見交通権	172
絶対免除主義	275
ゼロワン地域	214,224
先願主義	71
専門委員制度	56
専門訴訟	56
訴因の明示・特定	26
総合的法律・経済関係事務所	226
相互主義	296
捜査共助	294
捜査の必要性	174
相 談	128
争点・証拠整理手続	58
双罰性	293
双方審尋主義	8
訴額スライド方式	263
即独弁護士	215
続審制	15
属人主義	291
属地主義	290
組織内弁護士	250

訴 訟	
——資料	6
——手続	123
——判決	12
——要件	153
訴 状	4
訴訟救助	264
訴訟記録の閲覧	8
訴訟上の請求	4
訴訟上の和解	12,123
訴訟物	4
——論争	4

た 行

対決権（証人尋問権）	26
第三次被害化	31
弾劾主義	18-19,22
担保権の実行手続	108
担保不動産収益執行	117
仲 裁	129,246
——判断	129
仲裁人倫理規程	246
仲裁法	134,284
注文制の裁判	130
調書裁判	164
調整型 ADR → ADR	
調整・裁断連結型 ADR → ADR	
調 停	127
——調書	128
——人	248
家事——	96,127
司法——	127
民事——	127

309

懲罰的損害賠償（punitive damages）………… 274,282
直接主義 …………………………… 8
直接送達 …………………………… 281
著作権侵害訴訟 …………………… 67
著作権の制限規定 ………………… 78
著作者人格権 ……………………… 77
著作隣接権 ………………………… 76
通　達 ……………………………… 157
定期金債権 ………………………… 113
提訴前の証拠収集 ………………… 45
提訴前の当事者照会 ……………… 47
提訴予告通知制度 ………………… 47
適時提出主義 ……………………… 9
適性試験 …………………………… 180
手数料 ……………………………… 262
手数料以外の裁判費用 …………… 262
手続的正義 ………………………… 246
手続は法廷地法に従う …………… 273
手続法の国際的調和 ……………… 285
手続法の相互抵触 ………………… 272
伝聞法則 …………………………… 22
同一性保持権 ……………………… 77
当業者 ……………………………… 69
当事者
　　――権 ……………………………… 2
　　――自治 ………………………… 248
　　――主義 ………………………… 21
　　――訴訟 …………………… 35,149
特定調停手続 ……………………… 141
特別清算手続 ……………………… 121
特例判事補 ………………………… 199
土地家屋調査士 …………………… 205
土地区画整理事業計画決定 ……… 158

特許権侵害訴訟 …………………… 67
特許請求の範囲 …………………… 68
特許法104条の3の抗弁 ……… 74
取調べの適正化 …………………… 172
取調べの録音・録画 ……………… 175

な　行

新潟空港騒音訴訟判決 …………… 154
二重危険禁止 ………………… 29,300
二当事者対立の原則 ……………… 2
日本司法支援センター（法テラス）………………………… 224,258
二流の正義 ……………… 125,145,249
2割司法 …………………………… 212
任意処分 …………………………… 20
認証ADR機関 …………………… 136
認証紛争解決事業者 ……………… 136

は　行

敗訴者負担制度 …………………… 267
ハイブリッド法曹 ………………… 228
売却のための保全処分 …………… 111
破産手続 …………………………… 120
破産法 ……………………………… 120
パラリーガル（弁護士補助職）………………………………… 227
判決の確定 ………………………… 13
犯罪被害者支援業務 ……………… 260
反対尋問 …………………………… 29
引渡命令 …………………………… 109
被　告 ……………………………… 1
　　――適格 ………………………… 150
被告製品の特定 …………………… 73
被告人質問 ………………………… 20

非訟事件手続 …………… 123
非常勤裁判官制度 ………… 201
非正規社員 ……………… 82
筆界特定制度 …………… 144
必要的口頭弁論 …………… 7
非弁活動の禁止 ………… 124
ひまわり基金法律事務所 …… 224
不可争力 ………………… 38
複製権 …………………… 77
不作為の違法確認 ………… 37
附帯私訴 ………………… 31
附帯処分 ………………… 101
物権的請求権 …………… 70
不　服 …………………… 15
　――の利益（上訴の利益）…… 15
普遍主義 ………………… 292
扶養義務等に係る金銭債権 … 112
不利益変更禁止の原則 …… 15
プロボノ活動 ……… 217,243
紛争解決センター ………… 230
ベイツ事件連邦最高裁判決 … 220
弁護権 …………………… 27
弁護士
　――広告 ……………… 220
　――の社会的責任の実践 … 243
弁護士会広報（PR）……… 220
弁護士情報提供サービス …… 222
弁護士職務基本規程 … 237,244
弁護士専門認定制度 ……… 229
弁護士任官制度 ………… 199
弁護士の報酬に関する規程 … 266
弁護士賠償責任保険 ……… 237
弁護士法72条 …………… 227
片面的仲裁 ……………… 131

弁理士 …………………… 205
弁論主義 ………………… 6
法学教育 ………………… 177
法科大学院 ………… 177,213
法　曹 …………………… 241
　――一元 ……………… 197
　――養成 ……………… 177
法定外抗告訴訟（無名抗告訴
　訟）…………………… 37
法定抗告訴訟 ………… 37,155
法廷地漁り ……………… 275
法廷地法（lex fori）……… 273
法廷侮辱罪 ……………… 24
法的三段論法 …………… 6
法の適用に関する通則法 … 272
法律事務所の複数化 ……… 225
法律上の争訟 …………… 3
法律上の利益 …………… 39
　――を有する者 ………… 153
法律上保護された利益説 …… 153
法律審 …………………… 15
法律相談センター ………… 224
法律扶助協会 …………… 268
法律扶助業務 …………… 262
法律問題 ………………… 22
法律要件分類説 ………… 11
保護主義 ………………… 292
保護に値する利益説 ……… 153
本案審理 ………………… 151
本案判決 ………………… 12

ま　行

マレーシア航空事件最高裁判
　決 ……………………… 276

萬世工業事件	282
民事再生手続	121
民事裁判権	2
——の免除（jurisdictional immunity）	275
民事執行制度	108
民事訴訟	1
民事調停→調停	
民事法律扶助業務	260
民事又は商事に関する裁判上及び裁判外の文書の外国における送達及び告知に関する条約（ハーグ送達条約）	281
民衆訴訟	35
無効等確認の訴え	37
無罪推定の原則	25
無方式主義	76
無名抗告訴訟（法定外抗告訴訟）	155
明白性補充要件説	42
メディエーション	142
黙秘権	24,173
もんじゅ訴訟判決	154

や 行

有罪の推定	21-22
UNIDROIT（私法統一国際協会）	286
要件事実	6,11
予審	21
——裁判官	20

ら 行

利益の擁護者	27
隣接法律専門職	204
類型証拠の開示	169
労働委員会	93
労働契約法	92
労働審判制度	86,143
論争主義（当事者主義）	18-19,25

わ 行

ワーク・プロダクト理論（作業成果法理）	29
和解への関わり（和解の勧試）	58
和解離婚	102
ワンストップ・サービス	218,226

〈編者紹介〉

小島 武司（こじま・たけし）
 1959年 中央大学法学部卒業
 現　在 桐蔭横浜大学学長・中央大学名誉教授

〈主要著書〉
P. カラマンドレーイ『訴訟と民主主義』（共訳，中央大学出版部，1976）
『講座民事訴訟(1)』（共編，弘文堂，1984）
『注釈民事訴訟法(1)』（共編，有斐閣，1991）
『プレップ新民事訴訟法』（弘文堂，1999）
『裁判外紛争処理と法の支配』（有斐閣，2000）
『仲裁法』（青林書院，2000）
『法曹倫理』（共編，有斐閣，第2版，2006）

ブリッジブック裁判法〔第2版〕
〈ブリッジブックシリーズ〉

2002(平成14)年12月10日 第1版第1刷発行 2302-0101
2010(平成22)年 5 月10日 第2版第1刷発行 2333-0201

編　者 小　島　武　司
発行者 今　井　　　貴
    渡　辺　左　近
発行所 信山社出版株式会社
〒113-0033 東京都文京区本郷6-2-9-102
電　話　03 (3818) 1019
FAX　03 (3818) 0344
Printed in Japan E-mail info@shinzansha.co.jp

Ⓒ小島武司, 2010. 印刷・製本／松澤印刷・渋谷文泉閣
ISBN978-4-7972-2333-0　C3332
NDC 327.000　司法

さあ，法律学を勉強しよう！

　サッカーの基本。ボールを運ぶドリブル，送るパス，受け取るトラッピング，あやつるリフティング。これがうまくできるようになって，チームプレーとしてのスルーパス，センタリング，ヘディングシュート，フォーメーションプレーが可能になる。プロにはさらに高度な「戦略的」アイディアや「独創性」のあるプレーが要求される。頭脳プレーの世界である。

　これからの社会のなかで職業人＝プロとして生きるためには基本の修得と応用能力の進化が常に要求される。高校までに学んできたことはサッカーの「基本の基本」のようなものだ。これから大学で学ぶ法律学は，プロの法律家や企業人からみればほんの「基本」にすぎない。しかし，この「基本」の修得が職業人の応用能力の基礎となる。応用能力の高さは基本能力の正確さに比例する。

　これから法学部で学ぶのは「理論」である。これには２つある。ひとつは「基礎理論」。これは，政治・経済・社会・世界の見方を与えてくれる。もうひとつは「解釈理論」。これは，社会問題の実践的な解決の方法を教えてくれる。いずれも正確で緻密な「理論」の世界だ。この「理論」は法律の「ことば」で組み立てられている。この「ことば」はたいへん柔軟かつ精密につくられているハイテク機器の部品のようなものだ。しかしこの部品は設計図＝理論の体系がわからなければ組み立てられない。

　この本は，法律の専門課程で学ぶ「理論」の基本部分を教えようとするものだ。いきなりスルーパスの修得はできない。努力が必要。高校までに学んだ「基本の基本」を法律学の「基本」に架橋（ブリッジ）しようというのがブリッジブックシリーズのねらいである。正確な基本技術を身につけた「周りがよく見える」プレーヤーになるための第一歩として，この本を読んでほしい。そして法律学のイメージをつかみとってほしい。

　さあ，21世紀のプロを目指して，法律学を勉強しよう！

2002年9月

信山社『ブリッジブックシリーズ』編集室

裁判所の種類

最高裁判所
大法廷（15人の合議制）
第1～3小法廷（各5人の合議制）

高等裁判所の裁判に対してされた不服申立て（上告など）を取り扱う最上級，最終の裁判所

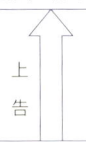

↑上告　↑上告　特別抗告・再抗告　↑上告

高等裁判所（3人の合議制）
本庁8ヵ所：東京，大阪，名古屋，広島，福岡，仙台，札幌，高松
支部6ヵ所：金沢，岡山，松江，宮崎，那覇，秋田
知的財産（東京高裁の特別支部）

地方裁判所，家庭裁判所，簡易裁判所の裁判に対してされた不服申立て（控訴など）を取り扱う

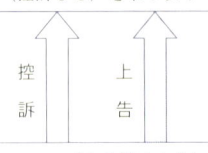

↑控訴　↑上告　↑控訴（刑事）　↑控告　↑控訴（家事・少年）　↑控訴（人事訴訟）

地方裁判所（1人制または3人の合議制）
本庁：50ヵ所（都道府県庁のある47のほか函館，旭川，釧路）
支部：203ヵ所

民事事件，刑事事件の第一審を簡易裁判所と分担して取り扱う

家庭裁判所（1人制または3人の合議制）
本庁：50ヵ所（都道府県庁のある47のほか函館，旭川，釧路）
支部：203ヵ所　出張所：77ヵ所

家事事件，少年事件，人事訴訟事件などを取り扱う

↑控訴（民事）

簡易裁判所（1人制）　438ヵ所

争いとなっている金額が比較的少額の民事事件と比較的軽い罪の刑事事件のほか，民事調停も取り扱う

（南野森編『ブリッジブック法学入門』より）